国际学术论丛 第**14**辑

差异
Difference

主编 金惠敏

四川大学出版社
SICHUAN UNIVERSITY PRESS

图书在版编目（CIP）数据

差异．第 14 辑／金惠敏主编．— 成都：四川大学
出版社，2023.12
ISBN 978-7-5690-6564-0

Ⅰ．①差… Ⅱ．①金… Ⅲ．①社会科学－丛刊 Ⅳ．
① C55

中国国家版本馆 CIP 数据核字（2024）第 030013 号

书　　名：差异 第 14 辑
　　　　　Chayi　Di-shisi Ji
主　　编：金惠敏

选题策划：陈　蓉
责任编辑：陈　蓉
责任校对：刘一畅
装帧设计：墨创文化
责任印制：王　炜

出版发行：四川大学出版社有限责任公司
　　　　　地址：成都市一环路南一段 24 号（610065）
　　　　　电话：（028）85408311（发行部）、85400276（总编室）
　　　　　电子邮箱：scupress@vip.163.com
　　　　　网址：https://press.scu.edu.cn
印前制作：四川胜翔数码印务设计有限公司
印刷装订：成都市新都华兴印务有限公司

成品尺寸：170 mm×240 mm
印　　张：14.75
字　　数：241 千字

版　　次：2023 年 12 月 第 1 版
印　　次：2023 年 12 月 第 1 次印刷
定　　价：68.00 元

扫码获取数字资源

四川大学出版社
微信公众号

编委会

本辑值班编辑: 孔令洁（四川大学）

编辑部投稿信箱:

scdx-cy@163.com

目　录

● **电影与文化研究**

● **学术动态**

当代理论

阿甘本的爱欲政治学*

周　丹①　邹思瑶②

摘　要：阿甘本的爱欲政治学，在其生命政治学之外，提供对人的本质与人的存在的另一种思考。当代文化的生命政治学主要有三种形式，即人类学机器、神话学机器、作为治理机器的装置，分别从人与动物的关系、人与幻象的关系、人与装置的关系，展现出诸种机器对人类生活的全面布控。阿甘本的爱欲政治学，重新考察爱的问题。人凭借对自身生命的爱，实现人类生命的共在。人们以"我宁愿不……"的姿势，中止装置的运作，以"非功用"的方式，解构遮蔽/无蔽的机制，并建立相近－本体论（para-ontology），开放人类言说的共同空间。阿甘本以爱欲政治学，恢复人类对自身生活的治理。

关键词：阿甘本；爱欲政治学

当代意大利思想家安东尼奥·奈格里指出，"事实上有两个阿甘本。一个阿甘本紧紧抓住存在主义的、宿命的和恐怖的背景，被迫与死亡的观念不断对抗；另一个是通过沉潜于文献研究和语言分析，抓住（添加片段、

＊　本文隶属于国家社科基金重大项目"人类命运共同体视域下的 21 世纪西方激进左翼文论批判研究"（项目编号：20&ZD290）。

①　作者简介：周丹，南昌大学人文学院中文系教授。

②　作者简介：邹思瑶，南昌大学人文学院中文系博士研究生。

调遣和构建）生物政治的视野"①。奈格里眼中的阿甘本，表现为两个不同的人，分别是显露死亡之阴影的阿甘本和表现生命之意志的阿甘本。至于阿甘本思想中两个方面的联系，奈格里并没有做出明确的解答。阿甘本认定，现代世界把政治学变成生命政治学，但是生命政治学把生命与人类自身分离出来，生命将会变成毫无保障的赤裸生命。② 阿甘本转向爱欲政治学，探索人类拯救自身生命的可能。但是现代文化把爱欲作为生产幻象的过程，爱欲的扭曲造成人类的生存危机。③ 人们滥用爱的情感，追求不可企及的事物，并以幻象来建构生活现实。阿甘本发现爱欲与生命的内在关联，爱欲代表着人们热爱生命的情感与守护生命的理性。韩炳哲谈到的爱欲政治学，指的是爱欲"凭借它的万有之力，它将艺术的、存在的和政治的事物联系到一起。表达出来的爱欲，代表着对其他个体生命形式和社群组织的革命性的渴望"④。韩炳哲把爱欲作为表现生命形式的力量，但是在阿甘本看来，爱欲成为政治的，首先要结束生命政治学，继而引领人们探索生命形式与创建未来世界的行动。

一、生命政治学的三种形式

1. 人类学机器

科耶夫提出历史的终结，提出人凭借自身的动物性而存在。巴塔耶要把动物性从人之中剥离出来，主张人追求至尊的存在。阿甘本在科耶夫与巴塔耶的争论中，发现人类学机器。现代文化沿用人是有死的动物这一定义，把人分离为人性与动物性，塑造出具有兽形的人类形象。人类学机器根

---

① William Walkin, *The Literary Agamben: Adventures in Logopoiesis*, London and New York: Continuum, 2010, p. 2.

② 〔意〕吉奥乔·阿甘本：《敞开：人与动物》，蓝江译，南京：南京大学出版社，2019 年版，第 19 页。

③ Giorgio Agamben, *Stanzas: Word and Phantasm in Western Culture*. trans. Ronald L. Martinez. Minneapolis and London: University of Minnesota Press, 1993, p. 23.

④ 〔德〕韩炳哲：《爱欲之死》，宋城译，北京：中信出版社，2019 年版，第 71 页。

据黑格尔的主奴辩证法，制造出人性与动物性的对立，造成人们的自我分离。

科耶夫面对当时世界的紧张局势，通过宣告历史的终结，摈弃关于大写的人的观念。20 世纪的世界动荡不安，如两次世界大战的爆发、美苏在冷战时期的对峙、频繁的地区性冲突，等等。科耶夫重新解读黑格尔的精神现象学，寻求解除世界危机的可能。黑格尔的精神现象学，描述出人的自我意识在否定中发展的辩证过程。黑格尔声称，人类精神到达最高阶段，便是历史的终结之处。科耶夫敏锐地觉察到，主奴辩证法是黑格尔的精神现象学的核心。人们获得承认的欲望，成为人们推动自身精神发展的力量。如果人们无法满足被承认的欲望，只能不断进行自我否定，人类世界将会陷入无休止的纷争中。从这个角度看，黑格尔的主奴辩证法，无助于解决当代世界的危机与改善人类的生存处境。黑格尔用历史的终结来构想人类历史发展的道路，隐含着对人的本质的界定。根据黑格尔的观点，如果人的当下生活是通往历史的终结的过渡阶段，人便会成为否定性主体。人的本质，体现在人的否定行动中。科耶夫正是意识到这点，才提出历史的终结已经到来。但是人们要终结的，不是人类历史，而是黑格尔式的人类学观念。科耶夫提出，历史的终结是大写的人的消失，即"消失的是否定既定世界的行动、错误，或者说是与客体对立的大写主体"①。大写的人的消失带给人们的，不是人的肉体消亡，而是"人像动物一样仍然活着"。阿甘本认为，科耶夫仍然遵从了内容－形式的二元论，这把人变成"一个辩证张力的区域，他已然被一道内部裂痕区分开来"②。历史的终结之后，人们似乎不再需要改变自身的"内容"，而是仅仅保留人的"形式"。可见科耶夫讨论人的动物性，并不把人还原为生物学意义上的机械性存活，而是指人的纯粹"形式"。在这个意义上，人类从事"艺术、爱、游戏"的活动，才成为可能。科耶夫主张历史的终结，旨在以动物性取代人的内容。如果人们不再对自己与世界展开否定行动，人类之间的争端就会自然而然地结

---

① 〔法〕亚历山大·科耶夫：《黑格尔导读》，姜志辉，南京：译林出版社，2005年版，第 516－517 页。

② 〔意〕吉奥乔·阿甘本：《敞开：人与动物》，蓝江译，南京：南京大学出版社，2019 年版，第 14 页。

束。人回归自身的动物性，便能走向和谐一致。但是阿甘本在美学与艺术专著《没有内容的人》中指出，丧失自身内容的人，将会沦为可被随意填充或倾空的"空位"。

巴塔耶驳斥科耶夫对动物性的诉诸，并反思第二次世界大战期间的德国纳粹现象，主张人们追求至尊者。科耶夫为了终结人类世界的纷争，主张人们从事"艺术、爱、游戏"的活动，并把回归动物的生活作为人类在历史的终结之处的归宿。巴塔耶质疑科耶夫对人类历史与人的本质的看法，提出"无用的否定性"。人类社会的发展不会遵从某种理论体系的规划，人类捍卫自身生活的斗争，从来没有停止过。如果人类形象被塑造为有着兽形的人形动物，兽首占据着人类头颅所在的位置，取代了人类理智，其结果将是人变成真正的兽性动物。因而德国纳粹时期的很多民众，会受到德国纳粹的思想统治，他们或自愿地甚至狂热地参与纳粹暴行，或对纳粹暴行保持着消极漠然、听之任之的态度。巴塔耶提出，人类在历史的终结之处，并不能像科耶夫主张的那样回归动物性，而是必须把"兽首"移除。人们不仅需要反抗凌驾于自身的思想权威，而且应当脱离既定观念和既定存在。巴塔耶再度引入黑格尔的主奴辩证法，主张人们要"在自己身上、仅仅在自己身上，呈现主体的绝对真实"①。巴塔耶把"无用的否定性"，推进为"对作为整体的主权世界的绝对否定"。② 巴塔耶注意到，科耶夫反感人对动物性的摧毁，把人的动物性作为人类存在的支撑，从某种程度上说，这是使得动物性屈从于人的策略。但是人要征服动物性，就会以否定的方式，把自身存在与动物性维系起来，这反而使得人屈从于动物性。人既不控制任何事物，也不屈从于任何事物，才能成为拥有主权的主体。人们认识到"主权是空无（NOTHING）"③ 的时刻，才有可能思考"主体的自身之外的存在"。

---

① 〔法〕乔治·巴塔耶：《色情、耗费与普遍经济：乔治·巴塔耶文选》，汪民安编，长春：吉林人民出版社，2003 年版，第 260 页。

② 〔法〕乔治·巴塔耶：《色情、耗费与普遍经济：乔治·巴塔耶文选》，汪民安编，长春：吉林人民出版社，2003 年版，第 260 页。

③ 〔法〕乔治·巴塔耶：《色情、耗费与普遍经济：乔治·巴塔耶文选》，汪民安编，长春：吉林人民出版社，2003 年版，第 264 页。

无论是科耶夫把人交付于动物性，还是巴塔耶对至尊性的推崇，都关注动物与人的关系的配置与布局。科耶夫以动物性生命为基底，建构人类生命的形式。人们摈弃意识形态的斗争，守护自身的动物性身体。但是科耶夫把人划分为人性与动物性，这有可能把动物性生命与人分离开来。从这个角度看，巴塔耶谈及的"无首"之人，非但无法实现人的自由，反而会因绝对的空无，加剧自身的分裂。人类彻底失去决断自身生命的权利，人类的动物生命变得岌岌可危。阿甘本看到，动物性生命从人之中离析出来，就有可能成为生物权力的对象。人被悬置在人性与动物性之间，这实际上在人性与动物性之外，还分离出赤裸生命。赤裸生命的存在基础，正是"动物宏观整体和人类微观部分之间隐晦的关联"①。阿甘本意识到，现代文化总是探询人类存在的价值与意义，却从来没有追问潜藏在价值之下的基底，因而人们有必要考察赤裸生命以及产生赤裸生命的文化机制。

2. 神话学机器

阿甘本在对傅里欧·泽西的认识论范式的分析中，引用了泽西关于人类学机器与神话学机器的观点。一方面，人类学机器为人类生命提供基本属性，促使人们生产出自身的多样性。② 科耶夫和巴塔耶把人性与动物性区别开来，作为人之为人的根本原则，进而论说人的本质，提出拯救人类的方案。这产生出一套人类的自我认识机制，从某种意义上说，这种机制已经成为人类学机器的范式。另一方面，神话学机器生产出神话，作为人类认识客体的模型，并将之嵌入认识主体的结构中。阿甘本发现，当代文化的拜物教，利用"神话学发生学的短路障碍"，分离人与现实生活的联系，使得人们迷失在虚幻的影像中。

神话学机器的效能的发挥，是在人们形成关于客体的各种幻象的同时，把先行的模型保持为不可言说的秘密，即"把神话支撑在被禁止寻找的内

---

① 〔意〕吉奥乔·阿甘本：《敞开：人与动物》，蓝江译，南京：南京大学出版社，2019 年版，第 3 页。

② 〔意〕吉奥乔·阿甘本：《潜能》，王立秋、严和来译，桂林：漓江出版社，2014 年版，第 109 页。

壁中间"①。神话学发生的机制，是把不存在的东西转化为存在的东西。在阿甘本看来，现代文化的拜物教，便是"能够把贫乏（privation）反转为拥有（possession）的辩证性酵母"②。弗洛伊德指出，人们制造客体，就需要进行"客体的选择"（object-choice），也就会受到恋物（fetish）的主导。③人们抽空物的日常意义，把物变成自己欲望的客体。人们依附于物，甚至将之作为安身立命的根基，不过是把自己的欲望转化为存在的意义。人们追寻存在的意义，只是在满足自己的欲望。弗洛伊德感叹道，"其他人不得不去追求并努力奋斗要得到的东西，却被恋物者轻而易举地得到"④。他认为，拜物教产生的根源，是人们拒绝承认（Verleugnung）现实状况，并放任自己于不切实际的幻想中，以之替代对现实的认知。阿甘本运用弗洛伊德对拜物教的批判，分析现代文化中的"黄金时代"（Golden Age）情结，指出拜物教与幻象的生产机制的相关性。人们对黄金时代的向往，总是伴随着否定现实世界的愤激之情。但是这种否定并不是要搁置现实世界，而是进行"否定性指引"（negative reference），即指引人们追寻天堂般的"黄金时代"。人们清楚地知道"黄金时代"并不存在，因而坚持其"曾经存在、却已经逝去"的状态。这便造成一种假象，好像"黄金时代"曾经真的存在过。人们把自己的理想倾注其上，想象出近乎完美的"黄金时代"，并将之变成崇拜的对象。如果人们以之为参照对象，反观自己所处的现实世界，便会对现实世界产生强烈的不满。一方面，人们对"黄金时代"展开无限的遐想，并不断地替换已有的设定。被建构的"黄金时代"，只是其内在幻象的外化，但是人们把虚无缥缈的幻象当作至高真实。人们对幻象

① 〔意〕吉奥乔·阿甘本：《潜能》，王立秋、严和来译，桂林：漓江出版社，2014 年版，第 109 页。

② Giorgio Agamben, *Stanzas: Word and Phantasm in Western Culture*. trans. Ronald L. Martinez. Minneapolis and London：University of Minnesota Press, 1993, p. 7.

③ Sigmund Freud, *The Standard Edition of the Complete Psychological Works of Sigmund Freud（Volume XXI, 1927 - 1931）*, trans. James Strachey, London：the Hogarth Press, 1961, p. 152.

④ Sigmund Freud, *The Standard Edition of the Complete Psychological Works of Sigmund Freud（Volume XXI, 1927 - 1931）*, trans. James Strachey, London：the Hogarth Press, 1961, p. 154.

的执迷与对现实的拒斥，朝着相反的方向发展。幻象生产的封闭体系，推动着幻象的怪异增殖。另一方面，他们否定现实世界，编织着死后复生的神话，而不会真正地为改变人类生存状况采取行动。现实世界在人们的否定中变得面目全非，完全湮没在"黄金时代"虚幻而耀眼的光芒中。幻象是人们受到欲望的驱遣而生发的幻觉，是人任意捏合事物而形成的产物。幻象什么也不是，却在人类生活中的所有事物之上铭刻徽章（emblem）。幻象扭曲了事物与其自身的形式的联系，把事物从人们的使用中移除出去。

弗洛伊德认定，拜物教倾向于推动人们展开客体 - 选择的活动。马克思强调，商品拜物教把商品作为传递象征价值的工具。但是阿甘本进一步指出，拜物教并非人们对有用性或象征价值的追求，而是关涉着人们对否定与牺牲的欲求。马克思区分商品的使用价值与交换价值。商品的使用价值表现为满足人们需求的有用性，这是交换价值的物质性基底。商品的交换价值，是叠加在客体的使用价值之上的价值。但是商品拜物教根据商品的价值构成，把具有特定含义的象征价值强加于商品，将商品从可使用的客体中分离出来。人类生活中的普通平凡之物，仿佛被置于魔法场景中，像"有魔力的客体"（enchanted object）那样显灵（epiphany）。① 马克思揭示出，商品拜物教改变了使用价值与交换价值的中立性，使得"神学的怪诞"困扰着商品。② 商品仿佛蕴含着不可见的神秘力量，主导着人类的意识与行为。商品拜物教抽空客体的有用性，并注入象征价值。人们对商品的交易，不是简单地转移与交付物品，而是对象征价值的交换。现代艺术家意识到，商品拜物教有可能侵蚀艺术。他们不把有用性作为衡量客体的尺度，并极力消解客体承载着的抽象价值，诉诸艺术的自我否定。阿甘本指出，现代艺术家维护艺术本身，却走向另一种形式的拜物教。如果艺术家主张艺术的自我否定，他们就有可能把自己提升到神的位置，把艺术变成炼金术。阿甘本追溯"恋物"的词源并指出，"恋物"这个词是在 17 世纪晚期引入欧洲语言的，原为葡萄牙语的"feitiço"。这个词并不是指"有魔

---

① Giorgio Agamben, *Stanzas: Word and Phantasm in Western Culture*. trans. Ronald L. Martinez. Minneapolis and London：University of Minnesota Press，1993，p.7.

② 马克思：《资本论》（第一卷），中共中央马克思恩格斯列宁斯大林著作编译局译，北京：人民出版社，2004 年版，第 88 页。

力的事物"，而是从拉丁语的"人造的"这个词发展而来的。奥古斯丁曾经把"一种人造的神"与异教徒的偶像联系起来。"人造的"这个词在古代文化中，指的是"制造出一种牺牲品"。现代文化中的拜物教因素表明，古代生活中野蛮的方面有着在现代生活中回归的迹象。现代生活中的恋物并不重返古代生活，而是表现为"一种否定、对一种缺席的签名"①。人们力图占有最大程度的非真实，生产出最大程度的真实，由此阿甘本认定，"产生无的无之否定机器就是我们生存于其中的政治"②。

拜物教最为初始的形式，表现为对客体的否定与牺牲，但是这连接着生产的另一端点，最终完成了神话学机器的永动机形式。弗洛伊德谈及的"丧失的客体"与客体 - 选择的循环，马克思对使用价值与交换价值的关系的论述，分别显现出现代文化与现代政治经济学的拜物教特性。阿甘本进一步指出，人们受到拜物教的支配，会在自身的制造活动中，采取对现实世界的否定态度。人们根据被建构的幻象，绕开人类道德、法律、政治等领域的诸多规范，干预社会生活。此外，被建构的幻象显现为不朽的身体影像，促使人们把自己的血肉之躯当作身体影像的载体，把人类推入生死攸关的紧急状态。

3. 作为治理机器的装置

福柯使用"dispositif"（意为部署、装置）这一词语来谈论装置，指出装置是在话语、制度、法律、科学陈述、哲学等完全异质的东西之间建立起来的关系体系。③ 装置通过支持某种类型的知识，支配着人们的认识活动。福柯认为，装置利用宗教的忏悔观念，生产出被期待的主体及其主体性效应。德勒兹提出装置的去主体化程序，认为装置是被无数的逃逸线所穿透的多元化装置。在阿甘本看来，装置是当代社会的治理机器，把人类个体分化为无限播撒的主体性碎片。

---

① Giorgio Agamben, *Stanzas: Word and Phantasm in Western Culture*. trans. Ronald L. Martinez. Minneapolis and London: University of Minnesota Press, 1993, p. 33.

② 〔意〕吉奥乔·阿甘本：《潜能》，王立秋、严和来译，桂林：漓江出版社，2014 年版，第 121 页。

③ 〔法〕福柯：《权力的眼睛——福柯访谈录》，严锋译，上海：上海人民出版社，1997 年版，第 181 页。

　　福柯认为，人们以应对紧急事务为名，建立装置。装置不是固定不变的，而是随着形势的发展，对社会生活的各要素进行重新配置和调整。装置的战略功能，便是权力运作与知识定位的结合。装置并不涉及真理的问题，为何能够把主体与装置纽结起来，主体为何会服从压制性的装置？现代装置的形成，是对基督教的忏悔装置的挪用。古代希腊－罗马的伦理实体，发展出"人们被吁请或者被激励去发现自身道德义务的方式"①。基督教的忏悔装置利用这种指引道德良心的形式，并假定主体对真相的无知，建构装置的主体化程序。基督教的忏悔仪式上，指引者诱导忏悔者的内心自省。如果人们按照忏悔仪式的脚本，承认自己的无知，即会把这种无知归咎于与生俱来的罪孽，进而渴望得到道德良心的指引，可见忏悔只是"一切刺激诱惑主体生产有关他的性的真相的话语的程序，这种话语又对主体自身产生效应"②。基督教的忏悔装置还包含着对幸福的承诺，借此引发人们的认同，捕获人们获得幸福的欲望。人们接受这种幸福的承诺，下意识地开始忏悔，便被纳入装置的主体化程序中。福柯指出，现代装置保留归罪技术与幸福承诺，发挥着生产主体性的功能，归根结底只是一种社会治安装置。③

　　德勒兹把福柯式装置的主体化线条，看作"一个逃离线，它逃离了先前的线，也逃离了自身"④。当代社会装置不再是异质性要素的集合，而是由不断碎裂、不断派生、不断分叉的无数线条组成。不同的线的位置上的

---

① 〔法〕福柯：《福柯读本》，汪民安主编，北京：北京大学出版社，2010年版，第307页。

② 〔法〕福柯：《权力的眼睛——福柯访谈录》，严锋译，上海：上海人民出版社，1997年版，第191页。

③ Michel Foucault, *Security, Territory, Population: Lectures at the College de France 1977－1978*, trans. Graham Burchell, Palgrave Macmillan, 2007, p. 37. 福柯还指出："通过与这些波动的现实联系起来，并通过与现实的其他因素建立一系列联系，这种现象逐渐得到补偿、核查、最终限制，并在最终程度上被消除。但是它不会被阻止，也不会失去现实性。换句话说，通过在丰富/匮乏、昂贵/廉价之间波动的现实中运作，不会试图提前阻止这一现实，一种装置被安装了。"

④ Gilles Deleuze, "What is a dispositof?", *Michel Foucault Philosopher*, trans. Timothy J. Armstrong, New York：Routledge, 1992, p. 161.

主体，像各种矢量和张量那样变化不定。① 福柯构想装置的单一机制，被期待的主体是有着自省意识的忏悔主体，这种主体化只是"通过贵族式生活或者自由人的美学化存在"发生的。② 但是德勒兹看到，当代社会中的人们，经历过重重磨难，与社会发生疏离。装置的主体化程序很难使得他们与之产生认同，也无法把权力关系强加于他们。但是他们构成人类社会中的多样性，并希望认识自己的生存状态。装置改变运作策略，寻求"通过'局外人'的边缘化存在"来实现主体化的方式。③ 德勒兹解构福柯式装置的主体化程序，开放被形形色色的线条横越或穿透的装置。装置的每一种线条，都配置了不同的本质、形态、目的，并先行设定言说秩序，在生产对象的同时消除对象。装置不再引导人们自我审判，而是决定了人们是什么与不是什么。人们逃离福柯式的装置，却只是再度被植入另一种将要出现的装置之中。德勒兹主张装置的多样性，但是肯定福柯对装置的运作机制的阐述，承认装置是真理化、主体化、客体化等的过程。人们突破装置的任何行动，无论是多么自由的创造性行动，都有可能被装置计算在内。德勒兹因此发出感叹："我们都属于装置，都在装置中行动。"④ 装置不再是福柯式的暂时性治安措施，而是公开的连续的布控方式。

福柯把装置归于主体化过程，德勒兹主张装置的去主体化过程，在阿甘本看来，装置的这两种形式，都没有认识到主体发生新的变化，也没有真正揭示装置的本质。⑤ 阿甘本着眼于存在与装置的关系，指出其间播撒着人的多重主体性。人们面对着生活中的两种类型，即活生生的存在（实体）与装置。阿甘本把主体置于存在与装置之间，强调主体"源自一种关系，

---

① Gilles Deleuze, "What is a dispostif?", *Michel Foucault Philosopher*, trans. Timothy J. Armstrong, New York: Routledge, 1992, p. 159.

② Gilles Deleuze, "What is a dispostif?", *Michel Foucault Philosopher*, trans. Timothy J. Armstrong, New York: Routledge, 1992, p. 161.

③ Gilles Deleuze, "What is a dispostif?", *Michel Foucault Philosopher*, trans. Timothy J. Armstrong, New York: Routledge, 1992, p. 161.

④ Gilles Deleuze, "What is a dispostif?", *Michel Foucault Philosopher*, trans. Timothy J. Armstrong, New York: Routledge, 1992. p. 164.

⑤ 〔意〕吉奥乔·阿甘本：《论友爱》，刘耀辉、尉光吉译，北京：北京大学出版社，2017 年版，第 25 页。

也可以说，源自活生生的存在与装置之间的残酷斗争"①。人们面临着两种选择，或是坚持自身的活生生的存在，或是盲从装置生产的主体性。人们使用装置，与社会和他人发生关系。人们对装置的每一次使用，便是一种主体化进程。但是人们听任自己陷入装置之中，就会产生对装置的依赖，从而失去自身的同一性。装置就会反过来控制人们，塑造人们的姿势与行为。人的活生生的存在，将会经历一次次身份的裂变，并漂移在各种不同的身份之间，走向彻底的异化。举例来说，人们使用手机，手机装置把人变成一个电话号码。人们在银行办理个人财务，只能把自己识别为一个银行账户。人们玩着电脑游戏，会把自己代入游戏中的虚拟形像。福柯和德勒兹理论中的装置，主体性与有生命、有情感的人相关联。阿甘本认为，当代装置生产的主体性，表现为数字、符号或虚拟形像等。但是发展到极端阶段的资本主义，把装置与水晶宫般的天国幻象联系起来。如果人们与装置产生认同，将会把自身生命奉献给无生命的数字或符号，最终屈从于资本主义治理世界的经济原则。

二、爱欲政治学

阿甘本追溯爱欲的概念的发展历程，指出中世纪对古希腊的爱欲论的改造。柏拉图在《会饮篇》中指出，爱是对美的事物的热爱。人们对美的追求，会经历从形体之美到体制之美，进而到知识之美的阶梯，最终观照到美本身。爱欲融合着人类的情感与理性，触动人们向更高的美的阶梯上升。② 但是中世纪诗歌的英雄崇拜，与人们对"选择性意志"（阿比·瓦堡）的青睐相结合，使得爱欲的概念发生彻底的语义逆转。③ 爱欲割裂为极端对立的天国之爱与世俗之爱，并在两者之间走向极化，却把人类置于世

① 〔意〕吉奥乔·阿甘本：《论友爱》，刘耀辉、尉光吉译，北京：北京大学出版社，2017 年版，第 18 页。

② 〔古希腊〕柏拉图：《柏拉图全集》（第 2 卷），王晓朝译，北京：人民出版社，2003 年版，第 254 页。

③ Giorgio Agamben, *Stanzas: Word and Phantasm in Western Culture*. trans. Ronald L. Martinez. Minneapolis and London：University of Minnesota Press, 1993, p. 115.

间造物与灵界神魔（demon）之间。① 弗洛伊德的爱欲论把力比多视为人类精神的基础，力比多的升华是人类文化创造的动力。

阿甘本认为，弗洛伊德是中世纪的爱欲论的现代回响。一方面，弗洛伊德在对忧郁症的分析中谈道，人因"失落的客体"而产生忧郁，并踏上寻找的旅程。另一方面，弗洛伊德强调，文明的进化是爱欲与死欲的斗争。② 这把爱欲与人类保存自身生命的本能联系起来，爱欲仿佛具有恶魔般的力量，能够砸碎一切束缚人类生命的锁链。爱欲便分化为忧郁－英雄的爱欲与恶魔－英雄的爱欲，这两种形式的爱欲，都只是构造英雄或恶魔的幻影，作为人们观看自身的镜子。人们如果追求英雄的幻影，沉浸在浪漫主义的幻梦中，也就难以反抗诸多机器的压制。阿甘本在写作《诗节：西方文化的词语与幻象》（1977）之后，便远离了精神分析学。如果说柏拉图的爱欲论聚焦于爱与美的关系，中世纪的爱欲论宣扬英雄崇拜，弗洛伊德的爱欲论把爱欲作为战胜死欲的力量，那么阿甘本的爱欲论，则是要守护人类不可分离的生命形式。爱欲要把人类联结为统一体，必须回到人类活着的生命本身。人类在生存活动中，共同探索生命的形式，才能实现人类的共在。

1. 中止装置的运作

巴特尔比是美国小说家麦尔维尔的短篇小说《抄写员巴特尔比》中的主人公，是现代装置典型的牺牲品。巴特尔比受雇于华尔街的一家法律事务所，却说着"我宁愿不……"，并不接受被指定的抄写工作。后来巴特尔比重复着"我宁愿不……"的句式，拒绝人们的建议与安排。他在被辞退后依然安静地待在他的角落里。在法律事务所搬走后，他拒绝离开原来的办公室，因此被关进监狱，出狱后不久便死去。巴特尔比的形象，或者被视为饱受社会生活折磨的精神失常者，或者被视为拒绝与社会合作的反叛

---

① Giorgio Agamben, *Stanzas: Word and Phantasm in Western Culture*. trans. Ronald L. Martinez. Minneapolis and London: University of Minnesota Press, 1993, p. 118.

② 〔奥〕弗洛伊德：《文明及其缺憾》，付雅芳、郝冬瑾译，苏晓离校，合肥：安徽文艺出版社，1987年版，第70页。

者。① 阿甘本从弥赛亚主义的角度，认定巴特尔比的形象站在"去创造"（decreation）与造物的"新生"的那个点上。② 韩炳哲认为，阿甘本没有把握住作品要传达的人类生存的倦怠感，"这则'来自华尔街的故事'不是一则'去－创造'故事，而是一则关于倦怠的故事"③。韩炳哲察觉到，阿甘本评论中的巴特尔比，是彻底放弃欲望的人类形象。巴特尔比形象的确与当代的"兴奋剂社会"格格不入，表现出消极无为的生活态度，没有任何改变现实的积极因素。但是阿甘本对巴特尔比形象的关注，并不在于其形象特征，而是在于人类记录自身思想的方式。抄写员巴特尔比的"我宁愿不……"的姿态，似乎表现为不做什么、不写什么的闲散态度，却彰显出人类自身中的像白板那样、不可被占有的思想潜能。

阿甘本对巴特尔比的阐释，并不分析其生活背景，也不将之与其他人物形象进行比较，而是强调巴特尔比的书写行动。巴特尔比的"我宁愿不……"，并不是对书写行动的否定，而是一种不书写的行动。阿甘本为了说明这种特殊的书写行动，借用了亚里士多德的"写字板"的意象。④ 虽然写字板上什么也没有写，但是人们能够在写字板上书写。写字板代表着人类的潜能，并不表现为任何确定的观念，而是人们形成具体观念所需要的智识，是允许人们思想发生的理智性力量。但是阿甘本为何要把巴特尔比的"我宁愿不……"的姿势，作为"去创造"的方式？麦尔维尔在《抄写员巴特尔比》中写道，被聘请为抄写员的巴特尔比，初来乍到时"一个劲儿地抄写，仿佛一个忍饥挨饿多时的人得到食物，他好像要把我的文件吞下去一样，也不停下来消化一下……像台机器一般写个不停"⑤。这个勤奋工作的巴特尔比，与后来声称"我宁愿不……"的巴特尔比形成鲜明反差。

---

① 但汉松：《重读〈抄写员巴特比〉：一个后"9·11"的视角》，外国文学评论，2016 年第 01 期。

② 〔意〕吉奥乔·阿甘本：《潜能》，王立秋、严和来译，桂林：漓江出版社，2014 年版，第 478 页。

③ 〔德〕韩炳哲：《倦怠社会》，王一力译，北京：中信出版社，2019 年版。

④ 〔意〕吉奥乔·阿甘本：《潜能》，王立秋、严和来译，桂林：漓江出版社，2014 年版，第 439 页。

⑤ 〔美〕赫尔曼·梅尔维尔：《水手比利·巴德——梅尔维尔中短篇小说精选》，北京：人民文学出版社，2010 年版。

勤奋工作的巴特尔比与法律事务所的其他人，都像机器那样按部就班地做着抄写工作。或许巴特尔比意识到，如果人类沦为抄写机器，其生命将会变成不可送达的"死信"。

阿甘本的巴特尔比形象，是瓦解装置的人类代表。阿甘本察觉到装置中的命令因素，并以黑格尔批判的"实证性"概念来解释。黑格尔谈论实证宗教与自然宗教，涉及实证性问题。自然宗教是人们在生活中自然而然形成的宗教，实证宗教是根据教义和信条而形成的宗教，给"实证性"赋予了教义和信条。① 人们必须围绕着教义和信条，建构出体系完整、逻辑严密的理论。被建构的理论体系，反向地为教义和信条提供确凿的合理性，促使人们对之产生坚定的信仰。黑格尔谈到的实证宗教，在当代世界中已经不合时宜，却把"实证性"的形式遗留给后世。"实证性"借助自身的空洞形式，不但命令人们生产出理论体系，而且命令人们服从自己生产的理论体系。阿甘本指出，人们预设至高者，作为"知识的最高地基"②，取代了被给予的教义与信条。人们的预设本身，也赋予至高者以实体性与至高权力，并建立至高者与人类自身的等级关系。人类在这种等级关系的压力之下，继续创造出至高者。装置迫使人们参与装置的运作，那么人们越是积极地行动，就越发被套牢在装置里。从这个角度看，装置篡改了亚里士多德关于人类行动与潜能的剧本，把人类行动引上毫无出路的旅程。亚里士多德提出两种潜能，第一种潜能会转化为行动，另一种潜能则始终保持着自身。③ 在阿甘本看来，现代文化接受亚里士多德提到的第一种潜能，却把潜能消耗在行动中。这给人们带来的影响是，人类像《抄写员巴特尔比》里的律师所慨叹的，带着生的使命，却奔向死亡。巴特尔比以"我宁愿不……"的方式，拒绝与装置合作，中断装置的运作。但是人类在摆脱装置之后，如何重新开始思想？阿甘本认定，巴特尔比具有抄写的技艺，却

① 〔意〕吉奥乔·阿甘本：《论友爱》，刘耀辉、尉光吉译，北京：北京大学出版社，2017年版，第5-6页。

② 〔意〕吉奥乔·阿甘本：《神圣人：至高权力与赤裸生命》，吴冠军译，北京：中央编译出版社，2016年版，第50页。

③ 〔古希腊〕亚里士多德：《形而上学》，吴寿彭译，北京：商务印书馆，1997年版，第213页。

又拒绝抄写，凸显出人类思想的潜能。人的创造行动，不会完结于某个具体作品或某项固定的装置，而是将之归于无，推动人们不断展开创造行动。

人类在装置的作用下，无可挽回地以"死信"的方式而终结。人类坚持自身思想的潜能，是当代文化面临的迫切任务。阿甘本把拒绝抄写的巴特尔比视为"是所有创造皆源出于其中的那个无的极端形象；而同时，他也构成了对这个作为纯粹、绝对之潜能的无的最执拗辩护"①。人们思考巴特尔比形象，要阻断装置对"第一次创造"的控制，并开启属于人类的"第二次创造"。但是人们的"第二次创造"，并不是对"第一次创造"的重复或者排斥，而是要洞悉装置的每时每刻的嵌入，维护人类思想的自由运动。

2. 解构遮蔽/无蔽的机制

阿甘本比较了提香前后时期的两幅画作《人生三阶段》（1512—1514）与《宁芙与牧羊人》（1570）。《宁芙与牧羊人》没有展现《人生三阶段》中的童年阶段与老年阶段，显然放弃了对"人的三个阶段"的主题的思考，却把其中的情欲主题置于画面中心。这种"非功用"的方式，在阿甘本看来，是对遮蔽/无蔽的机制的解构。

《人生三阶段》描绘了人的童年、青年与老年三个阶段，讲述着人类的生、爱与死。画作的左侧，是一对相对而坐的年轻情侣。赤身裸体的男子坐在草地上，女子穿着衣服，坐在男子面前，双手各拿着一支短笛，两人相互凝视对方。这幅画作的右侧，长着翅膀的小爱神似乎表明，爱是人类生命的源头和聚合人类的力量。小爱神的旁边，是沉睡的婴儿，他们都靠着一棵干枯的树。他们的不远处，一位老者坐在地上，手里把玩着骷髅，神情泰然，仿佛看淡人间生死。多年以后，提香创作的作品《宁芙与牧羊人》，对《人生三阶段》中的年轻情侣重新进行演绎。《宁芙与牧羊人》中的男女情侣的形象被颠倒过来。女子裸露身体，半侧着躺在一张豹皮上，背部朝外，一只手抚摸着另一只胳膊，并扭过头来，若有所思地望着画面前的观众。男子身穿衣服，手里拿着笛子，坐在她身旁。阿甘本认为，《宁

① 〔意〕吉奥乔·阿甘本：《潜能》，王立秋、严和来译，桂林：漓江出版社，2014年版，第452页。

芙与牧羊人》的出现，使得《人生三阶段》对情人关系的思考更加鲜明清晰，同时对人与他人的关系，做出了新的且更成熟的表达。①

《人生三阶段》与《宁芙与牧羊人》中的年轻情侣的共同之处是，他们都涉及西方文化中的赤裸或穿衣的机制。阿甘本认为，旧约的《创世记》，开启了西方文化把赤裸与原罪联系在一起的传统。②《创世记》讲述道，人在偷吃禁果后，意识到自身的赤身裸体。这里提到的裸体，指人类意识中的裸体的观念。人偷吃禁果，意味着人从无意识状态进入意识状态。《创世记》把裸体与原罪关联起来，把人类获得意识的状态，刻上原罪的印记。《创世记》接着叙述，人不愿意接受自己的裸体状态，于是穿上无花果树叶做成的衣服，并在被逐出伊甸园后，穿上神授予的兽皮衣服。原罪与衣服，成为相互支持的概念。原罪的概念，预设衣服的缺席。人类把衣服穿在身上的行动，表明人类已然接受原罪观念。人最初意识到自己的裸体，此时的裸体是纯真无辜的。但是衣服的出现，产生出"衣服的缺席"的情境，迫使人们把原罪的印迹刻在自己的裸体上。衣服对人的裸体的覆盖，反衬出人的裸体被遮蔽起来。现代知识体系的遮蔽/无蔽的辩证法，化用了穿衣/赤裸的机制。遮蔽与无蔽的相互替换，便形成了穿衣/赤裸的拓扑学。《人生三阶段》中的男女情侣，分别是穿衣的与赤裸的形象。画作以这种方式，显明人类生存的真相。无论人是穿着衣服还是赤裸身体，人的生存状态，并不是处在被遮蔽的状态中，也不需要任何去蔽的活动。男女情侣的相互凝视，解构了穿衣/赤裸、遮蔽/无蔽的拓扑学，这"超越自然和知识、超越遮蔽和无蔽的最高阶段"③。

《人生三阶段》解构现代知识体系中的遮蔽/无蔽的机制，《宁芙与牧羊人》在此基础上进入人类伦理生活领域，探讨人与他人的关系。《人生三阶段》中的男女情侣的相互凝视，同时是一种相互质询。显然，赤裸/穿衣、

---

① 〔意〕吉奥乔·阿甘本：《敞开：人与动物》，蓝江译，南京：南京大学出版社，2019 年版，第 105 页。

② 〔意〕吉奥乔·阿甘本：《裸体》，黄晓武译，北京：北京大学出版社，2017 年版，第 105 页。

③ 〔意〕吉奥乔·阿甘本：《敞开：人与动物》，蓝江译，南京：南京大学出版社，2019 年版，第 105 页。

遮蔽/无蔽的拓扑学深刻地影响着人与他人的相处。人们运用遮蔽/无蔽机制看待他人，实际上把某种奥秘注入他人形象之中，即把他人变成自身意向的客观对应物。男女情侣在相互质询中，认识到"彼此身上某种他们不应当知道的东西——他们失去了他们的奥秘"①。《宁芙与牧羊人》中的男女情侣意识到，"自己最隐秘的秘密就是缺乏奥秘"并"暴露了他们的虚无"。任何人都没有什么不可知的秘密，所谓的秘密都是被生产出来的"幻象"。人们根据幻象来建立与自身、他人之间的关系，便把"自然之衣"或"恩典之衣"披在人身上，再度把他人从其自身中分离出来。人们解除幻象拜物教，或许要像《宁芙与牧羊人》中的情侣那样，"在情欲上关联在一起的，但他们的关系如此随性，也如此遥远"②。人要如何与自己、他人相处，对此阿甘本解读出"非功用"（inoperative）的方式。《宁芙与牧羊人》中的情侣似乎不是那么亲密无间，这表明，人们放弃对他人的客体化，不再把自身的意向性强加于他人，而是承认他人的自在存在。人类背对着的相偎相依，代表着人类的爱的形式。人们既不沉浸在幻象世界里，也不建构绝对真理来解释世界与自身，而是立足于自身所处的现实世界，共同探寻人的本质。

3. 开放包容差异的空间

当代生活中的诸多机器，或者把人类囚禁在人性 - 动物性的模式里，或者通过幻象与现实的分离，支配人们的情感、想象与思维，或者建立装置与主体的张力，迫使人屈从于虚拟的至高权力。在阿甘本看来，治理机器制造的二元结构，实际上如亚里士多德指出的那样，等同于"知识的逻辑 - 形而上学结构"③。该结构似乎提供一种本原（arche），以此排除人类生活的差异。阿甘本提出，人们建立相近 - 本体论（para-ontology），能够敞开人类相互包容的共在空间。

---

① 〔意〕吉奥乔·阿甘本：《敞开：人与动物》，蓝江译，南京：南京大学出版社，2019 年版，第 105 页。

② 〔意〕吉奥乔·阿甘本：《敞开：人与动物》，蓝江译，南京：南京大学出版社，2019 年版，第 103 页。

③ 〔意〕吉奥乔·阿甘本：《潜能》，王立秋、严和来译，桂林：漓江出版社，2014 年版，第 156 页。

　　阿甘本提出，人们以"相近－"（para-）的模式，允许个别性的自由呈示。知识的逻辑－形而上学结构，把被预设的本原作为"一"的存在。"一"超越于且内在于感性世界，感性事物仿佛是从"一"那里衍生而来的。人们对事物的认识，最终将停留在对"一"的把握上。① 由此来看，治理机器上演着从"一"到"一"的飞行，在播撒主体性的碎片的同时，根据伪造的统一性原则，全面指派人类生活。阿甘本根据现代集合论，指出事物根据不同的属性而组成集合。集合中的事物，既属于集合，也有着集合无法涵盖的个别性。集合中的每个个别性，都代表着特定示例的某种真实情况。阿甘本借用柏拉图对范型（paradeigma）的论述，指出个别性的相近呈示－（para-）的形式。② 柏拉图《理想国》中的对话者，在谈论正义的问题时，涉及范型的问题。对话者们给正义下定义，讨论正义的特征。最后人们的结论是，人们对正义的任何言说，只是正义的范型，却不能证明这些范型的现实性。③ 也就是说，人们对正义的各种论断，构成了正义的集合。每种关于正义的论断，都有着其所适用的具体情境，只是在这种情境中具有真实性，因而是体现正义的一种范型。但是正义的显现以及人们对正义的理解，都会随着情境的变化而有差异。正义的范型给出关于正义的话题，只是对正义的相近－显示（para-deigma）。"相近－"的模式，带来事物的存在方式的改变。事物存在于其自身之外，这同时构成事物自身的限度。诸多的个别性不再建立对"一"的分有关系，而是表现为近旁的（alongside）关系，相互扩展出非物质的外延，推动事物多向度地向外辐射。人们对正义的热爱，便是坚持正义的范例，腾出了正义的位置，引发人们对正义的讨论。正义的"虚位"，是正义之本。人类理解正义的思想差异，是正义之在。"相近－"模式，改变以"一"为本原的模式，这涉及对西方本体论的变革。相近－本体论将会逐渐替代以"一"为本原的本体论，移

---

　　① 〔意〕吉奥乔·阿甘本：《潜能》，王立秋、严和来译，桂林：漓江出版社，2014 年版，第 158 页。
　　② 〔意〕吉奥乔·阿甘本：《来临中的共同体》，相明、赵文、王立秋译，西安：西北大学出版社，2019 年版，第 14 页。
　　③ 〔古希腊〕柏拉图：《柏拉图全集》（第 2 卷），王晓朝译，北京：人民出版社，2003 年版，第 460 页。

除了本体的"根据"。传统本体论中的主体与客体、本质与现象等概念，在相近－本体论的影响下，不再是相互对立的关系，而是可以交换角色。人们对相近－本体论的把握，首先要取消人类思想的再现/表征，颠覆传统本体论的"先在模型"，形成"相近－"的空间。

阿甘本引入戏仿（parody）的概念，说明相近－本体论对人类思想领域的重新测量。或许传统本体论在当代文化中依然根深蒂固，人们运用现成的哲学语言，难以阐明相近－本体论。阿甘本把戏仿的概念，从文学领域扩展到人类思想领域，借此重建思想与世界的联系。戏仿是文学文本之间的戏仿，更是文学文本、思想文本与生活文本之间的戏仿。戏仿的现代意义，是"对他人韵文的模仿，在这种模仿中，在他人那里严肃的一切变得荒谬、滑稽或怪诞"①。戏仿把滑稽的东西引入严肃的东西中，打破文本的内在统一，能够"解放……某种 para，某种在旁的空间，而散文就在其中占位/发生"②。但丁在《神曲》中塑造贝阿特丽采形象，就是一种戏仿。《神曲》中的贝阿特丽采，是引领主人公但丁进入天堂的圣女。研究者们通常认为，作家但丁爱恋的对象贝阿特丽采，是这个文学形象的原型。研究者们的解读，指出了《神曲》的戏仿特征。作家但丁与佛罗伦萨城的女性市民贝阿特丽采，都是世俗生活中的人，也是终有一死者。《神曲》中的主人公但丁，与圣女贝阿特丽采，都是文学形象。《神曲》把已经死去的世俗女性，提升为永恒不朽的神性形象，这不是对世俗女子的神圣化，也不是以神性形象来美化世俗女子，而是对神圣世界的戏仿，借此"使名字与承载名字的必死的造物分离"③。女市民贝阿特丽采与圣女贝阿特丽采，代表着完全相异的存在方式，她们只是共享同一个名字。或许但丁强调的是，人们摈弃对世俗世界与神圣世界的区分，才能阻止神圣世界对世俗世界的占有。人们颠覆中世纪的整全统一的神学宇宙观，重新认识世界、生命与

---

① 〔意〕吉奥乔·阿甘本：《渎神》，王立秋译，北京：北京大学出版社，2017 年版，第 55 页。

② 〔意〕吉奥乔·阿甘本：《渎神》，王立秋译，北京：北京大学出版社，2017 年版，第 61 页。

③ 〔意〕吉奥乔·阿甘本：《渎神》，王立秋译，北京：北京大学出版社，2017 年版，第 80 页。

幸福，才能赢得"爱而非死亡的胜利"①。

结 语

阿甘本的爱欲政治学的发展，与当代文化的两种趋势有关。阿甘本敏锐地意识到，当代文化出现生命转向的趋势。在《绝对的内在性》一文中，阿甘本提到"米歇尔·福柯和吉尔·德勒兹在去世前出版的最后文本，都以生命的概念为核心，这是一个惊人的巧合"②。福柯和德勒兹揭示出治理机器的规训机制，并考察其对现代文化的深刻影响。福柯提出"人之死"，希冀人们摆脱支持着治理机器的人类学视野。德勒兹认为，治理机器把各种逃逸点连接起来，将之重新整合到体系中，人类只能勉为其难地从逃逸线中寻找"新型的革命潜能"③。但是福柯和德勒兹在辞世之前，都不约而同地转向生命本身。福柯主张，人们对生命的谈论，不是在生命与知识、权力的关系中进行，而是应当把生命本身当作"一种永远错位的活的存在"。德勒兹反对从超越性的方面看待生命，认定生命是内在化的运动。阿甘本看到，当代思想家们提出的生命转向，表达出人们变革西方文化传统的迫切愿望。人们发现，现代生活中的治理机器，离不开对西方文化传统的诸多概念与逻辑机制的借用。福柯与德勒兹的生命转向，把当代文化置于历史的门槛上。阿甘本的爱欲政治学，不再根据某种定义来区分生命的形式，而是重新思考文化传统的诸多范畴，把人类思想从根深蒂固的前定观念中解放出来。

当代很多思想家审视人类的生存境况，意识到爱欲的缺失。阿兰·巴迪欧评论韩炳哲的《爱欲之死》时谈道，人们追求纯粹意义上的爱，就要

---

① 〔意〕吉奥乔·阿甘本：《渎神》，王立秋译，北京：北京大学出版社，2017年版，第80页。

② 〔意〕吉奥乔·阿甘本：《潜能》，王立秋、严和来译，桂林：漓江出版社，2014年版，第405页。

③ 〔法〕吉尔·德勒兹：《〈荒岛〉及其他文本》，大卫·拉普雅德编，董树宝、胡新宇、曹伟嘉译，南京：南京大学出版社，2018年版，第402页。

摆脱自恋情绪，并引入对他者的经验。① 但是阿甘本认为，现代生活中的各种机器，把人们网罗其中，占据着人类生活的各个领域。如果人们缺乏对机器运作机制的充分认识，人类精神将会在机器编织的网络中陷入眩晕。阿甘本对爱的讨论，其侧重点是人对自身生命的爱。阿甘本曾经引用古罗马哲学家塞内卡的看法，说明自己对爱的看法。塞内卡指出，"人爱自己，是就他以人的方式存在而言的"②。纯粹意义上的爱，不是"当今这个资本全球化世界所有规则的对立面"③，也不是现代意义的自恋，而是人把自己当作人类中的一员所产生的情感。阿甘本强调人类生命是不可占有的东西，爱是人们把生命归属于自己的情感。爱欲政治学的要义是，人们审视生命政治学对现代文化的玷染，并重新绘制人类思想的地图。

---

① 〔德〕韩炳哲：《爱欲之死》，宋娀译，北京：中信出版社，2019 年版，序。

② Giorgio Agamben, *The Use of Bodies*, trans. Adam Kotsko, Stanford：Stanford University Press，2015, p. 53.

③ 〔德〕韩炳哲：《爱欲之死》，宋娀译，北京：中信出版社，2019 年版。

朱迪斯·巴特勒性别表演理论再探讨*

谢文娟①

摘　要：性别表演是美国当代哲学家和思想家朱迪斯·巴特勒提出的重要概念。这一概念最先在《性别麻烦：女性主义与身份的颠覆》一书中提出，后来在《身体之重：论"性别"的话语界限》及《消解性别》中得到了进一步阐释和反思。文章将结合言语行为理论，探讨巴特勒将后结构主义方法进行酷儿（化）转向并嫁接到言语行为的可行性。此外，本文重在剖析该理论在实践中实际应用的可行性，尤其是性别表演是否能在话语层面从内部颠覆性别规范的可操作性。

关键词：朱迪斯·巴特勒；性别表演；言语行为；性别规范

性别表演是美国当代哲学家和思想家朱迪斯·巴特勒（Judith Butler）提出的重要概念。巴特勒最早在《性别麻烦：女性主义与身份的颠覆》（以下简称为《性别麻烦》）一书中对这一概念进行了阐释，之后在《身体之重：论"性别"的话语界限》（以下简称为《身体之重》）及《消解性别》中进行了反思和补充。性别表演是巴特勒理论阐述中最为核心的概念，自

＊　本文系江苏省高校哲学社会科学研究基金项目"比较视域下明清小说中的跨性别叙事研究"（项目批准号：2019SJA0238）阶段性成果。

①　作者简介：谢文娟，南京师范大学外国语学院副教授，主要研究方向为比较文学、译介学、性别研究。

提出以来激起了理论讨论和批判的热潮，至今仍在社会学、文学批评、性别研究、文化研究等多个领域产生着重要影响。巴特勒的性别表演理论对性别规范、性别表演与性别认知的诠释极具理论创新性，进一步拓宽了社会研究、性别研究乃至文学研究的理论研究空间。何成洲认为表演性理论为文学与艺术研究提供了新方向："性别表演理论不仅开创了女性主义与性别研究的新阶段，而且促进了其他诸如种族、阶级等身份认同的理论探索。更进一步说，它对于文学与艺术的批判传统产生了转变性的影响。"①

一、何为性别表演

在巴特勒提出性别表演性这一概念之前，生理性别和社会性别一直是女性研究和性别研究的主要分析工具。众所周知，在《第二性》一书中，波伏娃首次对生理性别（sex）与社会性别（gender）做出了区分，提出女性的性别身份并非与生俱来，而是由社会塑造的：女人并非生来就"是"（be）女人，而是逐渐在社会中建构起女性的性别身份，从而被社会塑造"成为"（become）女人。这种性别建构观念对早期女性主义者批判父权体制、争取女性权益至关重要，至今仍具有重要进步意义。然而在巴特勒看来，早期女性主义者所主张的"性别社会建构说"往往认为一旦女人被社会塑造"成为"女人，其主体的性别身份就是既定的、固定不变的，而这种假设并不成立，因为按照她的观点，性别主体的身份是不确定的、不稳定的，是通过不断重复的表演行为而建构起来的。巴特勒决绝地瓦解了性别范畴的主体地位，认为性别应该仅仅被视为"对身体不断地予以风格/程式化（stylization），在一个高度刻板的管控框架里不断重复的一套行为，它们随着时间的流逝而固化，产生了实在以及某种自然的存有的表象"②。

巴特勒认为，性别身份并非由社会所塑造的、一成不变的，而是由性别表演所建构的、流动变化的。这也是巴特勒性别表演理论最具批判性的

---

① 何成洲：《表演性理论：文学与艺术研究的新方向》，北京：生活·读书·新知三联书店，2022年版，第36页。

② 〔美〕朱迪斯·巴特勒：《性别麻烦：女性主义与身份的颠覆》，宋素凤译，上海：上海三联书店，2009年版，第46页。

理论建树。正如《性别麻烦》一书的副标题"女性主义与身份的颠覆"所示，"女性主义"与"身份"是性别表演理论主要批判的两个概念。从某种角度来说，性别表演既是对早期女性主义者主张的"性别社会建构说"的颠覆，亦是对身份主体认知的颠覆。

巴特勒坦言，《性别麻烦》一书的初衷便是"批判女性主义理论里普遍存在的一种异性恋假设"，尤其是对法国女性主义理论展开批判，"希望能够激发对它所属的思潮运动的基本词汇的批判性检视"①。为了使性别表演成为能够与解剖学意义上的生理性别和社会性别等主流性别概念相提并论的基本概念，巴特勒援引奥斯汀的言语行为理论、福柯的权力说以及德里达的解构理论，对生理性别与社会性别进行了去主体化论证，认为两者均是由言语构成的。在此基础上，她打破早期女性主义对性别本体的假设以及性别二元假设（即性别只有男女之分），全盘解构性别概念，将性别多元性与流动性纳入性别研究的范畴，从而实现了女性主义问题的酷儿（queer）转向和后结构主义转向，最终"促使女性主义、男同志与女同志的性别观点以及后结构主义理论之间能够有所交集"。②

巴特勒还认为"性别的复杂性需要一些跨学科的、后学科的话语，以便能抵抗学院对性别研究或妇女研究的驯化，并使女性主义批判的观念具有激进的特质"③。这种借助表演性来探讨性别的新视角被杰·普罗瑟（Jay Prosser）称赞为"酷儿女性主义"，即在"女性主义和同性恋研究的间隙中"通过"分析生理性别/社会性别系统在将异性恋自然化的过程中得以解构的方式"而形成的"一种新方法论类型"。④

巴特勒性别表演这一"新方法论类型"的提出随即引发了各学科有关性别表演的讨论，不仅"极大地发展和提升了表演性理论"，更是"里程碑

① 〔美〕朱迪斯·巴特勒：《性别麻烦：女性主义与身份的颠覆》，宋素凤译，上海：上海三联书店，2009年版，序（1999）第1页。

② 〔美〕朱迪斯·巴特勒：《性别麻烦：女性主义与身份的颠覆》，宋素凤译，上海：上海三联书店，2009年版，序（1999）第5页。

③ 〔美〕朱迪斯·巴特勒：《性别麻烦：女性主义与身份的颠覆》，宋素凤译，上海：上海三联书店，2009年版，序（1999）第5页。

④ Jay Prosser, *Second Skins: The Body Narratives of Transsexuality*. New York: Columbia University Press, 1998, p. 59.

式的成果"。① 这一点毋庸置疑。不过，巴特勒的"酷儿女性主义"也受到了不少质疑。胡德·威廉姆斯（Hood Williams）和哈里森·W. 希尔利（Harrison W. Cealey）认为巴特勒的论述不过是把性别的本体性理论换成了"某种同样基础主义的性别表演性概念"②。艾莉森·斯通（Alison Stone）提出了很重要的一点，她认为巴特勒在理论探讨中关注的对象并非究竟何为颠覆，或者说颠覆的目标为何，而仅仅是"具有颠覆性的能动性"的可能性以及颠覆"性别规范"的吸引力，并未对有关颠覆的根本问题做出解答。③ 凯瑟琳·米尔斯（Catherine Mills）和罗伊斯·麦克内（Lois McNay）对巴特勒提出的能动性概念也表示担忧，因为如果像巴特勒所设想的那样，主体的力量仅限于其进行重复、复述和语境重构的能力，从而沦为一种对抗性和应对性行为，那么这种能动性在本质上是消极的。④ 正是如此，菲欧娜·韦伯斯特（Fiona Webster）也提出，"［巴特勒］所谓的能动性在根本上是乏力的——它既没有论述单个主体如何能主动地、有意地来挑战社会建构，也没有讨论主体的行为究竟为何能具有个体的独特性"⑤。

学界针对性别表演理论的批判主要集中在对其关于主体和能动性论述的质疑上，对此本文将不再赘述。本文主要关注巴特勒有关性别表演探讨在具体性别实践中的可行性，同时结合该理论的重要源头⑥——奥斯汀的言语行为理论，从两个方面——其一，性别作为意指行为与性别话语生命的

---

① 何成洲：《表演性理论：文学与艺术研究的新方向》，北京：生活·读书·新知三联书店，2022年版，第36页。

② Hood Williams & Harrison W. Cealey, "Trouble with Gender", *Sociological Review*, 1998, Vol. 46, Is. 1, p. 88.

③ Alison Stone, "Towards a Genealogical Feminism: A Reading of Judith Butler's Political Thought", *Contemporary Political Theory*, 2005, Vol. 4, Is. 1, p. 5.

④ 参见 Catherine Mills, "Efficacy and Vulnerability: Judith Butler on Reiteration and Resistance", *Australian Feminist Studies*, 2000, Vol. 165, Is. 32; Lois McNay, *Theory, Culture & Society*, 1999, Vol. 2.

⑤ Fiona Webster, "Do Bodies Matter? Sex, Gender and Politics", *Australian Feminist Studies*, 2002, Vol. 17, Is. 38, p. 197.

⑥ 何成洲教授对性别表演性与言语行为理论的借鉴和挪用进行了详细分析，参见何成洲：《巴特勒与表演性理论》，《外国文学评论》2010年第3期；何成洲：《表演性理论：文学与艺术研究的新方向》，北京：生活·读书·新知三联书店，2022年版。

界限；其二，再意指、表演失败以及表演性颠覆的悖论——来探讨这种带有酷儿色彩的性别表演性理论及其设想的性别颠覆构想能否带来性别意识形态的改变，能否实现性别的颠覆。

二、作为意指实践（significatory practice）的性别与性别话语生命的界限

> 把身份理解为一种实践、一种意指实践，就是把文化上可理解的主体当作某种受到规则限定的话语所造成的结果，而这话语将自身嵌入语言生活中普遍而寻常的意指行为里。①

在巴特勒的诠释中，性别表演依赖于对社会规范的引用和重复，性别身份是在对社会规范的意指实践中由话语塑造的，因此她对性别表演讨论的重心也从性别的身体政治转向了话语层面上的性别建构。在她转向"复述"（reiteration）、"引用"（citation）等后结构主义概念的同时，性别行为的"肉体性"（corporeality）也随之消解。用批评家维姬·克比（Vicki Kirby）的话来说，巴特勒"认为在意指之外、之前，不存在纯粹的物质性（pure materiality），因此除了语言之外我们无法把握身体的纯粹物质性"，而这也让巴特勒最终陷入"所有实在界都消融为语言"这一陷阱中。②

巴特勒指出，性别事件不具有物质性，仅仅是抽象的、简化的话语层面的意指行为。这一观点无视了单个身体的特殊性以及现实世界中性别体验的复杂性。对此，杰奥弗·鲍彻（Geoff Boucher）就曾犀利地指出，性别表演性是一种理念主义"话语物质化理论"，因为巴特勒宣称的"施事性言语行为能在某种意义上改变所指"的观点实际上暗含了这一假设，即"先验主体性不仅建构了认知形态，也建构了客观世界的实体物质性"。③ 诚然，

---

① 〔美〕朱迪斯·巴特勒：《性别麻烦：女性主义与身份的颠覆》，宋素凤译，上海：上海三联书店，2009 年版，第 189 页。

② Vicki Kirby, "When All That Is Solid Melts into Language: Judith Butler and the Question of Matter", *International Journal of Sexuality and Gender Studies*, 2002, Vol. 7, Is. 4, p. 41.

③ Geoff Boucher, "The Politics of Performativity: A Critique of Judith Butler", *Parrhesia*, 2006, Vol. 1, p. 124.

性别表演性提供了一种全新的性别认知模式，然而巴特勒将性别和性别建构全盘后结构主义式符号化和话语化的做法，严重地削弱了现实经验的物质性，使性别现象完全脱离社会层面和物质层面的约束，沦为一个主体被消融的、纯粹由个体参与的自治系统。

这里，巴特勒其实借鉴了尼采在《论道德的系谱》里的假设，认为"在行为、实行、变成的背后没有'存有'（being）；行为者只是加诸行为之上的一个虚构——行为是一切"①。因此，在她的理论设想中，性别"行为"（deeds）具有独立的话语结构，制约着性别"行为人"（doer）的能动性。她同样反对主体在施事行为之前就存在的观点，也否认主体在颠覆的表演行为中的主观能动性。由此可见，巴特勒回避了性别表演中主体性和能动性这两个根本问题，也无法解答如下问题：是谁在建构性别？是谁在消解性别？如果性别仅仅是一种言语行为，那么建构或消解性别的主体究竟是人还是语言？

对于巴特勒而言，性别行为，或者说性别表演，可以由话语层面的顺从性重复行为构建，也可以为扮装、酷儿、性别戏仿和跨性别等反抗性重复行为所颠覆。对她而言，此处最核心的问题是"重复"这一行为，并非进行"重复"的主体，因为主体永远是臣服的，所谓的能动性仅限于重复和再意指的话语层面，即在新语境中对性别规范进行重复和挪用，以便赋予其新的意义。在巴特勒的性别表演论述中，对话语权威的对抗不再是通过回归自我来获得古典意义上的自由，而是坚信话语的性别规范在时间维度上必然是暂时的，是可以从内部将其颠覆和推翻的："规范因其必然的短暂性，对来自内部的替换及颠覆是开放的。"② 正如凯蒂·窦·马格纳斯（Katy Dow Magnus）犀利地指出："当巴特勒开始构建一种更泛化的主体性观念，把重心由性别表演性转向语言施事性时，她所提出的主体能动性概

① Friedrich Nietzsche, *On the Genealogy of Morals*, trans. Walter Kaulmann, New York：Vintage, 1969, p. 45, 载于〔美〕朱迪斯·巴特勒：《性别麻烦：女性主义与身份的颠覆》，宋素凤译，上海：上海三联书店，2009 年版，第 34 页。

② 〔美〕朱迪斯·巴特勒：《消解性别》，郭劼译，上海：上海三联书店，2009 年版，第 214 页。

念的意义就严重削减了。"①

　　用政治哲学家赛拉·本哈比布（Seyla Benhabib）的话来说，巴特勒所诠释的性别话语生命在本质上意味着"主体之死"。② 巴特勒本人在《性别麻烦》之后出版的《身体之重》中也曾明确表示：性别表演所表示的主体行为与"存在于她/他所对抗的规范性管制性（regulatory norm）之外"的自由意志主体是直接对立的，也就是说，主体乃由"话语/权力机制"本身塑造。③ 倘若行为主体永远被话语操控，其能动性亦为话语所限制，那么话语之外还有何物？ 如何才能确定颠覆性性别表演的能动性是来自行为主体自身还是源自话语呢？ 作为社会个体和性别主体的我们，在话语之外又能做些什么？

　　言语层面上的表演性颠覆永远受制于具体的社会条件，受制于决定性别表演政治含义的社会语境，这或许也正是巴特勒所忽视的一点。即便我们承认"行为"可以独立于"行为者"而存在，性别可以被视为话语意指的产物，这些问题依旧需要解答：这些去语境化、去历史化的意指产物将如何改变决定其阐释意义的语境？ 这些话语层面上的颠覆性性别表演又将如何转化成现实的社会变革？ 因此，话语颠覆可能很难解释为何某种颠覆会在一个特定的历史时刻和特定的地方发生。以酷儿运动为例，20 世纪 90 年代初美国的 LGBT 群体对"酷儿"（queer）一词的挪用被巴特勒视为性别表演性颠覆的典范。她认为，通过占有、重新定义和挪用"酷儿"一词，原本带有贬义色彩的"怪异"变成骄傲张扬地标榜同性恋身份的"酷儿"，主体能动性至少在一定程度上得以实现。从这个意义来说，"酷儿"一词并非在简单地重复、引用其本意，而是在对抗性重复中来拥护其所代表的一种全新身份。不过，"酷儿"一词早就存在，为何对该词的性别表演颠覆性挪用直至 20 世纪 90 年代才在美国出现？ 巴特勒在阐述中并未解释为什么这

---

　　① Katy Dow Magnus, "The Unaccountable Subject: Judith Butler and the Social Conditions of Intersubjective Agency", *Hypatia*, 2006, Vol. 2, p. 82.

　　② Seyla Benhabib, "Feminism and Postmodernism: An Uneasy Alliance," *Feminism Contentions: A Philosophical Exchange*, Ed., Seyla Benhabib, Judith Butler, Drucilla Cornell, and Nancy Fraser, New York: Routledge, 1995, p. 20.

　　③〔美〕朱迪斯·巴特勒：《身体之重：论"性别"的话语界限》，李君鹏译，上海：上海三联书店，2011 年版，第 113 页。

种话语上的"颠覆"未能在他时他地发生。另外，就算仅仅通过对谴责性概念在积极、拥护性语境中的话语重复，就可以实现对该概念的颠覆，巴特勒的理论构建也无法解释为何其他文化中类似"酷儿"一词的其他恐同词语未能以同样的方式实现话语颠覆。

或许，巴特勒有必要进一步指出限定这些话语性表演颠覆的具体历史和文化语境，来揭示"酷儿"一词的成功挪用和意指颠覆与美国 LGBT 群体在经济、法律、政治和社会层面上的维权运动密不可分。只有先改变性别表演阐释的语义场以及决定这些语义场的社会条件，在言内行为上颠覆"酷儿"一词的意义才会变得可能。因此，并非对"酷儿"一词的话语性颠覆带来了性别认知上的改变；恰恰相反，话语性颠覆仅仅是对社会语境中已经发生的改变的某种反映和标示，而这种社会语境的改变很难通过话语层面的颠覆来实现。因此，话语性颠覆在很大意义上弱化了美国现实经验的迫切性和必要性，从而失去了其现实意义。

三、再意指（resignification）、失败的表演及表演性颠覆的悖论

> 性别变革的可能性，正是要从……重复失败的可能性、从某种畸形，或者从揭露了恒久不变的身份这个幻想结果其实是一种脆弱的政治建构的戏仿性重复当中去寻找。[①]

巴特勒认为，在建构性别主体的过程中，性别表演的重复是不可避免的，因此"我们面临的任务不在于是否要重复，而在于要如何重复"[②]。按照她的观点，只要重复不是遵从社会期待（即性别规范）来进行的，那么这种重复行为就不仅能避免被规范化，而且还会揭示出社会规范的运作机制，并给规范化过程带来挑战。然而，由于在巴特勒的设想中，性别表演的"无责任主体"（the unaccountable subject）并不能选择如何进行重复，

---

① 〔美〕朱迪斯·巴特勒：《性别麻烦：女性主义与身份的颠覆》，宋素凤译，上海：上海三联书店，2009 年版，第 185 页。
② 〔美〕朱迪斯·巴特勒：《性别麻烦：女性主义与身份的颠覆》，宋素凤译，上海：上海三联书店，2009 年版，第 193 页。

无论重复是失败的、戏仿的，还是成功的、顺从的，似乎都并非来自性别主体的主观意图。她也并未指明再意指行为究竟应该被理解为主体的选择，还是话语结构内的一次偶然事件；主体在进行性别的再意指时，是带有明确的颠覆目的，还是无意而为之。正是在这个意义上，莫亚·洛伊德（Moya Lloyd）失望地指出，巴特勒直接否认了"主体能按照自己选择的方式有目的进行性别表演"的可能性。① 比如，不以对抗性别规范为目的的扮装（drag）或者性别戏仿（parody）是否有可能存在？通过再意指而实现的性别颠覆是否需要将再意指的目的和语境（比如京剧中的情境性易装和因性别错位而进行的扮装等）因素纳入考量？

再者，倘若如巴特勒所言，性别规范本身是一种缺乏实质的幻觉，那么性别表演所引用的性别规范就不具有真实性，而对规范的引用便没有正确和错误之分，性别也无"真相"可言，性别顺从与性别颠覆无法得到区分。也就是说，所有的性别表演都变成中立的，超越真理价值判断且无法进行比较。这样一来，所有的性别表演性重复，无论它是顺从的还是对抗的，都在一种话语乌托邦中被神奇地、彻底地同质化。因此，也就不难理解巴特勒为何会得出如下结论：

> 在非异性恋框架里对异性恋建构的复制，凸现了所谓异性恋真品（original）在本质上全然是建构的。因此，同性恋之于异性恋，并非复制品（copy）对真品、而是复制品对复制品的关系。……对"真品"的戏仿性重复，揭露了真品只不过是对自然（the natural）和原初（the original）等理念的戏仿。②

有趣的是，戏仿性重复之所以能被赋予与"原本"同等的地位，并非通过成为非主导性性别的物质实体性，而是通过对后者进行结构。从这个角度来看，同性恋性别戏仿（再意指）与异性恋原本（规范）之间的平等关系只能存在于巴特勒所假设的话语维度之内。而她所构建的乌托邦话语世

① Moya Lloyd, *Beyond Identity Politics: Feminism, Power and Politics*, London: Thousand Oaks, 2005, p. 137.

② 〔美〕朱迪斯·巴特勒：《性别麻烦：女性主义与身份的颠覆》，宋素凤译，上海：上海三联书店，2009 年版，第 44 页。

界，未能留出空间来探讨伴随再意指这一过程而出现的实际危险。例如，在现实生活中，作为表演性颠覆的性别戏仿很可能会给性别主体带来巨大的风险和伤害，甚至可能会招致针对性别主体的仇恨犯罪。另外，巴特勒的理论设想也无视了真实实践中的性别反抗所遭受的种种困境。我们不得不承认的是，现实世界中，（顺从性）性别建构与（颠覆性）性别消解（或者说再意指）之间，复本与原本很难实现巴特勒理论想象中"复制品对复制品"的平等关系，性别颠覆所经历的过程远比话语性再意指要复杂和艰难得多。

因此，看似简单的话语"再意指"以及巴特勒所期待的能颠覆性别规范的英雄式性别表演的"失败"，仅仅代表了话语层面上的一种可能性。在现实经验中，"通过表演，主导的和非主导的性别规范就变得平等了"这一设想是很难实现的。① 这是因为颠覆性的性别表演，或者说失败的性别表演"复制品"，无法立刻建构能挑战当前的主导性性别规范的新规范，非主导性的性别表演想要获得与主导性性别表演同等的包容、认可和牢固地位，还需要漫长的努力。因此，巴特勒在《身体之重》中也做出了让步，承认扮装的颠覆性仅在于对异性恋主导的性别规范提出质疑："装扮反映了制造霸权性性别的模仿结构，并对异性恋所宣称的自然性和初始性提出了质疑。在这个意义上说，扮装具有颠覆性。"② 扮装的颠覆性仅此而已，而并非揭示出异性恋的本质属性就等于实现了性别身份颠覆。性别身份颠覆真正的任务乃是如何使"失败的"和"成功的"性别表演具有平等地位，改变社会现实，使性别再意指不再遭受压迫和惩戒，而是能得到承认，获得生命力。

因此，巴特勒将言语行为理论中的施事行为看作能改变客观世界的意指实践，这种观点在本质上是对后结构主义符号逻辑与语用学理论的酷儿化杂糅和挪用。正如凯蒂·窦·马格纳斯所指出的，"通过再意指来对抗既有结构的观点是说不通的"③。此外，言语行为认为话语行为的实现总是依

---

① 〔美〕朱迪斯·巴特勒：《消解性别》，郭劼译，上海：上海三联书店，2009年版，第214页。

② 〔美〕朱迪斯·巴特勒：《身体之重：论"性别"的话语界限》，李君鹏译，上海：上海三联书店，2011年版，第114页。

③ Katy Dow Magnus，"The Unaccountable Subject：Judith Butler and the Social Conditions of Intersubjective Agency"，*Hypatia*，2006，Vol. 2，p. 90.

赖于"适切条件"（felicity conditions），即限定言语行为的社会习俗和情景。然而，巴特勒却颠倒了行为与适切条件之间的关系，认为性别表演的适切条件（性别规范）依赖于性别表演，没有性别表演便没有性别规范。对此，杰奥弗·鲍彻也对巴特勒的理论进行了系统的批判，认为巴特勒对奥斯汀的言语行为理论存在严重误读，并且存在"德里达对言语行为理论的解构毫无批判地全盘接受"[1]。

巴特勒对性别表演性的论述还暗含一种二分思维，认为性别规范要么是主导的，要么是非主导的；性别表演要么巩固现有规范，要么与它对抗，要么构建性别，要么消融性别。而在现实中，性别表演与性别规范之间的关系远比纯粹的巩固和纯碎的对抗要复杂得多，因此并不能对其简单地做非此即彼的二分。如果简单地认为，只要性别表演未遵照性别习俗和规范，它就能成为非主导性性别表演，只要对性别在不同语境中进行再意指，通过再意指的泛化便可以颠覆性别规范，就会完全忽视性别表演和性别实践的复杂性和多元性。因此，巴特勒理论中所呈现的这种二分思维也受到了学者的质疑和批判。例如，萨巴·玛穆德在对伊斯兰文化的案例研究中就发现，性别规范"被表演、被执行、被体验的方式多种多样"，并不能把能动性简单地视为对抗。[2] 事实上，巴特勒在《身体之重》中也承认，扮装表演在对抗性别规范的同时，也进一步巩固了性别规范，"似乎，扮装充其量是某种两难的场域"[3]。不仅如此，在看似对抗的表象之下，它甚至可以加速性别规范的固化作用，因为"扮装舞会自身有时会带来高度女性化，通过一种对某些资产阶级异性恋交流形态再理想化的跨性别行为扭曲同性恋"[4]。

---

[1] Geoff Boucher, "The Politics of Performativity: A Critique of Judith Butler", *Parrhesia*, 2006, Vol. 1, p. 126.

[2] Saba Mahmood, *Politics of Piety: The Islamic Revival and the Feminist Subject*, Princeton and Oxford: Princeton University Press, 2005, p. 22.

[3] 〔美〕朱迪斯·巴特勒：《身体之重：论"性别"的话语界限》，李君鹏译，上海：上海三联书店，2011年版，第113页。

[4] 〔美〕朱迪斯·巴特勒：《身体之重：论"性别"的话语界限》，李君鹏译，上海：上海三联书店，2011年版，第240页。

结　语

从某种程度来说，巴特勒在后期的著述中对她早期提出的性别表演理论进行了进一步反思和完善，她开始"对主导性规范的戏仿是否足以取代它们提出了质疑"，也对"性别的去自然化是否就不会成为重新巩固霸权规范的工具这一点进行了质疑"。① 在《消解性别》一书中，巴特勒似乎也意识到了这种内部颠覆的酷儿策略——"设想常规之外的可能性，或者常规自身的另一种未来"，可能仅仅是一种话语乌托邦，一种"幻想"，这种幻想"是对可能性的一种表达；它让我们越过真实，进入一个由可能性组成的、尚未实现或不能实现的世界"。②

不过，正如何成洲所指出的："不论从伦理上还是女性主义政治的角度批判巴特勒和她的表演性理论，都不能否认巴特勒对于性别研究和当代思想产生的影响。"③ 虽然她的性别表演理论未必能完全转化为实践，但理论本身就具有转化的力量，可以指导实践。正是她对性别规范的辩证性和创新性阐释，为当代不同学科从不同角度来进一步介入和推演提供了可能，在多元视角的交叉和互动中获得新的生命力。哪怕巴特勒表演理论只是提供了通过性别表演建构和重构性别身份的一种可能性，或者说一种在某种程度上脱离现实的幻想，但正如巴特勒所言："幻想不仅仅是一种认知行为，一种我们在头脑内部的电影院里投射出来的电影。幻想给联系性建立了结构，然后投入到自身的实现和具体化中去。"④

---

① 〔美〕朱迪斯·巴特勒：《身体之重：论"性别"的话语界限》，李君鹏译，上海：上海三联书店，2011 年版，第 113 页。

② 〔美〕朱迪斯·巴特勒：《消解性别》，郭劼译，上海：上海三联书店，2009 年版，第 28 页。

③ 何成洲：《表演性理论：文学与艺术研究的新方向》，北京：生活·读书·新知三联书店，2022 年版，第 35 页。

④ 〔美〕朱迪斯·巴特勒：《消解性别》，郭劼译，上海：上海三联书店，2009 年版，第 222 页。

独异性与间在论：间性视野中的文学特殊性思辨

赵华飞①

摘　要： 本文通过对阿特里奇"独异性"与金惠敏"间在论"的比较性考察，揭示了当代间性文学论在文学特殊性问题上的思考与突破。阿特里奇论述了独异性的非对象性与无限性，并以此为基石，力图构建一种新型的文学本质论。受限于该意图，作者只能将独异性及其发生条件局限于文学领域，从而造成了理论论证的内在困境。从表面来看，间在论同样认为文学特殊性表现为文学体验的复杂性。但间在论认为这一复杂性并不仅仅表现为文学体验的无限性，而是文本对话模式的复杂性使然。在间在论视角的启发下，人们将会发现，一种常常被忽略的"弱我"模式不仅突出了文学中的他者，而且保障了差异性对话的生成。简言之，间在论将文学特殊性重新表达为一种对话的特殊性。

关键词： 独异性；间在论；对话；他者；文学特殊性

当前，在科技迭代与文化转向大潮下，传统人文主义的信念、理想与模式不断受到冲击，社会文化及其概念体系得以全面反思与重估。文学及其特殊性问题亦然。与仅仅从文学叙述策略、文学创作手法等方面来回应

---

① 作者简介：赵华飞，文学博士，淮北师范大学文学院讲师，研究领域与方向为文艺学、文化与文论。

文学特殊性问题不同，一种同步考虑文学形式与文学创作、文学接受的间性阐释模式引发关注。间性文学观倾向认为"他者""他者性"在文学中的出现构成了文学创作与接受的核心环节。然而，在"他者"何以出现的问题上，不同理论给出了不同答案。此中差异直接关联当代间性理论在文学特殊性问题上的不同思考。以下，我们将以德里克·阿特里奇（Derek Attridge）的"独异性"（Singularity）与金惠敏的"间在论"为例对此进行比较性考察。

一、作为文学事件的独异性

阿特里奇在《文学的独异性》（*The Singularity of Literature*，2004）一书中详细阐述了独异性概念。在他看来，独异性并不是指文学文本形式的特殊构造，而更强调读者对文本形式的独特体验。正是借由这一体验，文学的独异性得以确认与延续。因此，独异性并非静止于文本之内或作者创作构思之中的独特结构，而是绵延于历史性的文学创作与接受过程之中。独异性理论认为文学文本的特定形式参与、影响了独异性呈现，这一呈现过程发生在读者与文本的体验闭环之中。但这并不意味着独异性构成了一种"同一"。相反，不同的阅读场景、方式，文学文本的媒介形态，特定的时空背景与文化状况，都构成了读者接受相同文学内容的差异性因素。阿特里奇指出，即使面对同一文本，读者次日便有可能产生不同的体验。[①] 但他并未对文本之外那些影响文学体验的决定性要素进行详尽讨论，而是将对文学独异性的考察聚焦于文本形式与具体阅读的交互过程中，进而指出，为了体验独异性，人们必须展开对文本的创造性阅读（inventive reading）。[②] 在这种阅读中，人们将会发现，无论是文本形式还是文学阅读本身，实际

---

① 原文为"如果我明早读这首诗，我就会对其独异性产生不同的理解"，参见 Derek Attridge, *The Singularity of Literature*, London and New York: Routledge, 2004, p. 70.

② 阿特里奇认为"创造"（invention）乃是基于现有条件对原本受到遮蔽的状况的揭示。因此"创造性阅读"强调一种发现或体验"他者""他者性"的阅读模式。参见 Derek Attridge, *The Singularity of Literature*, London and New York: Routledge, 2004, pp. 92 - 93.

都展开为一种对"他者"（the other）、"他者性"（otherness）的生产。而对此"他者""他者性"的生产又构成了一个非常特殊的方面：

> 他者是在特定情境下，超越于文化所供以思考、理解、想象、感受、觉察的视野范围之外的东西（在适当情况下，我们应当将"……之外"的内涵以及与之全然对立的"……之内"的含义复杂化；此时此刻，我们要注意这一重要含义，他者并非仅仅只是"在外面"而已，它也产生自那个生产为人所熟知之物的同一套运作体系之内）。①

阿特里奇提示我们，如果将"那个生产为人所熟知之物"的运作体系当作既有的社会文化、知识形态或组织关系，这个"既有之物"的运作也将突破其自身，从而使"既有"转为"未有"。"未有"或"他者"的出现并非一种事先的预计或规划，也并不顺从这样的规划（比如作家的工作日程表）。于是，具体的文学情节或内容在这个意义上便接连生产出一系列未可知的"他者"。正像阿特里奇所强调的那样：

> 他者并非实有（the real），而是一种真实（a truth），一种价值，一种感觉，一种行为方式，或者以上这些方面的复杂组合，它们被历史性地遮蔽了，而它们的出现或重新出现对于特定的时空乃是十分重要的。②

按照阿特里奇的论述，他者的出现，使文学成为一种不可预估的事件（event）。文学事件化的这一过程便是文学独异性呈现自身的方式。可见，"他者的出现"构成了独异性呈现的核心一环。从以上阿特里奇的描述来看，这一他者显然是一种非对象性的"真实"。也就是说，它既非莎士比亚戏剧中的一件道具，也不是希斯克利夫掘坟③这样具体的小说情节，更不是哪一位失眠的读者在午夜翻开了一本古典小说如此这般的行动。那么，既

---

① Derek Attridge, *The Singularity of Literature*, London and New York：Routledge, 2004, p. 19.

② Derek Attridge, *The Singularity of Literature*, London and New York：Routledge, 2004, p. 39.

③ 希斯克利夫掘坟是小说《呼啸山庄》中的情节，作者为英国作家艾米丽·勃朗特（Emily Bronte）。希斯克利夫（Heathcliff）是作者所刻画的悲剧人物。

然他者无法对象化，甚至无法捕捉，只是"一种感觉"，其被遮蔽也就实属必然。按此，他者以及对其出现的体验在这个意义上便与独异性获得了相同内涵。问题在于，阿特里奇在此抛出其被遮蔽的历史并不仅仅是在承认这桩事实，更是要为他者/独异性恢复声名。但如果独异性及其体验仅仅只是一些方式或感觉，又如何恢复呢？

　　他者的出现既使文学事件化，同时也表明了文本的不可穷尽性与阅读体验的不可预测性。面对如此不可把捉的情形，人们究竟如何逼迫他者现身呢？阿特里奇给出了自己的范例。他以威廉·布莱克（William Blake）的诗歌《病态玫瑰》（"The Sick Rose"）为例进行了多角度阅读。① 在一番精心策划的演绎中，阿特里奇一开始便强调《病态玫瑰》的书写形式——由特定的 34 个单词所排列的精密组合无限重复地确认它们就是"这一首诗"。书写形式的特定性不仅标记了一种情感表达策略，其本身也传递出一种隽永情怀。由此，诗歌形式的空间化获得了无限时间的眷顾。随后，他转变视角，又开始将注意力转移到这首诗歌的创作土壤方面。他举例道："熟悉《经验之歌》中的其他诗歌以及早期收集到其中的《天真之歌》（其中有篇与之立意相反的《花开》），可以进一步增强读者对其特殊性的认识。"② 但在对这首诗进行了多角度的阐释后，阿特里奇开始否定自己的论证策略，他声明道：

　　　　我对这首诗所做出的说明并不意味着它的独异性就照此运作，而是那些独异性调度我的经验所引发的反馈；如果我成功地传达了它的独异性，那是因为我的描述，我结合这首诗的解读，反过来为读者制造了一桩独异性事件。这正是成功的批评的好处。③

　　阿特里奇于此强调了一个事实：独异性无法全然实现。即是说，每有

　　① Derek Attridge, *The Singularity of Literature*, London and New York：Routledge, 2004, pp. 65 – 70.

　　② Derek Attridge, *The Singularity of Literature*, London and New York：Routledge, 2004, p. 66.

　　③ Derek Attridge, *The Singularity of Literature*, London and New York：Routledge, 2004, p. 68.

一种关于《病态玫瑰》的批评观点得以展现时，我们都只得到了这种关联于其中独异性的特定阅读方式，而并非独异性本身。但我们也在这同一说明中发现，如果想要趋近独异性，唯一可以凭靠的只有特定的阅读方式，也即阿特里奇所谓"创造性的阅读"。因此，虽然独异性是阿特里奇论证的核心观点，但如前所述，它是一个只能无限逼近而无法真正到达的"核心"。因此，阿特里奇的论证所真正仰赖的并不是对独异性的直接展示（这无法做到），而只能通过对创造性阅读的说明——如其所述，每一种创造性阅读方式本身，都"制造了一桩独异性事件"——来象征性地予以完成。对于阿特里奇而言，独异性事件是通往独异性的道路，尽管此道路永远无法通达其终点，但独异性事件本身至关重要，它的生成乃是独异性存在的标志。另一个十分棘手的事实在于，没有人可以为所有错综复杂的创造性阅读进而具有独异性的事件编年排序。这说明，无论是就个别文本还是整个阅读历史而言，文学独异性都是非认知性的，我们只能通过"体验"来感受独异性。

　　然而，也正是这样的论述暴露了阿特里奇独异性论证结构内部的矛盾。为了解决这一矛盾，阿特里奇只能通过强行设限的方式予以缓解。我们首先来看这一矛盾的情形：一方面，作者反复论述独异性的非对象性、非认知性；另一方面，作者又极力展示独异性何以现身进而历史化的理由。正像我们前述已经展示过的那样，在第五章中，阿特里奇甚至以"文学作品的独异性：一个示例"为标题力图让独异性的"现身"过程图示化。但随后作者立刻终止了这一危险的意图。因为独异性一旦能够被一套行之有效的文学批评策略捕捉，便会立刻变成可对象化的独异性。这不仅使独异性违背了自身内涵，而且这样的独异性批评方法会立刻"开倒车"，回到新批评的序列，这实非阿特里奇的工作愿景。所以，他只能通过将创造性阅读限定为一种揭示独异性存在的工具与手段，在理论的总体结构内"压制"其理论地位，借此抵制独异性批评的方法论倾向。但在具体论证中，阿特里奇又不得不利用这一"工具"描述独异性事件，进而证明独异性的存在。这是不得已而为之的论述策略，一个艰难的挑战。作为一个理论抱负十分远大的批评家，阿特里奇抱持着趋近文学本质、挑战美学传统的理论愿望。他对自己的挑战充满信心：

　　美学传统因此在不知不觉中展现了艺术品所接受的强大社会决定因素。但这并不是说艺术坚持反对将其自身缩减为一些规则的说法毫无价值。这一坚持为洞见艺术的独异本质以及西方文化的组织特性提供了有益的反思路径。以文学制度而言，其之所以成立似乎在于它能超越所有关于何为"好"文学的精确描述或预见。……这并不是说关于文学的详细解释在本质上不可能——这将导致一种文学理解的神秘化而这并非我意——而是说，从古至今，创新与不可预计一直都是西方艺术创作与欣赏活动的核心。但这一事实及其意义却很少被给予足够的研究与关注。①

　　在此，阿特里奇对其直捣文学本质的创作意图毫不讳言，在该书结尾处作者再一次回应了这一雄心。虽然他认为自己描述文学本质的行动最终告败，但他认为这一"失败"能够成为文学之"活力"（vitality）与"生命力"（persistence）的证明。② 实际上，我们几乎可以认定这一宣告并非谦辞，阿特里奇只是以"失败"之名为自己的胜利欢呼而已。但再造文学本质论这一理论企图本身，并不是没有为其自身的发展带来限制。

　　正像我们已经看到的那样，为了使体验性的独异性现身，阿特里奇不得不强化对"独异性事件"的描述。为此，他做出了两重限定。首先，因为独异性只能通过体验而趋近，因此，他将独异性事件的发生限定在个别读者与文学文本的体验闭环内。其次，因为理论的总体目标指向对"文学本质"的探讨，独异性事件便被限定在文学领域内进行讨论。第一重限定表明了独异性事件的个别化、封闭化与内在化。但即便独异性无法全然对象化，也并不表示人们无法就其独异性体验进行分享。或者说，独异性事件之所以被创造，不就是在鼓励一种交流与讨论吗？进而，谁又能否定这种交流不会生成新的独异性事件呢？对于第二重限定，阿特里奇并非没有顾虑。对此，他极力强调日常生活中的不可预测性事件与文学中的不可预

---

① Derek Attridge, *The Singularity of Literature*, London and New York：Routledge, 2004, pp. 12 - 13.

② Derek Attridge, *The Singularity of Literature*, London and New York：Routledge, 2004, p. 138.

测性事件在存在性质上的不同。他认为人们仍然保有对前者进行解释的空间与能力，但后者因为不具有任何日常性（everydayness），它的发生便在根本上逾越了任何可能的解释性框架，最终也就与前者显示出根本性差异。①且不论阿特里奇的"示范性"批评是否遭到了自身观点的反对，只消从这种论述框架中稍稍抽身，我们便会发现阿特里奇的断言根本无法成立。比如，同样关心一种创造性阅读理论的路易·阿尔都塞（Louis Althusser），便在《保卫马克思》（尤其是收录其中的《矛盾与多元决定》）中完成了对马克思观点的"症候性阅读"②。阿尔都塞从后者的思想中读取了"空白"（gaps），彻底改变了既往仅仅从一种人道主义角度阅读马克思思想文本的状况，转而将马克思思想文本纳入结构主义范式重新思考，从而一举改变了人们对马克思思想的阅读方式。阿尔都塞对马克思的阐释显然不在文学领域，然而按照阿特里奇的观点，我们却不能不认为阿尔都塞的解读为读者制造了一种独异性事件。因此，阿特里奇对独异性事件发生条件的双重限定，或许应该被理解为对自身理论意图与理论构造方式的妥协。

可见，虽然"独异性"无法对象化，但由于"独异性事件"可以发生与制造（比如展开创造性阅读），后者实际获得了一种不受领域框限的、自由的批评效果。这一点在阿特里奇处是不被允许的，因为独异性事件一旦可以服务于文学以外的领域，独异性乃是文学特殊性的命题也就即刻失去了效力。阿特里奇奋力抵制一种对文学特殊性的流俗思考——这样的思考往往将文学仅仅归纳为技法、隐喻或伦理说教，他认为这样的做法过于廉

---

① Derek Attridge, *The Singularity of Literature*, London and New York：Routledge, 2004, p. 135.

② 阿尔都塞将所有的阅读分为两大类，一类是根据文本内容的阅读（他所谓"可见的读"），一类是他所谓"症候性阅读"（"读不可见"）。有学者将"症候性阅读"解释为"依据一种文本中并不能直接把捉的症候（空白和沉默），更深地捕捉到文字和一般言语之后的理论问题式……（此）即症候阅读法。"参见张一兵：《问题式、症候阅读与意识形态》，北京：中央编译出版社，2003年版，第79页。这种症候性阅读与阿特里奇提倡的创造性阅读，在阅读形态上极为类似，强调对文本"空白"（gaps）的读取。参见 Derek Attridge, *The Singularity of Literature*, London and New York：Routledge, 2004, p. 56.

价（easy）①，同时也抵制一种将文学全然话语化的做法，他尽管承认文学与独异性根本不纯净（pure）②，却并未就这一点展开细论。而回避文学话语化的努力，乃是阿特里奇寻求从文学内部打破语言牢笼的方式。就此而言，尽管独异性论证存在内部矛盾，却仍然令人钦佩。

二、间在对话与文学特殊性的重构

与阿特里奇极力将论证收缩在文学领域之内的保守取向不同，金惠敏间在论在对文学特殊性问题的处理上，表现出一种积极的开放态度。间在论主张文学乃是一种特殊的文化形式，进而倡导文学向文化阐释模式开放。在《走向差异共同体的文学文化学》一文中，金惠敏指出："文学作品对日常语言的影响绝非仅仅为其添加一定量的新词新语，还赋予其文学性的感性、情调、思维和眼界。文学融进了生活和文化中，最终与后者浑然一体。"③ 然而，文学的"文化化"并不意味着文学特殊性就此被文化剥夺。换言之，文学向文化领域的开放始终是有限度的，文学并非就此走向了一条彻底话语化的道路。与阿特里奇的洞见相仿，间在论同样认为文学创作与接受过程无法完全被"语言""符号"或"权力－话语"洞穿、吸收。但之所以如此，并不仅仅由于文学独异性存在性质的无限性。间在论认为，"间在"（Inter-Being）作为非话语性的生命个体④，由其所参与其中的文学

① 参见 Derek Attridge, *The Singularity of Literature*, London and New York：Routledge，2004，p. 67.

② 参见 Derek Attridge, *The Singularity of Literature*, London and New York：Routledge，2004，p. 138.

③ 金惠敏：《走向差异共同体的文学文化学》，载《中国社会科学》，2022 年第 9 期。

④ 在《间在论与当代文化问题》一文中，金惠敏详细地阐述了"间在"的内涵："是'间'（Inter）'在'（Being），合并为一个单词是'Inter-Being'，而非只是'间性'或者'存在'。西方哲学有一种抽象化偏好，就是执意否定人的肉身性存在，将人抽象化为意识。具体言之，其所谓'主体'只是执行认识的主体，是思维着的'我'，而非存在着并思维着的'我'，好像它只能二选其一：要么'思'而不'在'，要么'在'而不'思'，无法既'在'且'思'。"即是说，"间在"并非传统"主体"而是强调其存在状况的生命个体。参见金惠敏：《间在论与当代文化问题》，载《社会科学战线》，2022 年第 1 期。

创作或接受过程在存在性质上也同时表现出间在特征。意即，不能将文学创作或接受过程仅仅视为全然个体化、封闭性的内在实践，而必须对文本体验交互关系内的物质形态、精神状况、文化条件等各种复杂性因素做通盘考虑。提请注意的是，间在论并无意恢复一种传统的政治经济学批评模式，与后者不同，它仍然强调文学特殊性，并对之进行研究与论证。

在间在论看来，文本体验内的复杂交互关系直接涉及差异化的生命个体如何对话的问题。对此，金惠敏提出"差异即对话"①，即是说，差异化的生命存在本身直接允诺了一种本体论意义上的对话关系。每一间在个体就其无法被任何语言、文化彻底表征而言，实际都具有阿特里奇所谓的独异性。但对于这一独异性的体验并非只能隔绝于内在的沉思当中，相反，对于反话语的独异性的敏感不仅填充了人类的日常生活——突如其来的情绪起伏，在历史长河中人类首次叩问世界为何、自我为何的时刻，族群的生成，语言的起源，诸如此类——并且鼓励、生产了对话。人类正是在一种不可能清晰把握自身与他人的独异性的生命体验中与其他个体产生了具体、多样的连接。这种连接与对话，连同制造独异性事件的能力，乃是生命存在的根本境况。查尔斯·泰勒（Charles Taylor）在《自我的根源》中说道："毫无疑问，我们有超越我们自身空间和把自己理解为在整体中起作用的想象力，假如我们不这样做，我们就不能与其他人一起建立我所称的'共同空间'。"② 按照泰勒的意见，人之所以成为主体，可以制造"共同空间"，乃是因为人具有将自身想象为共同体成员的能力。与泰勒观点不同，汉娜·阿伦特（Hannah Arendt）认为人之所以成其为人，除了想象力，还应具有其他条件与限制。对她而言，"人的条件包括的不仅是生命被给予人的那些条件。人也是被条件规定的存在者，因为任何东西一经他们接触，就立刻变成了他们下一步存在的条件"③。阿伦特认为人的生物学构造组成

---

① 该命题出自金惠敏同名著作《差异即对话》，参见金惠敏：《差异即对话》，北京：中国社会科学出版社，2019 年版。

② 〔加拿大〕查尔斯·泰勒：《自我的根源》，韩震译，南京：译林出版社，2012 年版，第 59 页。

③ 〔美〕汉娜·阿伦特：《人的境况》，王寅丽译，上海：上海人民出版社，2021 年版，第 3 页。

了人之生活的最基础条件，而生活则意味着"在人们中间"，意味着参与"公开"的"世界"（阿伦特将"世界"称为"介于之间"［in-between］），对于"世界"的参与乃是人之生活的必要构件。① 因此，对于任一生命个体而言，无论是从其精神内在还是外部条件的角度考察，这一个体本身便已显示为向外对话的、连接的。这种对话并不出于某种单纯的认知需求，而是一种生命存在的本来样态。差异即对话，凸显了间在生命的对话本质。

而文学特殊性正发生于间在对话之中。但这并不表示文学特殊性乃是由间在之"参与"而引发的一种单向度的特殊性。也就是说，间在论并不认为文学特殊性仅仅是由间在生命之特殊性而导致的某种后果。与阿特里奇一样，间在论同样承认文学的独特，同样将对这一独特性的考察置放于间在与文本的交互体验中。但如前所述，阿特里奇认为只有通过一种创造性阅读，文学中的他者/独异性才能显现其身影。但若以间在论视角观之，阿特里奇所主张的这种带有强烈主体意识的阅读模式，虽然能够捕捉到文本中那些作为他者的隐形线索、隐藏情绪或空白等，但这一捕捉本身有其限度。这一有限性正源自被阿特里奇无限夸大的独异性价值。虽然我们需要承认独异性的存在，但文学对于生命、生活的描绘，既有其超越的部分，亦有其表现的部分，文学的超越性特征不是文学的全部。哈罗德·布鲁姆（Harold Bloom）便宣称自己每次重读狄更斯的《荒凉山庄》时，"只要萨莫森一哭，我就泪水难禁"②。这或许是由于读者的多愁善感，虽然布鲁姆否定了这一点。③ 但我们能肯定的是，萨莫森所流下的并不是什么超越性的眼泪，但布鲁姆每次重读时的相同感受却构成了一种阿特里奇意义上的独异性事件。此外，仅仅将那些莫可名状之物作为文学中的他者/独异性的做法，不仅是对他者/独异性的窄化，也是对文学的神秘化。间在论反对这一论证倾向，同时认为举凡在文学中的差异性体验，都应被视为一种与文学

---

① 参见〔美〕汉娜·阿伦特：《人的境况》，王寅丽译，上海：上海人民出版社，2021 年版，第 32－33 页。

② 〔美〕哈罗德·布鲁姆：《西方正典》，江宁康译，南京：译林出版社，2005 年版，第 243 页。

③ 参见〔美〕哈罗德·布鲁姆：《西方正典》，江宁康译，南京：译林出版社，2005 年版，第 243 页。

中的他者的对话：一种间在对话。且正由于这一对话模式本身的复杂性，文学的特殊性才能得到表达与重构。不唯如此，若从间在论出发重新考察文学体验的发生过程，我们便会发现，随着文学空间的"敞开"，一种不同于创造性阅读的阅读体验浮出水面。而正由于这一体验在文学创作与接受中的作用，差异性对话才真正得以展开。以下，我们不妨以具体的小说阅读现象为例进行说明。

"笨拙"的书本，阅读视线内迂回排列的语句，非视觉的时空想象，这一系列因素既导致了一种文学阅读的快感——因为由"我"所主导的"欣赏"克服了种种物理条件的限制与"笨拙"，"我"甚至可以随心"决定"情节的进退；在这同一过程中也可能产生一种"挫败"——"我"始终无法直接窥看纸页里美人的眼泪，无法与书中人同时感受那些云里的树和月亮。然而，随着阅读进程的发展，"我"渐渐成为文学故事中的每一个人，不无褒贬地站在他们每一个人身边，混迹于纸页与纸页之间，夹杂在各种线索的清晰与混沌之内——"我"虽然始终没有消失，但"我"不再强硬、不再征服——不再时时感受到"我"对眼前文本的主导力量，相反，在"臣服"于文本意象网络的同时，"我"体验到了一种"自我的削弱"。这正是文学文本调节读者生命体验的方式，一种不妨称之为"弱我"的阅读模式。与独异性理论所强调的创造性阅读不同，这种阅读模式反映出文学接受过程并不需要刻意加上某种批判性的眼光。创造性阅读确实能够暗示或体现文本内部的超越性特征，从而生产阿特里奇所谓的独异性事件。但这些并不是文学接受的常态，更不是文学生产的全部。人们阅读文学的理由，通常只是因为喜欢某个作者或作品。这便说明，那种带有强烈主体意志的创造性阅读，所带来的往往是一种自反性的愉悦。但除了这种类型的愉悦，文本与读者还"共同谋划"了许多其他丰富的对话体验。毫无疑问，在创造性阅读中，也会产生对话。但在这样的对话中，由于"我"带着鲜明的主体意识，带着特殊的经历与视角，当他者浮现在"我"眼前时，"我"虽然关注到了他作为一种生命存在而表现出差异，但"我"一直未曾放弃这种询问："我"应该如何理解这个人物？也就是说，当"我"越想以"我"的方式理解这个"我"之外的人，"我"便越是行进在那个远离对其产生真正理解的方向上。显然，这样的对话，是主体与主体的对话，所谓

"主体间性"的对话。在同样意志鲜明的两个主体之间，如何实现一方对另外一方的"倾听"呢？反观"弱我"模式，于此便有助益。因为"弱我"作为一种"自我的削弱"，同时暗示了另一种体验："我"似乎可以成为小说中的所有人。这实际鼓励了一种"他者"进入"我"的位置的倾向，这种倾向默许了作为一种可能的"我"的重构的发生。

但应注意，"弱我"并非纯粹的"无我"。毕竟，那不是别人的而是"我"的在阅读的主体意识于阅读过程中始终发挥作用。此外，生命个体的物质性无法在阅读过程中真正降低其存在限度。不管读者阅读的是电子文本还是纸质书籍，长时间坐卧而导致的痛感，字体、行距对视觉的影响，蚊虫滋扰等现实因素，无不提醒着"我"作为间在的生命体验。但比之于"主体间性"的对话，这样的间在对话因为"弱我"模式的调节，让"我"得以暂时放下或稍稍抛却特定的政治立场、性别意识、文化观点等而近乎无条件地倾听他者的状况，感受他者甚至成为他者，从而使得对话得以更顺利地进行。金惠敏又将这样的对话称作"个体间性"的对话。即是说，间在对话强调的是活生生的个体生命间的应答。需要说明的是，间在对话并不保证任何一种"弱我"模式不会被中断、影响、替换，在整个文学创作或阅读过程中，不同自我状态会随机交替出现。"弱我"与批评性"自我"的体验视角也并非泾渭分明，它们所发挥的作用常常是交互的、综合的。但"弱我"作为一种往往被忽略的文学体验形态，其在文学对话中所承担的调节作用值得强调。它与阿特里奇所提倡的那个批评性的"自我"一样，深刻地促进了一种积极对话的产生。

同时，我们看到，与其他媒介形式相比，文学文本调节读者阅读体验的对话模式显得"笨拙""迂回""烦琐"，但也恰恰因为这些特征，文学区别于电影、电视、流媒体等视觉媒介。因为通常，视觉媒介中的连续性画面会框限那个作为观众的"我"的想象自由——那些原本"我"无法直接目击之物忽如洪流般以一种命定的姿态清晰、直接地涌现在眼前，"我"的想象不再被要求进行文本意象的串联与组合，以至于"我"被隔离在这一无可中断的连续之外。这一情况在文学阅读（尤其是小说阅读）中较少发生。虽然由于叙述线索的中断或叙述情节的转移，"我"对于特定人物或情节的"追踪"会发生变化，但因为自阅读开始，"我"便以一种自觉的想象维持着"我"与小说人物的关系，所以情节的中断并不会终止这一想象性体验。其他情节或线索作为一种等待人物重现的有意的延迟或停顿，进一步确认甚至强化了"我"的这一体验。因此，"我"并未被隔离在作品情节之外。事实上，"我"既在情节之内，又在情节之外。"我"与情节的松散关系，反而突出了这一想象的重要性。由此，"我"与小说空间构成了一种复杂的连接：一种经由松散而持续的想象构成的整体。比之于此，当面对电影、电视等视觉文本时，其"迅速""流畅""不容中断"的文本性质，以一种"视觉冲击"或"视觉压迫"的方式消解了"我"对之进行想象的努力。"我"的想象因此失去了探索文本意象脉络的主动性、跳跃性而选择跟随文本情节前进。这种想象失活的体验，也使"我"逐渐失去了与眼前作品作为一种整体的感受——"我"附庸于情节本身，无奈地听任其前行。于是，相对于这种密集的视觉洪流，"我"被动地转变为一种内在的对象性容器。但这种内在的窘迫状况有时也会激发那一受到压抑的"我"的主体意识。于是"我"与视觉媒介间的对话，常常变成一种"限制自由"的对话，或者变成一种主体间性的对话。原本在其中能够起到调节作用的"弱我"模式的对话似乎不见了。与之有别，我们注意到，越是优秀的文学作品，越能够与读者达成一种"弱我"模式的对话形态。阿特里奇将这一阅读状态形容为"一种实时状态的展开"①。也就是说，优秀的文学作品往往不会丧失生命力，能够在不同历史时空中镜鉴读者的生命状态。

需要强调的是，虽然电影、电视等其他类型的媒介文本并不具有因"弱我"模式的调节作用而获得表达的文学特殊性，但因同样作为人类生命、生活的隐喻文本，它们与文学一样具有丰富的可读性。人们在面对视觉文本时，即使无法再通过施展一种自发的想象来逐字逐句体验"笨拙"的文本路线，体验那个与文本"共谋"的想象性整体，仍然可以通过对视觉文本隐喻结构的感受，通过创造性的阅读生成独异性事件，来丰富文本体验，增益人类与各种文本的对话。因为这一对话本身，即便无法复制那一特定的因"弱我"模式而获得表达的文学特殊性，却不妨是对这一特殊

---

① Derek Attridge, *The Singularity of Literature*, London and New York：Routledge, 2004, p. 71.

性的隐喻、重构、延伸与再生产。从这个意义来说，文学特殊性远远辐射了它所在领域之外的世界。世界因为文学性的渗透，获得了被重新理解的情调与方式。这一事实暴露了文学性本身的奥秘：文学性与非文学性的对话造就了其自身。① 纯净的文学或文学性并不存在于世。由此可见，间在论虽然以间在对话重构了文学特殊性，却并不主张这一特殊性对文学自身的隔绝，而倡导其向更广阔的社会领域的开放。

结　语

本文通过对阿特里奇"独异性"与金惠敏"间在论"的比较性考察，揭示了当代间性文学论在文学特殊性问题上的思考与突破。阿特里奇论述了独异性的非对象性与无限性，并以此为基石，力图构建一种新型的文学本质论。受限于该意图，作者只能将独异性及其发生条件局限于文学领域，从而造成了理论论证的内在困境。从表面来看，间在论同样认为文学特殊性表现为文学体验的复杂性。但间在论认为这一复杂性并不仅仅表现为文学体验的无限性，而是文本对话模式的复杂性使然。在间在论视角下，人们将会发现，一种常常被忽略的"弱我"对话模式不仅突出了文学中的他者，而且保障了差异性对话的生成。简言之，间在论将文学特殊性重新表达为一种对话的特殊性。同时，由于视觉文本等新媒介内容在隐喻结构、可读性等方面与文学文本相类，间在论反对保守的文学独异性见解，主张文学向更广泛的社会领域开放。

---

① 关于文学性与非文学性的辩证关系，具体可参见金惠敏：《文学性与非文学性的对话星丛——兼及人文科学研究从反映论到对话论的范式转换》一文，载《文艺争鸣》，2022 年第 12 期。

齐马讲堂

市场中的文学：阿多诺与布尔迪厄

〔奥地利〕彼得·齐马① 撰

高丽萍② 译

摘　要：阿多诺和布尔迪厄都认为艺术在当代社会是高度商业化的，艺术作品被视为商品。阿多诺试图采用一种美学观点，强调艺术的"消极性""多义"和"模仿"，将艺术作品与商业作品区分开，而布尔迪厄对美学价值不感兴趣，他强调"象征资本"和"语言资本"，将艺术和文学视为一种等级制度。阿多诺忽视了商业作品和意识形态作品与批判作品之间的辩证关系，忽视了社会学问题，而布尔迪厄因为缺乏美学关怀很难回答是什么构成价值判断的标准。在研究艺术和文学传播时，美学和社会学都应被考虑。

关键词：阿多诺；布尔迪厄；美学；社会学

1. 阿多诺与布尔迪厄

熟悉这两位思想家理论的人一开始可能会惊讶于他们被放在同一背景下考察。然而，如果人们知道阿多诺和布尔迪厄有一个重要的共同问

---

①　作者简介：彼得·齐马（Peter V. Zima），奥地利克拉根福大学比较文学名誉教授，奥地利科学院通讯院士、欧洲科学院院士，研究方向为文学理论与美学、社会学与社会哲学。

②　译者简介：高丽萍，博士，济南大学副教授。

题——传播问题，这一做法就不那么令人惊讶了。更具体地说：我指的是市场或资本主义社会中的艺术和美学传播。

尽管他们的观点有很多不同之处，但在一个重要问题上他们似乎是一致的。他们都认为，艺术（艺术传播）在当代社会是高度商业化的，艺术作品被视为商品：以盈利或亏损的方式进行交换的东西，并不存在于自身和为自身而存在。

然而，与此同时，这位德国哲学家和这位法国社会学家的观点却有着重要的区别。阿多诺试图采用一种美学观点，来说明艺术批判作品如何以及多大程度上抵制商业化（即市场的他律性），而皮埃尔·布尔迪厄对文学文本的批评或美学价值不感兴趣，只对它们在"艺术的知识领域"（champ intellectuel de l'art）内部的审美传播系统中的功能方式感兴趣。虽然布尔迪厄的社会学受到马克思和马克思主义启发，但他的常见观点有几处与经验社会学的观点一致（埃斯卡皮特、西尔伯曼和菲根）。与经验社会学家一样，布尔迪厄并不关注艺术的审美维度，而是关注艺术的传播系统，即艺术的生产和接受制度。不用说，他并没有像埃斯卡皮或西尔伯曼那样从功能主义的角度来考虑艺术传播，而是在马克思的资本主义市场社会理论和阶级斗争理论的框架内考虑艺术传播。

在更详细地讨论布尔迪厄的艺术和文学社会学之前，让我谈谈阿多诺的社会学美学。

2. 阿多诺

总的来说，阿多诺从消极的角度定义了文学文本，即对意识形态和商业文化（他和霍克海默称之为"文化工业"）的否定。在这方面，他发展了法国象征主义诗人马拉美和瓦莱里的消极美学。他坚持瓦莱里的格言，"美丽是消极的"（le Beau est négatif）。

根据阿多诺去世后出版的《美学理论》（Ästhetische Theorie，1970），批判性文学文本或批判性艺术作品就其不屈服于"文化工业"的机制而言，具有一些消极特征，它们通过拒绝向商业化和意识形态语言做出任何让步来抵制融入后者。例如，它们拒绝使用商业化的刻板印象或陈词滥调，而这些东西不仅使得文学文本易于理解和阅读，而且有助于使其融入商业文化（例如：战争小说、医生小说、校园小说等）。

阿多诺进一步声称批判性艺术作品不能被概念化，因为它抵制所有将其转化成概念、哲学或意识形态语言的尝试，或将其用于商业目的的尝试。在这方面，他与马克思主义美学的代表人物有着根本的不同，比如卢卡奇和戈德曼认为文学作品可以转化进概念（哲学、意识形态或神学）系统。

也就是说，阿多诺所定义的审美消极性有两个重要方面：（1）首先，文学文本抵制被商业文化、"文化工业"吸收；（2）其次，它们的特点是对意识形态和概念思维的普遍抵制。

这种对概念思维的抵制如何被呈现出来？阿多诺认为文学和艺术通常倾向将概念语言转变为模仿语言。在阿多诺的美学理论中，"模仿"一词有几个含义，这里我只讨论其中一个。"模仿"，除其他外，意味着非概念性：那些无法翻译成概念语言并因此阻碍传播的文本元素。阿多诺与黑格尔相反，为艺术的模糊性（符号学家所说的多义性）辩护。在《美学理论》中，他指责黑格尔没有认识到这种模糊性，并批评黑格尔和其他美学"对模糊性不容忍"。

需要指出的是，这种"对模糊性不容忍"不仅是黑格尔美学的特征，也是大多数马克思主义美学理论所特有的。稍微夸张一点，人们甚至可以说没有马克思主义美学这种东西，根本不存在马克思主义美学，马克思主义内部的所有美学理论都源于黑格尔。当戈德曼、卢卡奇或列斐伏尔等作家试图将文学作品转化为哲学、意识形态或"世界观"时，其黑格尔主义思想就凸显出来。由于阿多诺强调艺术作品的模糊性和多义性，他的美学理论抛弃了黑格尔和马克思主义美学的一个最重要的原则。这就是我不愿称阿多诺的美学理论为"马克思主义"或"新马克思主义"的原因。

多义、模仿（即非概念）元素使某些艺术作品能够抵制转化成意识形态，抵制一般意义上的传播，特别是商业化的传播。我的意思是说：阿多诺认为某些艺术作品一再强调商业文学和商业艺术，即为市场生产文学和艺术，再现了他和霍克海默所说的"文化工业"的陈词滥调。阿多诺在谈到后者的产品时写道："文化工业的产品不是部分，而是全部都是商业对象。"①

---

① P. Bourdieu, *Questions de sociologie*, Paris: Minuit, 1980, p. 124.

　　符号学的一个例子可以作为例证。翁贝托·艾柯在对伊恩·弗莱明的詹姆斯·邦德小说的著名分析中，展示了伊恩·弗莱曼的文本在多大程度上再现了某些意识形态刻板印象，这些刻板印象是大多数人所相信的，在文化工业市场上很畅销。艾柯指出，弗莱明的书中包含性别歧视、种族主义和保守的刻板印象：积极的男性与消极的女性；北欧或白人盎格鲁 - 撒克逊英雄与南欧、中东或犹太叛徒（布洛菲尔德）；等等。从阿多诺的文化工业理论来看，这种研究是必要的，因为它表明某些意识形态刻板印象具有市场价值。这个例子非常清楚地表明意识形态和商业在诸如弗莱明的詹姆斯·邦德小说这类文本中相互作用。

　　在这种商业文学的背景下，似乎更容易理解阿多诺的艺术消极理论和消极美学。阿多诺认为，在我们这样的情况下，艺术只有在当代传播系统中发展出一种消极性，使其变得无用，才能生存（即在文化工业中生存）。阿多诺认为的文学典范有：马塞尔·普鲁斯特、保罗·瓦莱里、斯特芳·马拉美、斯特凡·乔治、弗朗茨·卡夫卡和塞缪尔·贝克特。可以说，这些典范与作曲家阿诺德·施恩伯格和阿尔班·伯格一起构成了他的美学理论的基础。在《文学笔记》中，阿多诺对这些作家进行了广泛的研究，尤其是普鲁斯特、瓦莱里、卡夫卡、贝克特和乔治。

　　其中的两篇文章，关于瓦莱里和贝克特的文章，都特别体现他的方法特色，这就是为什么我建议仔细研究他们的一些关键论点。

　　阿多诺在以"代理艺术家"（'Der Artist als Statthalter'）为题发表的关于瓦莱里的文章中，讨论了保罗·瓦莱里的诗歌，试图表明这些封闭的诗歌在多大程度上抵制了文化工业的商业化传播。这些诗是怎么写的？阿多诺认为瓦莱里抵制了解决感官问题和创作感性诗歌（例如浪漫主义或波德莱尔风格）的诱惑，这些浪漫主义的流行人物已经融入了文化工业并被商业利用。

　　"对他来说，"关于瓦莱里阿多诺写道，"构建艺术作品意味着拒绝自瓦格纳、波德莱尔和马奈以来感性艺术所化身的鸦片：抵御使艺术作品成为媒介并使消费者成为心理技术操纵受害者的羞辱。"[1] 这种"心理技术操

---

　　[1]　T. W. Adorno, "The Artist as Deputy", in: *Notes on Literature*, vol. I, New York: Columbia University Press, 1991, p. 107.

纵"是文化工业、广告和商业传播的显著特征之一。

瓦莱里的艺术是禁欲主义的，因为它拒绝文化工业的形象，并将自己主要定义为一种理性的建构，而不是直觉和感官的产物。换言之：瓦莱里的艺术是封闭的，同时也是深奥的。它说明了现代艺术的一个主要问题：在一个被阿多诺称为"心理技术操纵"的社会中，拒绝商业传播系统的艺术作品变得边缘化。

在贝克特的例子中，阿多诺持类似论点。他认为，贝克特的戏剧是对存在主义意识形态的模仿，这种意识形态在世界大战期间（海德格尔）和战后（20世纪五六十年代）非常流行。同时，这种荒诞的戏剧应该被视为对所有融入文化工业的传统戏剧的戏仿。根据阿多诺的说法，贝克特的戏剧使所有类型的传统戏剧都受到戏仿和讽刺。例如，在《终局》中，两位主角哈姆和克洛夫都是反英雄。他们没有表现得像英雄或戏剧人物，而是完全被动。他们的对话一点都不具戏剧性，经常演变成闲聊、琐碎的争吵。最后，通常宣布悲剧结束的灾难演变成两位主角的安眠药用完的琐碎消息。

换句话说，贝克特的《终局》不能以任何积极、有意义或意识形态的方式使用：既不能用于政治目的，也不能用于商业目的。它的荒谬性与它的消极性不谋而合：它拒绝一切意识形态和商业传播。

在这里，阿多诺理论的基本思想，特别是他的美学思想突出：配得上"艺术作品"这个名字的作品包含一种消极的事实，使它们从根本上区别于所有商业文化产品。这个消极事实是他们对商业传播和意识形态"意义"的否定。阿多诺几乎从不问这些批判性艺术作品与许多其他艺术作品有何联系，这些艺术作品既不批评也不否定，只是符合既定规范……

3. 布尔迪厄

和阿多诺一样，布尔迪厄认为在现代资本主义社会中，艺术、文学和文化正变得越来越商业化。但与阿多诺不同的是，他似乎不相信某些艺术作品比其他作品包含更多的真理和社会批判。尽管布尔迪厄在某种意义上受到了马克思主义的影响，他试图展示文学和艺术在多大程度上受制于市场力量并被用作阶级斗争的工具，但他放弃了所有的美学价值判断，显然背离了传统马克思主义美学和阿多诺。对他来说，审美价值判断本身就是艺术社会学的对象（在这方面，他与文学经验社会学［埃斯卡皮特

（Escarpit），西尔伯曼（Silbermann），福根（Fügen）〕是一致的）。

他认为艺术和其他文化现象一样，是社会和阶级统治的工具。除其他东西外，他展示了资产阶级作为统治阶级如何通过积累"文化商品"或布尔迪厄自己所说的象征资本（capital symbolique）来巩固其权力，以及它如何将被统治阶级排除在拥有这些商品之外（让我通过几个例子来定义"符号资本"：语言能力、文化知识、专业知识、技术知识以及学术头衔、学院成员资格等都是象征资本的一部分）。

让我从象征资本的概念开始。根据布尔迪厄的说法，象征性商品的市场和流通可以与物质商品的市场相提并论（但不能简化为物质商品的市场）。例如，在《理智实践》中，他展示了在卡比尔社会中象征资本和经济资本在多大程度上是可转换的和可交换的。声望知识的量、绵羊的数量和家族的家谱构成了一个家族的全部资本。布尔迪厄接着证明，在不同的社会背景下，那些拥有象征和文化资本的人比那些一无所有的人更容易获得信贷。因此，他可以得出"资本向资本流动"的结论。

象征资本的普遍性和可转换性在欧洲和北美社会的不同情况中一再得到证实。在大多数情况下，象征资本的积累在学校、大学或研究机构中以带来经济优势的方式带来好处。

在这一方面，布尔迪厄认为资产阶级的子女所获得的语言、风格和科学能力对他们的社会和经济事业是不可或缺的。他谈到一种"语言市场"，它由各种艺术、科学和政治时尚主导，最重要的是由资产阶级的利益主导，即由那些能够用民族语言完美表达自己的人主导。

在这种背景下，布尔迪厄批评诺姆·乔姆斯基的"语言能力"概念过于抽象和形式化。他认为，语言能力（民族语言能力）远非纯粹的形式问题，而是象征资本最基本的方面之一，它使得有能力的演讲者更容易在"社会阶梯"上爬得更高。这就是为什么布尔迪厄建议我们应该用"语言资本"这个词来代替"语言能力"（它是象征资本的一部分）。他曾清楚地写道："这导致我们用语言资本的概念来代替能力的概念。"①

布尔迪厄关于语言的论述在很多情况下，也许在大多数情况下都可以

---

① P. Bourdieu, *Questions de sociologie*, Paris：Minuit, 1980, p. 124.

应用于艺术和文学。因为只有那些积累了一定数量的象征资本和语言资本的人才能接触文学，并且至少在某些情况下，他们自己也才可能成为作家。就像在语言中一样，排斥和限制的机制在艺术中发挥着惊人的作用。像贝克特或瓦莱里这样的作家所采用的困难、封闭和精心设计的风格，在某种意义上也是最"昂贵"的风格：那种享有最大象征声望的少数快乐的人的风格。这种风格只适用于能处置足够复杂的象征和语言资本的有教养的读者，所有其他不能欣赏或理解这种风格的人都被排除在外，这些人因此只能阅读商业文学。

在布尔迪厄看来，艺术和文学是一种等级制度，它不是建立在质量或审美价值（阿多诺意义上的审美真理）之上，而是建立在文化对象于文化产品市场中的地位之上。布尔迪厄认为，这个市场的规则和法则是由统治阶级（即他们的文学或艺术评论家）决定的。他们决定一种风格是否有价值、精致、高明、独特等。在大多数情况下，他们决定封闭的诗歌比侦探小说或间谍故事更有价值。"合法艺术"的稀有性和难以接近的特征同时也证明了它的质量——这当然是一种虚构：一种伪质量。困难和难以接近的艺术品与稀有物品一样有价值，而稀有物品往往会引发很高的需求。

我在这里概述的传播系统是布尔迪厄所说的"知识领域"，或者更具体地说，是"艺术领域"或"文学领域"（"champ littéraire"）。从这个角度来看，文学和艺术是一个"领域"，它们的创作者和活动遵循某些社会和集体公认的规则。如果想成功，就必须遵守这些法则。现代（资产阶级）艺术最重要的法则之一是独创性，这一法则与创新标准密切相关。另一个规则是独特性（相对于批量生产）。

与其他"知识领域"（如宗教或科学）一样，艺术受某些价值观和规范的支配，初学者如果想在自己的职业中取得成功，就必须遵守这些价值观和规范。布尔迪厄说，他们必须养成一种"习惯"：一种将他们与非艺术家区分开来的习性。他将艺术领域与体育和其他游戏进行了比较，以表明在所有这些情况下，那些希望成功玩游戏的人不仅必须学习规则，还必须学习相关技能，他把这些技能的组合称为职业"习惯"。

让我们仔细看看布尔迪厄在其著作《艺术规则》中对"艺术领域"的定义。他的陈述中最引人注目的一个方面是"权力"的概念，艺术似乎在权力结构中发挥作用："首先，必须分析文学……领域在权力领域中的地位及其随时间的演变。其次，必须分析文学……领域的内部结构，这是一个遵循自身运作和转变规律的宇宙……最后，分析这些位置的占有者的习惯起源，即作为社会轨迹和文学……领域中某个位置的产物的性格体系，在这个位置上发现或多或少有利实现的机会……"①

以下是布尔迪厄想象 19 世纪末法国文学领域如何运作的一个例子，关键在于理想主义和自然主义小说家之间的对立或竞争。布尔迪厄写道："就他们而言，许多最初被诗歌吸引的作家现在将一种文化资本再投资于（原文如此！）'理想主义'和'心理'小说，重要的是，这是一种比他们的自然主义竞争对手更强的社会资本……"②

布尔迪厄的经济性语言——如资本、再投资、竞争者——表明他认为文学领域是一个以竞争和权力关系为标志的市场。对他来说，艺术和文学并不是作为阿多诺所认为的探索真理的过程中的关键实例出现的，而是面向成功的"实地策略"——主要是商业成功和声望。因此，有人可以说，布尔迪厄艺术社会学的美学基础是他律美学：艺术被用作艺术事业的工具。③

4. 批评

到这里，我认为应该提出一些批评意见了。即使人们同意布尔迪厄的艺术和文学总是与某些形式的统治联系在一起的观点，也同意他关于艺术品也（原文 Also 大写——译者注）是商业物品或在文化产品市场上具有交换价值的有声望物品的观点，但人们还是会提出反对意见，认为不能简单地忽略卡夫卡或贝克特的小说是否与伊恩·弗莱明的詹姆斯·邦德小说或约翰·勒卡雷的小说具有相同的审美价值和批判价值的问题。

---

① P. Bourdieu, *The Rules of Art. Genesis and Structure of the Literary Field*, Cambridge-Oxford: Polity-Blackwell, 1996, p. 214.

② Ibid., p. 118. Cf. *Bourdieu et la littérature*. Sous la direction de Jean-Pierre Martin, Nantes, Ed. Cécile Defaut, 2010: the contribution of Gisèle Sapiro: "L'autonomie de la littérature en question".

③ 该主题提出于《布尔迪厄与文学》（*Bourdieu et la littérature*），让-皮埃尔·马丁主编，南特：塞西尔·德法特，2010 年。

你可能会指出，所有这些情况都涉及价值判断，而且这些判断不可避免是主观的。然而，理论和科学中也会出现与文本价值相同或相似的问题。目前，我还没有见过任何人准备放弃科学中的价值判断，不管是自然科学还是社会科学。

现在，如果人们接受艺术与科学、文学与科学、文献与理论之间没有绝对区别的观点，那么就很难让布尔迪厄审美等级制度是社会统治和市场机制的结果的论点变得可信。

从米开朗琪罗开始，艺术和科学就携手并进，这也是为什么大多数马克思主义者和阿多诺都认为艺术和文学具有认知价值，而且这种价值与审美价值密切相关。这是阿多诺着手研究艺术作品的"真理内容"的原因；这也是为什么卢西恩·戈尔德曼认为伟大的艺术作品具有认知价值，它们以一种特别连贯的形式表达了一种"世界观"。

换句话说：艺术的认知和批判价值与其美学价值之间似乎存在联系。布尔迪厄从未提出过这种批评和评价的问题。然而，人们也可以批评阿多诺没有处理那些可以在特定领域的"策略"中得到解释的"次要"作家和"次要"艺术作品。这些艺术和文学的批评作品不是可以更好地理解为对这种意识形态和商业产品的反应吗？

让我们回到伊恩·弗莱明的例子：如果翁贝托·艾柯在分析詹姆斯·邦德小说时的发现是真的，那么这些小说的批判和认知价值确实很低。它们只是证实当前意识形态的陈词滥调。相反，卡夫卡、贝克特或萨特的小说因为颠覆主流意识形态而可能具有批判、认知和美学价值。

因此，我倾向于认为布尔迪厄的方法忽略了一个重要的问题：艺术和文学的认知、批判和审美维度。在我看来，布尔迪厄在他的理论讲座"关于讲座的讲座"（"Lecon sur la leçon"）中发现很难回答是什么构成理论话语的价值这一问题。当然，作为一名社会学家和理论家，他不可能认为应用于理论的认知标准是杜撰的东西或阶级优越感，那将是理论的终结……但这些标准到底是什么？

我相信它们与美学领域中的知识、启蒙和批评非常相似。布尔迪厄理论中的错误，托马斯·霍布斯在过去已经触及，即知识和文化就是力量。然而，知识——我应该补充一点：审美知识——不仅仅是力量，它也是批评、知识和真理的工具。这一点布尔迪厄似乎忽略了。

但阿多诺的方法中也有一个不足，我已经暗示过这个不足。作为一名艺术社会学家，阿多诺忽视了艺术作品产生的文学和艺术背景。他关注否定统治和融合社会机制的批判作品，将这些作品从构成艺术传播系统的众多艺术作品中分离出来——既不是消极的，也不是批判的。他忽视了商业作品和意识形态作品与批判作品之间的辩证关系。简言之：他的美学理论中缺少的是布尔迪厄的社会学成分。

这就是为什么在本次演讲中，我试图将阿多诺和布尔迪厄联系起来。这种比较应该产生一种新的艺术社会学和一种新的美学。

5. 社会学美学与美学社会学

在这些批评性的评论之后，我想提出两个问题来结束本次讲座：（1）布尔迪厄艺术社会学（文学）的美学基础是什么？（2）阿多诺美学理论的社会学基础是什么？

这两个问题不是很清晰，原因有二。一方面，社会学理论——尤其是布尔迪厄和鲁曼的社会学理论，含蓄或明确地宣称，当涉及在社会和历史背景下解释美学理论时，它们是最终的元理论。例如，在《艺术规则》中，布尔迪厄试图——并非没有成功——通过展示它们在多大程度上是"艺术领域"和该领域内某些策略的产物来解释自主美学。在这种情况下，布尔迪厄的社会学被转变为一种元话语（一种元理论），包含并解释了美学的发展（例如艺术自主的兴起）。另一方面，布尔迪厄在他的理论中引入了美学前提：未经反思的、隐含的前提。

这些前提是什么？布尔迪厄的批评者雅克·林哈特（Jacques Leenhardt）似乎认为这些前提包含了他律美学的要素。他这样写道："很明显，布尔迪厄对文学所采用的观点隐含着一个完整的知识理论，他**为**（原文为斜体——译者注）社会学的斗争变成了**对**（原文为斜体——译者注）文学的斗争，因为他所想的是捍卫理性思想的主导地位。"①

具体来说，这意味着布尔迪厄倾向于将文学（例如福楼拜的小说《情

---

① J. Leenhardt, *Les Règles de l'art de P. Bourdieu*, in: *French Studies IV*, 1993, p. 267.

感教育》）视为一种社会和历史文献，从而忽视了其作为艺术作品的自主和模糊地位。因此，他的艺术社会学的美学理论是一种被某种还原论标记和破坏的**他律美学**（原文为斜体——译者注），这种还原论也可以在由德国社会学家阿尔方斯·西尔伯曼等所发展的经验主义艺术社会学中找到。

西尔伯曼更为激进，他认为"伟大的艺术作品"，即自主艺术，应该被排除在经验意义上的社会学研究之外。阿多诺在与西尔贝曼的一次讨论中反对这一观点，他认为将真实的艺术作品排除在社会学研究之外必然会导致社会学的贫乏："有些艺术品具有最高的尊严"，阿多诺认为，"如果只考虑它们的社会影响，这些艺术品都是无关紧要的，根据西尔伯曼的说法应该将其排除在研究之外。然而，这样艺术社会学将变得贫乏：它无法解释最高质量的艺术品。"[1] 这无疑是正确的，阿多诺的论点也可以反对布尔迪厄；布尔迪厄则可以与阿多诺争辩，他并没有将"伟大的艺术品"排除在他的研究之外，而是倾向以对待大众文学的方式来对待它们，试图结合习惯性战略或策略来解释它们。

如果采用社会学观点，布尔迪厄和西尔伯曼可能会批评阿多诺几乎只关注"伟大或真实的艺术作品"，而忽视了出于意识形态或商业原因（市场）生产的他律艺术品。如果采用一种更普遍的立场，他们可能认为阿多诺将美学置于社会学标准之上，其结果是一种文学社会学，它将文学惯例排除在研究之外，即布尔迪厄意义上的"文学场"的动态性或鲁曼意义上的"文学系统"。他们可以更进一步，认为只要阿多诺将真正的艺术从商业艺术和文学中分离出来，他就不可能真正理解真正的艺术，因为商业艺术和文学是艺术惯例的组成部分并决定其功能。

总的来说，有人可能会说，考虑文学社会学的两个层面总是必要的：美学和社会学。阿多诺和布尔迪厄的理论模型表明，在第一种情况下，美学话语主导着社会学，而在第二种情况下则相反：社会学话语往往主导着美学。

---

[1] T. W. Adorno, "Thesen zur Kunstsoziologie", in: *idem, Ohne Leitbild. Parva Aesthetica*, Frankfurt: Suhrkamp, 1967, p. 97.

比较文学的美学、社会学及符号学原理*

〔奥地利〕彼得·齐马① 撰

韩周琨② 译

摘　要：本文是齐马教授基于《比较文学导论》（*Komparatistik: Einführung in die vergleichende Literaturwissenschaft*，1992）的核心观点而提炼出的一篇发言稿。文章突出了比较文学"跨越性"中的跨语言与跨文化两个属性，在给出学科定义的同时也对比较文学的研究对象限定、比较的功能、比较文学学科史的实证主义阶段等提出了看法。就比较文学"类型学"和"遗传学"的研究范式、接受与翻译、文学时代与分期等问题，作者认为从美学、社会学及符号学的视角有助于我们理解以下论题：实证主义的不足以及平行研究与影响研究何以形成互补；接受美学视角下文学在异质文化语境中的接受与翻译是如何受到社会结构和社会方言的影响而发生变异的；

　＊ 本文为四川省哲学社会科学研究"十四五"规划青年项目"比较文学变异学的方法论研究"（项目编号：SC22C043）的阶段性成果。本文翻译已得到彼得·齐马教授本人授权，因为原文为讲座发言稿，部分内容在翻译过程中有细微改动；摘要与关键词为译者所附加。

　① 作者简介：彼得·齐马（Peter V. Zima），奥地利克拉根福大学比较文学名誉教授，奥地利科学院通讯院士、欧洲科学院院士，研究方向为文学理论与美学、社会学与社会哲学。
　② 译者简介：韩周琨，文学博士，四川农业大学人文学院讲师。

不同文学时代的建构以及文学时代内部所面临问题的同质性
与对问题做出反应的差异性之间的辩证法。

关键词：比较文学；遗传学；类型学；接受；文学时代

导言：何谓比较文学？

比较文学可简言之为文学作品、文体或文学时代的跨语言与跨文化的
比较。

1. 跨语言、跨文化、跨国

比较文学"跨文化"有其意指及限定。如果拿两部分别出自两个不同
国家的作家之手的作品进行比较，比方说乔伊斯的《一个青年艺术家的肖
像》与伍尔夫的《奥兰多》，那么这一比较是属于跨国的范畴。尽管这种比
较跨越了两个国家，却不涉及跨文化，这只能算是比较英语文学，且此项
工作在英语系内部即可完成。比较文学更始于跨语言与跨文化的层面，哪
怕是同一个国家内部也可以做比较文学研究，比如，同在瑞士，将一部法
裔作家的法语作品与一部德裔作家的德语作品相比较，这显然是比较文学
研究。也即是说，跨国文学比较不一定是跨文化比较，因而跨国文学比较
不一定属于比较文学；而同一国家内部的文学，若其比较关乎跨文化的范
畴，那么亦可构成比较文学的研究。

至于文体，比较文学中同一文体的比较往往也和跨语言及跨文化的比
较密不可分。比如英裔加拿大小说与法裔加拿大小说的演进路径的比较即
是例证，不过我们还应注意到这种文体比较常常又穿插有跨国的痕迹。

在作品与文体的比较之外，还有文学"时代"的比较。古典主义、浪
漫主义、现实主义的跨语言与跨文化比较是比较文学史研究的重心之一。

当然，比较文学不仅仅只有比较，它还涉及文学在异域文化语境中的
接受以及文学翻译问题。只有少数精通外语的读者才能读懂原文，假如没
有翻译，文学的跨界传播将严重受阻。这便是为何文学翻译是比较文学的
重要内容板块：比较文学学者欲知翻译以及不同版本的译本之于小说、戏
曲、史诗等作品在异域接受的影响。

简言之，比较文学就是文学作品的跨语言和跨文化的比较研究、文学翻译研究以及文学作品在其他语言与文化中的接受研究。

2. 比较文学与美学

文学研究不可孤立展开，因其总是指向自身之外：电影、电视、音乐、绘画、图像甚至书法（尤其见于中国和日本等亚洲国家）。有些小说会被拍成电影（如阿尔贝·加缪的《局外人》、翁贝托·艾柯的《玫瑰之名》），也有些小说和戏剧成为知名画家的作品题材（如奥斯卡·王尔德文笔下的莎乐美与奥博利·比亚兹莱画笔下的莎乐美），还有些浪漫主义诗歌被谱成了曲，更有下文会再次提及的赫尔曼·黑塞，他在创作的诗歌旁自己绘制了水彩插画。

文学与其他媒介（电影、音乐、绘画）的关联促使一些比较文学学者重新思考比较文学的定义，他们提出比较文学是比较艺术理论或媒介科学。尽管我赞同跨学科研究是比较文学的重要议题，而且不少作家本身还兼有音乐、绘画、电影等创作才华（如法国的阿兰·罗布－格里耶），但我坚持比较文学的主要研究对象是跨语言与跨文化语境中的文学。艺术史、音乐学和电影研究均有其学科边界，不应与比较文学相混淆。

就比较文学与美学的关系，我认为：在过去，哲学美学曾试图囊括所有艺术形式，比如康德关于普遍意义上自然之美的探讨，黑格尔想要撰写一部涵盖从建筑、雕塑到音乐和文学等所有艺术形式的哲学史计划。然而，时下各学科日益专业化，比较文学似乎也无法在装进整个美学领域的同时保持其自身学科的严肃性。它不可能去和电影符号学、艺术理论和音乐学竞争学科领地。作为一种文学理论、一门哲学，比较文学是个专业性很强的学科，它要存活下去的话，就不能弃绝它的专业性。

3. 比较文学与其他比较科学

除艺术、音乐、电影外，比较文学还与比较社会学、比较政治学、比较法学、比较语言学有相似之处，这些被冠以"比较"二字的学科共性在于通过比较以更好地认识现象及其变化。其中，比较语言学与比较文学尤为切近，二者皆借比较以观语言之功用。要理解英语语法，可将其与荷兰语、德语、瑞典语等日耳曼语族的语言语法进行比较；要理解日耳曼语族，可将其与意大利语、法语、西班牙语等拉丁语族的语言结构进行比较。

比较的层面分为两类：一是遗传层面，即影响研究范式；二是类型学层面，即不存在影响关系，但因社会、文化相似而有类型相似的类同比较范式。

一、比较文学作为一门科学学科的历史

比较文学作为一门科学学科的历史，还需从 19 世纪英国和法国以实证主义为根基，将比较文学作为文献学研究谈起。实证主义由法国哲学家奥古斯特·孔德创立，他还是第一个提出"社会学"这一词的思想家。孔德哲学首先是重视自然科学，尤其是生物学的方法，他的社会学构想是以自然科学为纲要，生物学方法为主导的。对他来说，社会学就是生物学的一个分支。其次是重视事实联系：科学的陈述和理论须以事实为根据，避免主观臆测；再次是重视因果联系：科学须留心各类因果联系，比方说工业化与城镇人口的增长之间的关系。

孔德的实证主义学说在法国和其他欧洲国家影响甚广，且其影响并不限于社会学，那些热衷于文学事实联系的比较文学学者对此方法同样痴迷，他们通过留心一个作家是否是另一个作家的读者，且前者是否存在模仿后者的技法或受后者思想影响的蛛丝马迹，从而判定二者之间可能存在的影响关系。法国的伊波利特·丹纳、德国的威廉·谢勒尔是当时比较文学实证研究的代表人物。丹纳认为文学发展的三个决定因素是种族、社会环境及历史情境，它们促生了民族心理，形成了文学作品的性质。

另一位法国比较文学学者让－玛丽·卡雷在丹纳观点的基础上指出，实证性的证据材料必须可以用来证明一个作家影响了另一个他国作家。他拒绝一切不以事实联系为前提的主观臆测（实证主义被视为形而上学思辨的一种科学选择）。

法国这种实证主义很快就受到了美国比较文学学者的挑战。20 世纪六七十年代，雷纳·韦勒克以捷克结构主义思想为武器，对法国学者盲目追求事实联系的研究范式提出了批评：文学作品乃是结构化的整体，不能简单地只看作家之间的事实联系和影响关系等外部因素。

　　而在德国，威廉·谢勒尔更是早在 20 世纪 20 年代便遭到了哲学解释学家弗里德里希·贡多尔夫的质疑。贡多尔夫认为文学不可像自然科学那样将研究对象简化为事实真相，相反，文学是一个变动不居的有机体，它不断向读者提出问题并给出暗示，读者的各种反应构成了对作品的一次次新的解释，作品则由此斩获一次次新生。譬如阿尔贝·加缪的《局外人》提出了关于生命意义的发问，此问亦是读者之问与读者所答；此问答非仅法国读者所作，亦是那些依赖可能改变文本语义的翻译的新读者所作。

　　贡多尔夫的解释学学说随后在德国由所谓的康斯坦茨学派（代表人物有汉斯·罗伯特·姚斯和沃尔夫冈·伊瑟尔）发展出了接受美学，或曰读者反应批评。这一学说也可谓反实证主义，因其同样反对将文学作品视为事实，而是试图探究文学文本提出的问题是如何被几代读者或当代读者处理的。对于比较文学来说，这种读者反应批评意味着去探究文学文本在其他文化语境中是如何被阅读的：中国读者和日本读者读到加缪的《局外人》时，他们会提出哪些关于人生意义的问题？他们从这部小说中又会解读出什么答案？

　　现如今，孔德和丹纳推崇的实证主义早已过时。在大多数欧洲国家，用结构主义、符号学和社会学理论来研究比较文学正成为时兴。我也曾试图用社会符号学来重建比较文学，即将文学文本及其翻译置放到特定的社会语言环境中，考察异质语境中的文化、语言及意识形态等因素何以影响文本的意义解读。

二、两种比较的范式：类型学和遗传学

　　马克思主义学者——苏联的维克托·日尔蒙斯基和斯洛伐克的狄奥尼兹·杜里申也对法国实证主义提出了批评，理由是：其一，仅仅凭借事实联系，而不考量作家间的历史和社会的类型学相似，是无法理解诸如莎士比亚对歌德、尼采对劳伦斯的文学影响关系的；其二，文学作品之间的重要相似是无法通过影响的痕迹追踪到的，因为这些相似受到作家所处的社会结构、制度和发展状况等因素左右。日尔蒙斯基以中世纪的阿塞拜疆史诗和西欧史诗为例，他指出唯有关联到两个地方的社会结构和制度方能解

释二者之间的相似。此类相似属于类型学相似，它不同于渊源学的基因相似。

我把类型学相似和类型学比较前置是因为我认为影响的发生往往以社会（结构、制度）的相似为前提。尼采会对许多欧洲现代主义作家产生影响，便是因为《论道德的谱系》在经受道德危机的英国这类国家能引起广泛共鸣。劳伦斯身处当时的环境下谴责清教主义的虚伪，他受到尼采影响才显得情有可原。

那么类型学相似如何比较呢？概要地讲，如果两个作家之间的共性不是源于二者之间的事实联系（影响关系），而是因为他们所处的社会结构和制度相似，那么他们的作品就可以进行类型学层面的比较。以爱尔兰裔英国作家奥斯卡·王尔德和奥地利作家胡戈·冯·霍夫曼斯塔尔为例。王尔德著有戏剧《认真的重要性》《温德密尔夫人的扇子》等以及小说《道林·格雷的画像》，这些作品有许多伦敦上流社会（1900年）的诙谐对白。可以说，这种诙谐对白的语言风格是王尔德戏剧和小说的突出特点甚或成就。谈到《道林·格雷的画像》，王尔德曾坦言："小说里的人物没有多少动作，只有对白，他们在椅子上坐定后就闲聊不止。"

"没有多少动作，只有对白"的设置成了王尔德戏剧结构的特色。德国批评家彼得·斯丛狄认为，这种话剧"由常规的对话变成了无谓的闲聊，不仅让对白本身变得散漫，而且消解了戏剧的严密性。人物与人物之间并非通过对白联系在一起，相反，对白是不着边际的，既不存在任何主观的起始，亦不存在客观的节点；既不向前推进，亦不导向任何动作"。

从霍夫曼斯塔尔的作品，尤其是"喜剧"《困境》中，也可以看到王尔德那种戏剧结构。《困境》中，对白不仅是问题的关键，而且是主要话题之一。主人公汉斯·卡尔·布尔评判了对白中的种种问题，从而给对白增添了反身性的色彩。在结构上，霍夫曼斯塔尔的戏剧与王尔德的戏剧非常相似，因为《困境》的特点是基本的行动加大量的主角反思式的对白。虽然在王尔德的《认真的重要性》中也有一些动作的描绘，但与诙谐的对白相比，它占据的比例要小得多。

尽管霍夫曼斯塔尔读过王尔德的作品，但他们之间的相似性并不能循着实证主义的影响研究思路得到解释。也就是说，他们之间不存在遗传性质的基因相似，那么就只能从日尔蒙斯基和杜里申意义上的社会学和类型学视角寻找突破口。两位作家所处的社会环境具有相似的地方：在伦敦和维也纳的有闲阶层中，谈话和诙谐的闲聊是他们群体语言生活的一部分。正是世纪之交（1900 年）的历史和社会背景造就了两位作家戏剧结构的相似性。

劳伦斯受到过尼采哲学的影响，这一案例的情况则大不相同。劳伦斯作品中随处可见的对清教徒道德的讽刺，对自然和生命意志的崇扬，无不昭示着尼采哲学的踪迹。这层影响关系只能结合尼采和劳伦斯的社会和语言环境来解释。在这两组案例中，基督教信仰的崩塌与价值观的危机从总体上刺激了作家对宗教和主流道德价值观的激进抨击，并由此而致对宗教与价值观背后的语言及其语义的质疑。

回到这两种比较的范式，我认为类型学和遗传学方法其实同等重要，但是我把类型学摆到相对重要一点的位置是因为遗传学相似确乎是以类型学相似为前提的，确切而言，那就是社会制度和结构的相似方使得影响关系成为可能。

三、接受与翻译

此处讲文学接受（读者反应批评）是因为读者对一部文学作品的反应与"影响"密切相关，再而关涉基因比较。原因如下：读者群的身份多样，其中不乏文学评论家、艺术家和作家，这就预示着接受或读者反应定然脱离不开影响的问题。许多作家通过阅读译者的文学评论文章才接触到外国文学作品，译者在此过程中扮演了不同语言文化间的重要中介人角色。也有许多作家本身就是译者，负责把外国文学作品推介给本土读者群，比如德国浪漫主义作家奥古斯特·威廉·施莱格尔对莎士比亚的译介，德国唯美主义诗人斯特凡·乔治对法国诗人保罗·魏尔伦和斯特芳·马拉美的译介。

在接受异域文化的文学作品时需要面对的最为关键的问题可能是：作品在接受过程中会发生什么情况？

首要的是不同的文化期待问题。每一种文化各有其文学的概念，读者对文学艺术的理解也不尽相同：它该如何形成？该实现哪些功用？

文学评论家、康斯坦茨学派创始人之一姚斯将读者对作品的特定期待称为"期待视野"。读者从特定的"视野/视界"出发去打量和评价文学作品，"视野/视界"构成了读者阅读前的背景。"期待视野"包含四个因素：（1）特定社会群体所共享的社会文化价值和标准；（2）与普遍价值和标准密切相关的文艺观念；（3）关于某一文体（小说、戏剧、诗歌）的观念；（4）对某一作家作品的看法。

以德国作家赫尔曼·黑塞为例，他在中国享有良好声誉，部分作品曾被夏瑞春译介到中国。黑塞1877年出生于德国卡尔夫，1962年逝世于瑞士蒙塔诺拉。他在创作生涯初期，以新浪漫主义者而闻名，作品深受热爱自然、爱好徒步穿行于德国山林的年轻人喜爱。他的小说有两大吸引读者的主题：一是自然，二是年轻一代成长的烦恼、与父辈的矛盾等。小说《彼得·卡门青》（1904）、《在轮下》（1906）是他早期较为集中反映这些主题的作品。

尽管黑塞在德国和德语世界广受欢迎，但在世界其他地方起初却并非如此。直到后来的《悉达多》（1922，一部关于一位印度小伙的中篇小说）和《荒原狼》（1927）被翻译成英文流入市场，黑塞才迅速被美国的嬉皮士和垮掉派以及国际和平人士接受。这不仅标志着黑塞正式进入世界文学的视野，而且还被美国那些抵触父母、反抗政府、厌恶越战、支持和平运动的叛逆年轻人当成先知。这同时意味着黑塞已经不再是一位德国新浪漫主义作家，而更像是全世界范围内青年叛逆派的领袖。

如何解释这种现象呢？按照姚斯的理论，代表美国亚文化的嬉皮士和垮掉派的期待视野与德国新浪漫派的期待视野截然不同，黑塞的作品（尤其是《荒原狼》和《悉达多》）是在美国新的期待视野中得到了重新诠释。尽管嬉皮士和垮掉派是和平地反抗，却隐含政治意义：两大群体均反对战争，挑战权威，倡导超越国家政府范畴的自由与爱。

此外，夏瑞春在将黑塞译介到中国后，主要关注这些译本在中国港台和新加坡等地的接受状况，但他没有注意到包括内地（大陆）在内的整个华语世界经他的译介已经有了不少年轻的黑塞读者。在香港，有位读者认为黑塞作品（至少是该读者所阅读到的）在中国的语境中契合了读者的期待视野："黑塞的作品让人联想到道教诗人和哲学家庄子，他的思想中还可以看到中国禅宗的影子。"黑塞作品中出现中国元素并非纯属偶然，而是因他对中国和印度的哲学与宗教了解颇深。

由此可见，"期待视野"受到本土社会和文化的强烈影响：被本土社会文化中的哲学思想和文学作品影响。每当我们阅读一部外国文学原著抑或其译本时，我们都会从自己的文学与文化观出发来看待它，换句话说，我们的社会文化控制了我们的"期待视野"。

然后，文学作品在接受中又发生了什么呢？黑塞的《荒原狼》《悉达多》在中国、印度和日本等国家被翻译和阅读时会被如何审视？答案是它们会被这些国家读者的新"期待视野"改造并变成一个新"审美对象"。"审美对象"由捷克结构主义学者穆卡洛夫斯基和菲利克斯·沃季奇卡引入文学理论研究，简单地说，"审美对象"就是个体和集体对文学文本和艺术作品的阐释，它从来不可等同于作为物体的文本或作品本身这种固定的物质符号，相反，它蕴含丰富的意义，而且在历史中始终处于被不断阐释的状态。更进一步说，物质符号只有一个，但是审美对象则可以是千千万。

《荒原狼》可以关联到若干审美对象，可以被解读为对资本主义和资产阶级的批判，也可以被界定为弗洛伊德意义上的无意识实验，又抑或被看作近乎超现实主义的先锋文本，更甚至于是一部关于成长的教育小说。

从社会学和符号学的视角更好理解"期待视野"与"审美对象"。姚斯说的"期待视野"实际上是一种对复杂情境的隐喻，而这种情境便是我们所处的社会和语言情境。在此情境中，会有各类群体的语言——宗教的、政治的、哲学的、科学与技术的，等等，它们处于共存和互动的态势。我管这些语言类别叫社会方言，那些对我们解读文学作品形成操控影响的期待即从社会方言或群体语言发出。正因如此，深谙中国佛教者不仅言说佛教的社会方言，而且还将之用于黑塞作品的解读；拥护女权主义的女性读者对黑塞则可能有更为另类的阐释。不同的社会方言意味着不同的文本意义解读。

实际上，这种对阅读过程的解释也适用于认识翻译。翻译不仅仅是自然语言（如英语、汉语等）间的转换，同时也是社会方言对原文本的再现。译者首先是读者，但若是一名信奉佛教的译者去翻译黑塞作品，那么其译本定然也会不同于女权主义者的译本。用穆卡洛夫斯基的话说，这意味着每一次翻译都会激活一个新的审美对象。换句话说，每一种翻译都是一种不与原文对等的解释，这就是文学作品不断被重新翻译的原因。

四、文学时代与分期

在过去，文学时代以及对时代的分期似乎人人耳熟能详，但是我们忽略了文学分期乃是一个牵涉个体、集体利益以及群体语言（社会方言）的符号学和社会学分类过程。于此我认为：首先，文学分期是一种建构行为，过去几个世纪出现的浪漫主义、现实主义、现代主义等时代均是当时的作家和艺术家所建构，它们能各自成为文学思潮是因为它们互不相同；其次，诸如古典主义、浪漫主义、现实主义和现代主义，其内部也并非同质的意识形态和美学风格，而是异质的社会－语言情境或问题，各类社会方言或共存或相竞争于其间。一个时代的同质性能生成是因为所处在该情境中的多数作家或作家群面对着同样的问题，并且形成了某种默契。

1. 分期文体不仅与过去的群体兴趣和群体语言有关，也与我们当代的群体语言有关

这意味着浪漫主义者对他们自己的看法和我们对他们的看法之间存在差异，超现实主义者和其他先锋作家对自己的看法和我们现在对他们的看法之间同样存在差异。

且说欧洲浪漫主义，英国、法国、德国和俄国的大多数浪漫主义作家都视自己为世界的创造者，甚或革新者，他们反对古典主义、理性主义和功利主义，拒斥古典主义僵化的形式和风格，祈求从中世纪文学和民间文学中获得灵感。他们批判理性主义及其功利主义伦理，（同康德一道）为了纯粹之美而试图重新发现美，并寻求调和社会与自然（作为理性主义者和功利主义者的征服对象的自然）的办法。

然而，在其他群体眼中，浪漫主义则成了另外一番样貌。那些现实主义者和自然主义者——诸如从法国的龚古尔兄弟和左拉到德国的盖哈特·霍普特曼——批评浪漫主义者是反社会的避世主义者和保守派。现实主义者还指责他们不关心日常生活，对普通阶层和工人阶级缺乏同情。从马克

思到以卢卡奇为代表的马克思主义者也正因此而对他们缺乏好感，认为他们不具备在全球化的语境中反映社会关系和权力构造的现实视野。

尽管先锋派，尤其是超现实主义者，借鉴和发展了一些浪漫主义的主题，但是他们不喜欢浪漫主义的沉思冥想习惯和政治绝缘态度。不同于浪漫主义者，先锋派中的超现实主义者、旋涡主义者和未来主义者都是政治上的激进团体。

当代视角下对浪漫主义的看法也有分野。有文学批评家将浪漫主义者和先锋派联系起来，高扬他们的批判精神和反抗精神；也有学者认为浪漫主义是一种保守和逃避现实的运动；还有意大利学者马里奥·普拉茨认为浪漫主义和神秘学、黑魔法存在某种关联。以上这些各异的观点说明对文学时代的评估并非一成不变，而是始终处于变动之中；即便是派别成员对自我的认识，也会受到后世的质疑和否定。

显然，文学时代（古典主义、浪漫主义、现实主义）均为一种基于社会学和符号学意义的建构，它们的分类和定义的实现是个体利益与群体利益、文化意识形态及语言特殊性共同作用的结果。至于英国文学与建筑的乔治时代、爱德华时代、维多利亚时代这种时代分期，则与英国本土的文化有关，是英国特有的分类文化现象。

那么，文学时代在何种层面上方可称为建构呢？前面提到浪漫主义者的自我评价与他人评价之间的分歧，实际上，超现实主义者也曾如浪漫主义者般自诩为世界的创造者与革新者，这种自我评价同样不被 20 世纪的其他群体，尤其是女权主义者买账。1970 年，一位名叫柴维尔·戈蒂耶的法国文学批评家出版《超现实主义与性》（*Surréalisme et sexualité*）一书，指出超现实主义者自命不凡的背后是将女性以极为俗套的方式想象和描绘成像自然和植物那种被动认识和开发的生物。戈蒂耶意图揭示法国超现实主义只不过是一种全新包装了的男性偏见，如此这般，她完成了对超现实主义的全新建构或重构。

2. 还有一种倾向是将古典主义、浪漫主义、现实主义和现代主义视为基于特定意识形态（世界观）、美学和文体学的同质时代

比如加拿大文学评论家琳达·哈琴（Linda Hutcheon）认为现代主义是一种"历史的形式主义和唯美主义"，宣扬的是"现代主义者的不合作遗

产"。另一个学者——利昂·苏瑞特（Leon Surette）认为："现代主义专注于文体上的严肃性，包容形而上学和认识论的绝对主义。"并接着补充道："现代主义捍卫古典的严肃性……表露出一副玄之又玄的神秘姿态。"

初看之下这些特征描述似乎都适用于全部现代主义者，尤其是当我们像苏瑞特和哈琴那样把研究中心锁定在 T. S. 艾略特、庞德和叶芝的时候。但这样未免以偏概全，诸如詹姆斯·乔伊斯、亨利希·曼、伊塔洛·斯韦沃、路易-费迪南·塞利纳等现代主义作家则是那些特征的例外。

再说浪漫主义时代，彼时的作家给人以美学同质化的印象是因为他们有很多共性：赞颂自然，吟咏月亮，情场失意，对遥远古代、未知国度或某个英雄的朦胧乡愁。不过细思之余也可发现浪漫主义作家和作品中确然有上述共同特征，但浪漫主义更是一个差异的集合。

英国浪漫主义诗人雪莱是个无政府主义者，他的叛逆性情使他与保守的柯勒律治和华兹华斯形成鲜明对比。这种同时代群体内的差异现象在法国也存在。自由主义者、社会活动家维克多·雨果曾因反对拿破仑三世专政而被流放至泽西岛和根西岛多年，尽管他被人们划入浪漫派，且发表过近似浪漫主义宣言的《〈克伦威尔〉序言》（1827），但他显然不推行避世主义和世界梦想。与此同时，从巴黎展出的雨果诗歌与绘画来看，又可发现其中包含的超现实主义（先锋派）元素。这说明他不论是政治还是美学方面均区别于阿尔封斯·德·拉马丁这类法国浪漫主义作家。雪莱和雨果的案例表明浪漫主义时代在两种不同文化语境中的差异显现，也表明建构浪漫主义这种文学时代绝不可以同质的意识形态和美学风格囊括之。

那么，将文学时代置放到社会-语言的情境中，将之问题化，兴许会更为合理。具体来说，那就是一方面，将文学时代的同质性理解为特定时期内的所有思想家和作家均要面对或解决某些相似的问题。比方说，浪漫主义时代的问题集中表现为个体的主体自由问题、个体与自然、欲望及未知的关系问题等。另一方面，每一个文学时代（浪漫主义、现实主义、现代主义）的问题处理方式又表现出意识形态和美学方面的异质性。出于一些社会和文化的原因，不同作家或作家群语言各异，他们解决问题的办法可能会和同时代其他个体作家或作家群的完全不一样；每个作家群（如法国的超现实主义、英国的旋涡主义）自有他们的群体语言或社会方言，他们是在自身社会方言内部对问题做出反应。

再次回到文学的现代主义，前述哈琴"历时的形式主义"和苏瑞特"文体风格的严肃性"均不足以涵盖现代主义，从詹姆斯·乔伊斯、克里斯托弗·艾什伍德、亨利希·曼、路易－费迪南·塞利纳、让－保罗·萨特、伊塔洛·斯韦沃等作家那里可以看到一些不一样的面貌：政治探讨、文本实验、意识形态批判乃至对无意识的兴趣。诸般例证凸显了比较的功用，即如果我们把不同文化和语言情境中的现代主义、浪漫主义等时代拿到一起去比较，那样才有助于给它们下更加充分、具体的定义。另外，我想补充一点：超现实主义和其他先锋运动的关切恰恰是现代主义问题集的部分内容，从现实主义和先锋派的文本实验、自动写作以及对梦的解析可以窥见弗洛伊德无意识理论的影子。

综上，概言之，应该从跨文化的视角将文学时代看作特定社会－语言情境和问题集中出现的时期；针对所处时代的特定问题和整体情境，作家或作家群以自身特有的语言对其做出反应。在文学现代主义中，共存有不同的意识形态与美学观，如存在主义、超现实主义、马克思主义（贝托尔特·布莱希特）、保守主义（保罗·瓦雷里、T. S. 艾略特）、无政府主义（让·热内）、法西斯主义（菲利波·托马索·马里内蒂、温德姆·路易斯）。且不论它们的意识形态与语言差异，它们共同关切的问题有个体与个体生存问题、社会秩序的变更问题（即革命问题）、对资产阶级的批判（从左派到右派）、无意识问题（个体无意识与集体无意识）、艺术及其生存问题。

这意味着文学时代只能在跨文化语境中被理解为动态单元，其特征是同质性与异质性始终处在永恒的对立共存状态中。

诺特专栏

弗卢瑟论书写：多伦多遗产与书写终结之后的书写悖论*

〔德〕温弗里德·诺特① 撰

沈翔宇② 译

摘　要： 这篇书评展现了温弗里德·诺特对弗卢瑟著作《书写：书写是否还有未来?》的理解和反思。诺特认为提出书写终结论的弗卢瑟言行不一，后者仍在用打字机撰写著作。诺特认为书写终结论的根源可以追溯到柏拉图对字母文字的批判，同时也承袭多伦多学派的字母文字优于意符文字的观点。不同点在于弗卢瑟认为西方的文字形式是字母和数字并用的形式，兼顾表音和表义。字母数字使人突破了图像时代受制约的状态，而新的时代必将用非字母数字的代码突破旧有制约，生成新的意识，但尚难分析其特性。对此，诺特认为弗卢瑟存在六种操演性悖论：书写之后书写、描述不可描述之物、书写终结之后书写、不可译性、弗卢瑟之后书写、书籍之后书

---

* 原文标题为："Flusser on Writing: The Toronto Heritage and the Paradoxes of Writing after the End of Writing"。2022 年 5 月出版于《弗卢瑟研究》第 33 辑（*FLUSSER STUDIES*, 33）。

① 作者简介：温弗里德·诺特（Winfried Nöth），德国卡塞尔大学英语语言学教授，卡塞尔大学跨学科研究中心主任，曾任德国符号学会主席，出版有《文学符号学分析》《符号学手册》《媒介的自我指涉》等多部符号学研究专著。

② 译者简介：沈翔宇，首都师范大学文学院比较文学与世界文学专业博士生。

籍。诺特肯定弗卢瑟反思的意义，但他认为书写终结论过于
激进，数字书籍从未真正远离过它作为书籍的前身。

关键词：弗卢瑟；书写的终结；字母数字；图像思维；操演性悖论

弗卢瑟对书写本身的书写

在这些不同的书写、重写、版本和译作中，已经可以看见弗卢瑟关于
书写的书写的许多形式的变换。而这本书，汇集了弗卢瑟对身处于图像字
宙中的书写媒介之未来的重多观点，并首次以德语的形式于 1987 年①出版。
他的标题《书写：书写是否还有未来?》（ *Die Schrift: Hat Schreiben
Zukunft?* ），在其于 2010 出版的葡萄牙语的译本中，也保留了相同的意涵。
（书写：书写有未来吗? ［ *A Escrita: Há Futuro para a Escrita?* ］）；但在其
2011 年的英语译本中却忽略了主标题，更具挑拨意味的是，将其副标题
"书写是否还有未来?" 设为主标题。这本书有几个前身。弗卢瑟的著作目
录②和网站（http://flusserbrasil. com/）列出以下论文、书籍章节以及为报
纸和文化杂志撰写的文章：

1965 年③：对阅读和书写的热爱
1967 年④：口语和书写

---

① Vilém Flusser, *Die Schrift: Hat Schreiben Zukunft?* Göttingen：Immatrix Publications，
1987. Simultaneously published in the digital format of two floppy disks, format 5¼ inches.

② Klaus Sander, "comp. Flusser-Quellen：Eine kommentierte Bibliografie Vilém Flussers
von 1960 – 2002", 2002. Göttingen：*European Photography*. Online：http://s3. amazonaws.
com/arena-attachments/1485097/d85714e287d539db39da46f0e5198b20. pdf?1512484296.

③ Vilém Flusser, "O Amor ao Ler e ao Escrever", in Flusser, *V. A História do Diabo*,
São Paulo：Martins, 1965, 90 – 101.

④ Vilém Flusser, "Falar e Escrever", *Jornal de Comercio（Rio de Janeiro）*06/02/
1966. Also in：*ITA Humanidades. Revista do Departamento de Humanidades*, Instituto
Tecnológico de Aeronáutica, Centro Técnico de Aeronáutica（São José dos Campos）, Vol. 3,
1967, pp. 77 – 82. Online：http://flusserbrasil. com/art407. pdf.

1978 年①：字母表的衰落和腐败

1983/1984 年②：书写的未来

1985 年③：处方——书写的后记

1985 年④：在图像的宇宙中书写

1986⑤（?）⑥：书写还有未来吗?

未注明日期：书写（http://flusserbrasil. com/arte179. pdf）

未注明日期：需要书写，而非生活（http://flusserbrasil. com/arte155. pdf）

1987 年⑦出版的这本书既有挑拨意味，也受到了不同程度的批判性回应。一位讽刺的评论家可能觉得弗卢瑟论及书写的终结的场景对他身为一名作家的生存构成了威胁，他建议他的读者优先选择弗卢瑟这本书的数字版本，因为后者允许他们删除词汇、句子甚至整个章节。⑧ 从长远来看，他的严厉评论被证明是短视的。国际学界认为这本书不仅值得一读，而且值得被翻译。该书继第一版之后不久又推出了德语第二版（1992 年）⑨，又被

① Vilém Flusser, "O declínio e o ocaso do alfabeto", O Estado de São Paulo, *Suplemento Cultural*, no. 66, 1978, p. 4. Online：http://flusserbrasil. com/art443. pdf.

② Vilém Flusser, *The Future of Writing*, a Manuscript of 1983/84. Online：http://flusserbrasil. com/arte165. pdf.

③ Vilém Flusser, Vorschrift：Nachtrag zur Schrift. *Spuren: Zeitschrift für Kunst und Gesellschaft*（Hamburg）11/12, 1985. Online：http://flusserbrasil. com/artg442. pdf.

④ Vilém Flusser, Escrever em universo de imagens. *Arte em São Paulo*, no. 28, Jan, 1985. Online：http://flusserbrasil. com/artigos. html.

⑤ Vilém Flusser,《*Tes père et mère honoreras*》. Y a-t-il un futur pour l'écriture? Théâtre/Public（Genneviliers / Paris）67, 1986, pp. 79 – 81. Online：https://www. cairn. info/revue-multitudes-2019-1-page-190. htm.

⑥ Vilém Flusser, *Is there a Future to Writing?* Manuscript, undated-Online：http://flusserbrasil. cm/arte74. pdf.

⑦ Vilém Flusser, *Die Schrift. Hat Schreiben Zukunft?* Göttingen：Immatrix Publications, 1987. Simultaneously published in the digital format of two floppy disks, format 5¼ inches.

⑧ Reinhold Rauh, "Flusser, Vilém：Die Schrift［Review］", *medien wissenschaft*：rezensionen 4. 4, 1987, pp. 480 – 481.

⑨ Vilém Flusser, *Die Schrift. Hat Schreiben Zukunft?* Frankfurt/Main：Fischer, 1992.

翻译成匈牙利语（1997 年）①、朝鲜语（1998 年）、葡萄牙语（2010 年）②和英语（2011 年）③，证明了媒介学术界对弗卢瑟关于书写媒介的言论的持续兴趣。

　　1987 年以后，书写仍然是弗卢瑟感兴趣的话题。他的手稿《书写之后》（*After Writing*）④ 和他同米克洛斯·彼得那克（Miklós Peternák）的采访以《论书写、复杂性和技术革命》的标题于 1988 年⑤出版。1989 年⑥，弗卢瑟在出版于东柏林的一篇杂志文章中再次使用了他于 1987 年出版的书的原标题。此外，在 1991 年⑦，他写了"书写的姿态"一章，1988 年⑧，他又写了一篇关于打字现象学的文章，题目是《为什么打字机会发出咔咔声？》

　　令人好奇的是，在他的书出版一年后，也即他曾宣称的"不再有书"（Nichtmehrbuch）的年份，弗卢瑟的书写工具仍然是一台机械打字机。在评论这位在数字媒介时代仍然使用 19 世纪书写工具的作家的悖论时，齐林斯

---

①　Vilém Flusser, *Medienkultur*, Stefan Bollmann（ed.）. Frankfurt/Main：Fischer, 1997.

②　*A Escrita: Há Futuro para a Escrita?* Trans. Murilo Jardelino da Costa. São Paulo：Annablume, 2010.

③　Vilém Flusser, *Does Writing Have a Future?*, trans. Nancy Ann Roth with a preface by Mark Poster, "An Introduction to Vilém Flusser's Into the Universe of Technical Images and Does Writing Have a Future?" Minneapolis：University of Minnesota Press, 2011.

④　Vilém Flusser, *Depois da escrita*. Manuscript of the Seminar on "Die Schrift", Falkenstein, Hessen（20 - 21/11/1987）. Online：http://flusserbrasil. com/art4. html.

⑤　Vilém Flusser, *On Writing, Complexity and Technical Revolutions: Interview about Technical Revolution*, by Miklós Peternák, Osnabrück, European Media Art Festival, September 1988. Online：https://red-thread. org/en/about-technical-revolution/.

⑥　Vilém Flusser, "Die Schrift—Hat Schreiben Zukunft?", *Bildende Kunst*, Ostberlin, 1989, no. 11, pp. 54 - 55. Online：http://flusserbrasil. com/artg73. pdf .

⑦　Vilém Flusser, "Die Geste des Schreibens", = cap. 3 de FLUSSER, V. Gesten：Versuch einer Phänomenologie. Düsseldorf：Bollmann, 1991：39 - 49. Portuguese：O Gesto de Escrever［= cap. 6］, in：Vilém Flusser, *Gestos*. Apresentação de G. Bernardo. São Paulo：Annablume, 2014, pp. 99 - 109.

⑧　Vilém Flusser, "Vom Rechnen：Warum eigentlich klappern die Schreibmaschinen?", *Basler Zeitung*, no. 247, 20/10/1988, pp. 51 - 54. Online, marked as "out-dated", available as http://flusserbra sil. com/artg412. pdf.］— （See also the manuscript "Die Schreibmaschine"（'the typewriter'）, online：http://flusserbrasil. com/artg84. pdf .）

基（Zielinski）和韦贝尔（Weibel）[1] 指出，"作为一名知识分子作家，弗卢瑟不一定必须遵守自己的戒律。因为在大多数情况下规定是对他人有效的"。相同的作者们[2]同样基于好奇心观测到，当卡尔斯鲁厄核研究中心于1989年邀请弗卢瑟以第一位德语媒介学者的身份参加超文本的开发时，后者以打字稿的形式发表了自己具有贡献意义的文本。

弗卢瑟和柏拉图关于书写未来的预言

弗卢瑟用末世论的话语预言了书写的终结，当时他在1992年出版的德语第二版《书写：书写是否还有未来?》的封底上宣称，"当我们凝视着被字母的落日轻轻映照的几幅图像时，一些新的事物正在我们背后升起，它们的第一个光束已经触及了我们的周遭环境。就如同柏拉图洞穴中的奴隶一般，我们必须转身去抵抗这个新来者"[3]。

在书写的终结之后回想起柏拉图的洞穴寓言，弗卢瑟将自己与这位哲学家联系到了一起，后者曾在希腊对字母的出现予以评论，而其评论所使用的预言性词语并不少于两千四百年后给予其终结的弗卢瑟。在他的对话体著作《斐德罗篇》（Phaedrus）中，柏拉图让笔下的苏格拉底批评字母的发明，因为它成了一种文化技术，会削弱未来文人学士的记忆："这项发明会让那些学会使用它的人健忘，因为他们不会练习记忆。他们对书写的信任，是由不属于自己的外部字符产生的，这会阻碍他们使用自己的内在记忆。你发明了一种不是记忆的灵丹妙药，而是提醒的万灵药；你给你的生徒提供了智慧的外表，而非真实的智慧，因为他们会在没有指导的情况下

---

① S. Zielinski, and P. Weibel, "Introdução: Flusseriana—uma Caixa de Ferramtentas Intelectual". In: S. Zielinski, P. Weibel, D. Irrgang (eds.), *Flusseriana: An Intellectual Toolbox*, Minneapolis: Univocal, 2016, p. 21.

② S. Zielinski, and P. Weibel, "Introdução: Flusseriana—uma Caixa de Ferramtentas Intelectual". In: S. Zielinski, P. Weibel, D. Irrgang (eds.), *Flusseriana: An Intellectual Toolbox*, Minneapolis: Univocal, 2016, p. 21.

③ Vilém Flusser, *Does Writing Have a Future?*, trans. Nancy Ann Roth with a preface by Mark Poster, "An Introduction to Vilém Flusser's Into the Universe of Technical Images and Does Writing Have a Future?" Minneapolis: University of Minnesota Press, 2011, p. 139.

阅读许多东西，他们似乎会知道许多事情。但那时他们在很大程度上是无知的和难以相处的；因为他们不是明智的，而是看起来明智的。"① 至少对于弗卢瑟论及书写之未来的书写来说，柏拉图的预言并没有实现。目前，弗卢瑟的书还没有被遗忘，它的所有版本和译本仍然可使用，并继续在国际范围内被讨论。

弗卢瑟和多伦多学派的书写意识理论

对书写媒介的二十五年反思，从 1962 年马歇尔·麦克卢汉（Marshall McLuhan）的《谷登堡星汉璀璨》直到 1987 年，都在弗卢瑟对在图像宇宙中书写的理解上留下了印记。弗卢瑟不是语言学家，他对书写考古学的细节也不是特别感兴趣。在他的书中没有找到关于这个主题的详细信息。弗卢瑟只有偶尔会附带地提及 "三千五百年前"② 书写的起源，或者说它 "源于三千年前的图像"③。然而，今天的媒介考古学家都认同，书写作为一种与口语有规律性对应的图形符号系统，其发明始于不少于五千七百年前的苏美尔。④⑤

弗卢瑟确定的日期与书写历史学家的日期之间的差异可以解释为，对弗卢瑟而言，书写史仅仅始于字母书写，或是始于它在音节书写中的前身。因此，对弗卢瑟来说，书写是字母或语音书写的同义词。偶尔地，他会将

---

① Plato, "Phaedrus". In *Plato in Twelve Volumes*, Vol. 9, H. N. Fowler（trans.），London：Heinemann. 1925. Available at：http://data. perseus. org/citations/urn：cts：greekLit：tlg0059. tlg012. perseus-eng1：275, pp. 274a-b.

② Vilém Flusser, *Does Writing Have a Future?*, trans. Nancy Ann Roth with a preface by Mark Poster, "An Introduction to Vilém Flusser's Into the Universe of Technical Images and Does Writing Have a Future?" Minneapolis：University of Minnesota Press, 2011, p. 34.

③ Vilém Flusser, *Does Writing Have a Future?*, trans. Nancy Ann Roth with a preface by Mark Poster, "An Introduction to Vilém Flusser's Into the Universe of Technical Images and Does Writing Have a Future?" Minneapolis：University of Minnesota Press, 2011, pp. 138.

④ S. R. Fischer, *A History of Writing*. London：Reaktion Books. 2001, p. 31.

⑤ Florian Coulmas, *Writing Systems: An Introduction to Their Linguistic Analysis*. Cambridge：Cambridge University Press, 2002.

字母书写与意符文字（logographic）（以前称为"表意文字"［ideographic］）的书写进行对比。① 这种意符文字书写的图像符号，弗卢瑟②更喜欢称之为"表意符号"（ideograms），代表着语词，而不一定是读语词发出的声音。尽管中国和日本文化直至今日都使用这种书写方式，但弗卢瑟对此置之不理，并认为这种书写方式是古旧的。通过将意符文字的书写排除在他的媒介理论视野之外，弗卢瑟可以将他的书写概念从与图像的任何联系中解放出来，从而使得图像和书写更为尖锐地对立起来。与20世纪中期有影响力的作家特别是盖尔布③一致的是，弗卢瑟把从图画文字（pictography）与意符文字的书写到字母文字的书写这一转变解释为逻辑上的"低级"到"高级"阶段之转变的文化进化，对此他是这样将其解释为文化进化的逻辑必然的：

> 表意符号是思想的标志，是用内在之眼看到的图像的标志。然而，图像的保存正是书写所寻求避免的。书写始于解释图像，却又通过解释将它们消除。绘画的、幻想的、想象的思维屈服于概念的、话语的和批判性的思维。有必要按字母的方式而不是按表意文字的方式书写，才能实现破坏图像方式的思考。这就是直接对应语言的发音的原因。在演讲中，人们的言说"围绕着"思想并"围绕着"图像，在这样做的过程中，人们才能置身于图像思维的上方，以自上而下的方式说话。④

---

① Florian Coulmas, *Writing Systems: An Introduction to Their Linguistic Analysis*. Cambridge：Cambridge University Press，2002，pp. 40 - 41.

② Vilém Flusser, *Does Writing Have a Future?*, trans. Nancy Ann Roth with a preface by Mark Poster，"An Introduction to Vilém Flusser's Into the Universe of Technical Images and Does Writing Have a Future?" Minneapolis：University of Minnesota Press，2011，pp. 30 - 31.

③ Ignace J. Gelb, *A Study of Writing*. Chicago, IL：University Press，1952. German：Von der Keilschrift zum Alphabet. Stuttgart：Kohlhammer，1958.

④ Vilém Flusser, *Does Writing Have a Future?*, trans. Nancy Ann Roth with a preface by Mark Poster，"An Introduction to Vilém Flusser's Into the Universe of Technical Images and Does Writing Have a Future?" Minneapolis：University of Minnesota Press，2011，pp. 30 - 31.

这种今天被批评为欧洲中心主义的对书写的理解，例如克雷默（Krämer）①，其起源可以在麦克卢汉的书写理论和"多伦多学派"的书写理论中找到，尤其是在哈夫洛克（Havelock）的《柏拉图序说》② 中。麦克卢汉的论点如下：

> 鉴于声学字母从声音中抽象出意义，并将声音翻译成视觉代码，人类抓住了一种使其自身发生转变的经验。没有任何图画文字、表意符号或象形文字（hieroglyphic）的书写模式能像声学字母那样具有去部落化的力量。除了语音书写，没有任何其他书写能将人类从所拥有的世界中翻译出来。这一世界在整体上是互为依赖并且互相关联的，并被称为——声音网络。③

因此，字母书写被视为图形媒介（graphic media）发展的顶点。字母的逻辑不仅被认为在符号学上优于意符文字书写，而且被认为是上级文化的工具。用麦克卢汉的话来说，"个人的去部落化，在过去至少依赖于由识文断字和仅凭字母表识字培养出的强烈视觉生活"④。麦克卢汉甚至建议至少去研究一些意符文字书写的元素，以说服书写的学习者明白字母系统的优越性："如果今天能教孩子们很多中国表意文字和埃及象形文字，以此来提高他们对我们字母的欣赏，那将是太好了。"学习字母的困难性在于用无意义字母的形式书写无意义的声音，对麦克卢汉来说是一种符号学美德，也即分离或抽象的美德，"不仅是视觉和声音，而且将所有意义从字母的声音中分离出来，只要无意义的声音与无意义的字母有关"⑤。

---

① Sybille Krämer, "Vom Nutzen der Schriftbildlichkeit", *Sprache und Literatur* 42. 107, 2011, pp. 1 – 5.

② Eric Havelock, *Preface to Plato: A History of the Greek Mind*. Cambridge, MA: Harvard University Press, 1963.

③ Marshall McLuhan, *The Gutenberg Galaxy: The Making of Typographic Man*. Toronto: Toronto University Press, 1962, p. 31.

④ Marshall McLuhan, *The Gutenberg Galaxy: The Making of Typographic Man*. Toronto: Toronto University Press, 1962, p. 43.

⑤ Marshall McLuhan, *The Gutenberg Galaxy: The Making of Typographic Man*. Toronto: Toronto University Press, 1962, p. 47.

弗卢瑟认为自己也有同样的观点，即多伦多学派提出的字母书写比意符文字书写更优越。在一条将字母文字从字面意义提升到表意文字之上的论点中，弗卢瑟陈述道："作为口语的得分点，字母使我们能够稳定并训练出对图像的超越，这样已经通过言语努力赢得胜利了。一个人按字母书写，是为了保持和扩展一种概念性的、优于图像的意识水平，而不是像我们在书写发明之前那样不断地跌回到图像思维（pictorial thinking）中。"①

这段话的核心概念是"意识"。在他的书的其他地方，弗卢瑟②明确指出，他的意思是"书写意识"（Schriftbewussein）。这篇指出书写在文人学士心中创造了一种新的意识的论文，是麦克卢汉的论文导师沃尔特·J.翁（Walter J. Ong）③ 在《口语文化与书面文化：语词的技术化》（*Orality and Literacy: The Technologizing of the Word*）一书中的主要论文。从口语文化到识字文化的转变"重构"了文人学士的意识。这是从听觉意识到空间意识的转变，因为"词语对空间的运用超越了语言的潜力，几乎超越了度量，重构了思想，并在这个过程中将某些方言转化为'标准书面语言'"④。通过书写，"进入知识新世界的批判性和独特性的突破是在人类意识中实现的……当一个可见标记的编码系统被发明出来时，作家可以借此确定读者将从文本中生成的确切语词"⑤。书写的发明带来的更近一步的文化进步是，作者在构思信息的过程中有更高程度的反身性，因为在书面信息中，作者在发出信息之前有更多的时间思考自己的信息。翁总结说，书写增强了反

---

① Vilém Flusser, *Does Writing Have a Future?*, trans. Nancy Ann Roth with a preface by Mark Poster, "An Introduction to Vilém Flusser's Into the Universe of Technical Images and Does Writing Have a Future?" Minneapolis：University of Minnesota Press, 2011, p.31.

② Vilém Flusser, *Does Writing Have a Future?*, trans. Nancy Ann Roth with a preface by Mark Poster, "An Introduction to Vilém Flusser's Into the Universe of Technical Images and Does Writing Have a Future?" Minneapolis：University of Minnesota Press, 2011, p.7.

③ Walter J. Ong, *Orality and Literacy: The Technologizing of the Word*. London：Methuen, 1998.

④ Walter J. Ong, *Orality and Literacy: The Technologizing of the Word*. London：Methuen, 1982, pp.7-8.

⑤ Walter J. Ong, *Orality and Literacy: The Technologizing of the Word*. London：Methuen, 1982, p.84.

身意识，因为"要想生活和充分理解，我们不仅需要接近，还需要距离。这种书写提供了其他任何事物都无法提供的意识"①。

诸如多伦多学派的意识通过书写变形的理论，和弗卢瑟的认知随着书写的终结而变形的理论之间的相似之处是显著的，但弗卢瑟预见到的这种变形的后果比翁想象的更为激进：

> 在这篇关于书写的书面反思中，在这一"上标"中，弗卢瑟遗憾地得出结论，我们应该期待书写的衰落——原因来自这个结论的各个方面的交叠。这一系列原因可以概括为：一种新的意识正在形成。为了表达和传播自身，它发展出了不是字母数字的代码，并且已经认识到书写的姿态是一种荒谬的行为，因此该姿态也将会从荒谬中得到解放。②

在意识到多伦多学派关于书写对意识的影响的论述之后，弗卢瑟在对书写意识的阐释中加以着重强调。翁曾论辩说，"书写使'语词'看起来与事物相似，因为我们认为语词是向解码者发出语词信号的可见标记：我们可以在文本和书籍中看到和触摸这些铭刻着的'语词'。书写的语词是遗留物。口头传统没有这种遗留物或沉积物"③。因此，识字文化的成员通过书写的透镜来看待他们世界上的事物，并开始寻找介于被写下的词汇和它们所直指的事物之间的对应关系，而非看出这些事物在笔下呈现时是如此这般缺乏关联。

在他的《媒介文化》(*Medienkultur*)一书的"信仰的丧失"（"Glaubensverlust"）一章中，弗卢瑟反思口语文化终结后字母书写对人类意识的影响，但与翁不同的是，弗卢瑟关注的是书写的线性。新发明的书写媒介的线性形式的效果使思想变得同样线性，即"单一维度"："图形意识在于相信事物以线性

---

① Vilém Flusser, *Medienkultur*, Stefan Bollmann（ed.）. Frankfurt/Main：Fischer, 1997, p. 81.

② Vilém Flusser, *Does Writing Have a Future?*, trans. Nancy Ann Roth with a preface by Mark Poster, "An Introduction to Vilém Flusser's Into the Universe of Technical Images and Does Writing Have a Future?" Minneapolis：University of Minnesota Press, 2011, p. 107.

③ Walter J. Ong, *Orality and Literacy: The Technologizing of the Word*. London：Methuen, 1982, p. 11.

的方式发生……解读'世界'是可能的，也就是说，将其分解为清晰而独特的概念。简而言之，就是相信'世界'有着将符号组织成线性代码的结构。"① 在《书写：书写是否还有未来？》中，这个主题成为弗卢瑟的主题之一：

> 在这个第一次对书写的观察中，就是一排排书写符号的线性流动给人留下了最深刻的印象。它们使书写似乎表达了一种单一维度的思维，也表达了单一维度的感觉——欲望、判断和行为——一种能够通过书写从尚无文字的意识那种令人眼花缭乱的圈子里走出来。我们之所以知道这种书写的意识，是因为它是我们自己的，我们对此进行了思考和阅读。②

弗卢瑟对文人学士的单一维度性的认识并不一定具有负面含义，因为他将线性解释为逻辑思维的必要的先决条件："只有书写线条的人才能逻辑思考、计算、批评、追求知识、推究哲理——同时自己恰如其分地行事。在此之前，人会兜圈子。"③ 此外，书写也使历史思考成为可能。"这种符号的线性排列首先使历史意识成为可能。"④ 尽管字母书写具有线性，但字母书写的优势是不可否认的，即使对于技术图像的倡导者来说也是如此，维莱姆·弗卢瑟指出："我们知道，字母已经被证明是一项非常富有成效的发明。它促成了非字母领域从未实现过的话语：希腊哲学、中世纪神学、现代科学的话语。如果没有字母，就不会有这样的话语，因为它们是概念性

---

① Vilém Flusser, *Medienkultur*, Stefan Bollmann（ed.）. Frankfurt/Main：Fischer, 1997, p. 38.

② Vilém Flusser, *Does Writing Have a Future?*, trans. Nancy Ann Roth with a preface by Mark Poster, "An Introduction to Vilém Flusser's Into the Universe of Technical Images and Does Writing Have a Future?" Minneapolis：University of Minnesota Press, 2011, p. 7.

③ Vilém Flusser, *Does Writing Have a Future?*, trans. Nancy Ann Roth with a preface by Mark Poster, "An Introduction to Vilém Flusser's Into the Universe of Technical Images and Does Writing Have a Future?" Minneapolis：University of Minnesota Press, 2011, p. 7.

④ Vilém Flusser, *Does Writing Have a Future?*, trans. Nancy Ann Roth with a preface by Mark Poster, "An Introduction to Vilém Flusser's Into the Universe of Technical Images and Does Writing Have a Future?" Minneapolis：University of Minnesota Press, 2011, p. 7.

的、批判性的话语，越来越脱离想象，变得越来越抽象，越来越难以想象。"①

在此意义上，弗卢瑟期待着书写的终结，他不仅持有怀疑的态度，而且持有一份怀旧之情以及对新事物出现的乐观情绪。奇怪的是，弗卢瑟在题为"诗歌"的一章中，在柏拉图洞穴的阴影之下再次采用了那些有关人类的晦涩评论的末世论基调，他写道："当我们期待字母书写的最完美形式和终结时，我们担心的是阅读能力的下降，也就是批判性解码的下降。我们担心在未来，所有信息，尤其是感知和经验的模型，都会被不加批判地接受，信息革命可能会把人们变成不加批判地将信息重新混合的接受者，也就是说，变成机器人。"②

另一方面，弗卢瑟的话语从来没有真正的启示录色彩。书写的终结并不意味着文学甚至人类文化的终结。相反弗卢瑟的愿景是以一种新的意识形式开启一个新的文化时代：

> 我们应该期待书写的衰落……：一种新的意识正在形成。为了表达和传递自己，它开发了非字母数字的代码，并认识到书写的姿态是一种荒谬的行为，因此也是一种从荒谬中得以解放的东西。……不是书写的姿态，而是书写的具体实际将会是起始点。③

字母书写之后的时代，弗卢瑟相信，将是一个字母数字并用时代。即使是音乐的声音也会变得可以计算和被计算。"如果眼睛（以数字的形式）开始主导耳朵（以字母的形式），那么从理论上和实践上都有可能用数字去操纵（数字化）听觉感知。所谓的计算机音乐只是其中的一个胚芽性的例

---

① Vilém Flusser, *Does Writing Have a Future?*, trans. Nancy Ann Roth with a preface by Mark Poster, "An Introduction to Vilém Flusser's Into the Universe of Technical Images and Does Writing Have a Future?" Minneapolis: University of Minnesota Press, 2011, p. 31.

② Vilém Flusser, *Does Writing Have a Future?*, trans. Nancy Ann Roth with a preface by Mark Poster, "An Introduction to Vilém Flusser's Into the Universe of Technical Images and Does Writing Have a Future?" Minneapolis: University of Minnesota Press, 2011, p. 77.

③ Vilém Flusser, *Does Writing Have a Future?*, trans. Nancy Ann Roth with a preface by Mark Poster, "An Introduction to Vilém Flusser's Into the Universe of Technical Images and Does Writing Have a Future?" Minneapolis: University of Minnesota Press, 2011, p. 95.

子。数字很快就会使声音可见，图像可听。"① 在线性通信时代之后的新时代，非线性将占主导地位。这将是一个对合成图像难以施加批判的时代，因为在这个时代，"数字代码合成了已经被充分批评、充分计算过的东西。早期意义上的批评，其发现不会超出这些图像是由电子计算而来的局限。如果这种批评试图更进一步，批评合成器的意图，归根结底，也只会在那里找到计算过的电子。老旧的批评，诸如坚固之物的废弃，会迷失在间隙的鸿沟中，消失在虚无里，毫无意义地消失。因为一开始就很清楚，在新的事物中没有什么坚固的值得被批评的东西"②。

尽管弗卢瑟对书写时代的结束持乐观态度，但在谈到新数字文化的细节时，他的态度仍然相对暧昧。他意识到了这一点，并在书写后用未来媒体的不可预测性来证明自己的暧昧。他在 1978 年写道③，我们还不知道"我们周围的电子图像编程出的含义"。1987 年，他写道：

> 新事物的新鲜之处在于它非常难以描述，这意味着新事物的新鲜之处恰恰在于意图对其加以解释的荒谬性中。启蒙运动已经走过了这一历程，对新事物没有什么可以解释的了。新事物一点也不模糊；它像网一样透明。这背后什么都没有。启蒙运动在新事物中翻了一个跟头。它必须开始启发它自己。字母是启蒙运动的代码。书写只有以阐明字母、描述书写为目标才能继续。否则，就没有什么可以解释和描

---

① Vilém Flusser, *Does Writing Have a Future?*, trans. Nancy Ann Roth with a preface by Mark Poster, "An Introduction to Vilém Flusser's Into the Universe of Technical Images and Does Writing Have a Future?" Minneapolis: University of Minnesota Press, 2011, p. 29.

② Vilém Flusser, *Does Writing Have a Future?*, trans. Nancy Ann Roth with a preface by Mark Poster, "An Introduction to Vilém Flusser's Into the Universe of Technical Images and Does Writing Have a Future?" Minneapolis: University of Minnesota Press, 2011, p. 152.

③ Vilém Flusser, "Die kodifizierte Welt", Merkur (Stuttgart), No. 359 (April, 1978). —Tradução de Raquel Abi-Sâmara. O mundo codificado. In: Vilém Flusser, *O mundo codificado: Por uma filosofia do design e da comunicação*, Rafael Cardoso (ed.). São Paulo: Cosacnaify, 2007, p. 135.

述的了。①

对于书写未来的不可预测性而言，诗歌是个例外。对于诗歌，弗卢瑟预见到了一个具有新潜力的未来，那就是参与性的诗歌，如果它不算集体性诗歌的话："用字母写作的诗人首先并首要面向评论家书写。新诗人并没有面对这样的受众。后者所建立的模式将会被接受、改变和传递。他正在玩一个排列游戏，这是他从早期诗人那里得到的，并且他将会把它传给未来的诗人。"②

图符性（Iconic）和象征性，视觉和听觉

尽管弗卢瑟对字母文字胜过对表意文字表示赞扬，但他也认识到了书写声音的文字的一些缺点。通常情况下，数字是用所有语言和文化的意符书写的。例如，"6"并不代表"六"这个词的发音，而是概念，即数学意义上的概念。数学上数字的意符文字书写，优点是显而易见的。

尽管意符符号提供了对其含义的"直接访问"，但字母书写迫使用户在访问其含义之前走了一条认知弯路。读者必须先将图形符号翻译成语音符号，然后才能理解其含义。因此弗卢瑟问道："当我们想把一个想法写在纸上时，我们会在口语中走这条复杂的弯路。为什么不使用表达想法的符号，也就是表意符号，不能像中文或一些新的计算机代码那样吗？难道写'2'不是比写'二'容易得多吗？一定是有着重要的原因导致苏美尔字母表的发明者发明了他们所使用的这种违反直觉的代码，因为这在思考和书写之

---

① Vilém Flusser, *Does Writing Have a Future?*, trans. Nancy Ann Roth with a preface by Mark Poster, "An Introduction to Vilém Flusser's Into the Universe of Technical Images and Does Writing Have a Future?" Minneapolis: University of Minnesota Press, 2011, p. 151.

② Vilém Flusser, *Does Writing Have a Future?*, trans. Nancy Ann Roth with a preface by Mark Poster, "An Introduction to Vilém Flusser's Into the Universe of Technical Images and Does Writing Have a Future?" Minneapolis: University of Minnesota Press, 2011, pp. 76 – 77.

间横插一杠。"①

由于我们的书写使用混有数字符号的字母符号，所以这是一个混合系统。它只是部分的语音书写系统。部分的，它也是一个意符系统。这就是弗卢瑟将书写的代码称为字母数字的原因。这种混合代码结合了两种表示原则，符号学将其定义为符号性和图解性（diagrammatic）。用字母书写的数字和词汇是符号，是不显示它们所代表的东西的任意符号，只是基于文化习俗，并需要学习。也许这种混合书写方法最随意的形式表现在它的线性上。书写媒介的线性迫使习惯于多维思考的解读思维也同样以线性的方式解读书面信息。然而，根据弗卢瑟的说法，线性原则的任意性只是语音书写的书写特征，而不是数字和算法的书写特征。代数的数字不仅是意符文字，它们的排列形式也是图解的，也就是说，它们构成了抽象的图符（icon）。

图解符号（diagrammatic sign）中重要的是符号在其图形空间中的位置，因为在示意图中，元素之间的空间关系表示语义关系。弗卢瑟的打字机只能差劲地表示公式的图解形式：

> 打字机是用来把符号排列成行的。由此产生的顺序适用于字母，但不适用于数字——这证明在字母数字代码中，字母具有压倒数字的能力。实际上，通过某些特殊的动作，可以让打字机再生产数学方程或物理中的复杂公式，但很容易看出，这些符号是仅仅以努力为手段，并借蛮力之便，形成线条的。字母对数字的攻击涉及文人学士对数字的侵犯。也就是说，它涉及由字母数字代码所支撑的思想，也即是西方思想的一个重要特征。②

对于弗卢瑟来说，图符性或视觉编码与符号性或听觉编码之间的差异

① Vilém Flusser, *Does Writing Have a Future?*, trans. Nancy Ann Roth with a preface by Mark Poster, "An Introduction to Vilém Flusser's Into the Universe of Technical Images and Does Writing Have a Future?" Minneapolis: University of Minnesota Press, 2011, p. 30.

② Vilém Flusser, *Does Writing Have a Future?*, trans. Nancy Ann Roth with a preface by Mark Poster, "An Introduction to Vilém Flusser's Into the Universe of Technical Images and Does Writing Have a Future?" Minneapolis: University of Minnesota Press, 2011, p. 23.

是根本性的，因为这两种表示模式并不互补，而是会竞争并产生符号性的冲突。它们是书写媒介和图像媒介之间对立的来源。这种对立的症状表现在印欧文字中"书写"的词源中，其原意是"雕刻""刮擦"或"切砍"。英语的动词"去写"（*to write*）和拉丁语"书写"（*scriber*）都有这个词根。在此前提下，弗卢瑟总结道：

> 刮擦的尖笔是一颗门齿，撰写铭文的人是一只会磨牙吮血的老虎：他把图像撕成碎片。铭文是被撕裂的碎片，是图像的尸体；这些铭文是书写的杀人门齿的受害者……因此，任何书写在天性上都是可怕的；它剥夺了我们在文字之前通过图像表现的权利，将我们从图像的宇宙中撕裂，而在我们有着文字之前的意识中，图像赋予了世界和我们以意义。①

弗卢瑟毫不犹豫地将他对"铭文"（书写，同样的）的判断，即"图像破坏"（同上），扩展到信息的观念中。他写道：

> 信息并没有给我们带来积极数据意义上的新知识。相反，"通知"（informing）是一种直接针对物体的消极姿态。它在物体上挖洞。它在充满自我的事物上挖掘出"精神"的孔洞，使这些事物不再制约主体。这是一种想要摆脱呈现给主体的冷漠抵抗之物的姿态。书写在挖掘方面是一种信息性的姿态，旨在突破受制约的监狱，也就是说，在客观世界的监狱墙壁中挖掘逃生通道。②

关于书写终结的书写的操演性悖论

书写关于书写终结的文章，以及评论一本作者宣布书写终结的书，都

---

① Vilém Flusser, *Does Writing Have a Future?*, trans. Nancy Ann Roth with a preface by Mark Poster, "An Introduction to Vilém Flusser's Into the Universe of Technical Images and Does Writing Have a Future?" Minneapolis: University of Minnesota Press, 2011, p. 14.

② Vilém Flusser, *Does Writing Have a Future?*, trans. Nancy Ann Roth with a preface by Mark Poster, "An Introduction to Vilém Flusser's Into the Universe of Technical Images and Does Writing Have a Future?" Minneapolis: University of Minnesota Press, 2011, p. 12.

隐含着一系列操演性悖论，即作家的书写行为与书写内容之间的矛盾。悖论是逻辑上的死胡同，但弗卢瑟不是逻辑学家。他的行文风格意在挑拨，而非逻辑上的一致。弗卢瑟知道挑拨会招致反对意见。他甚至呼唤反对他的悖论的反对意见，他自己也期待其中一些的到来，包括以下内容：

1. 书写之后书写的悖论

维莱姆·弗卢瑟关于书写终结的书于 1987 年由哥廷根的伊玛特瑞克斯出版社（Immatrix）出版了第一版，以一本 160 页的书的形式发行，或者以两个 5.25 英寸的磁盘的形式发行——当时被称为"软盘"。在他于 1989 年在《欧洲摄影》上撰写的版本后记中，作者对他的书的数字版本表示了很高的期望："本篇论文企图激发别人重新思考，触动他们以促使他们提供补充。这就是为什么这篇文章随后也以光盘的形式出版：它想要成为一个雪球，最初的呈现越来越多地被随后的补充覆盖。"① 期待着"书写有未来吗？"这个问题的答案，出版商称数字软盘版本为"不再有书"（"Nichtmehrbuch"）。命运的讽刺之处在于，与出版商的预测相反，弗卢瑟的书的印刷版一点也没有过时。这本书以纸质形式重印，印刷量很大，而软盘版本不仅很快就过时了，而且对于新一代的家用电脑来说也难以识别。

2. 描述不可描述之物的悖论

当弗卢瑟写到关于书写终结之后的"高度的不可描述性"和"关于新物的新"，以及"意图解释它的荒谬性"② 时，他利用了古老的操演性悖论，无法说出（ρρητς árreton）不可形容之物③，因为从他的书的第一页到最后一页，他什么都没做，只描述了无法形容的东西，并谈论了他宣称的无法形容的事情。

---

① Vilém Flusser, *Does Writing Have a Future?*, trans. Nancy Ann Roth with a preface by Mark Poster, "An Introduction to Vilém Flusser's Into the Universe of Technical Images and Does Writing Have a Future?" Minneapolis: University of Minnesota Press, 2011, p. 163.

② Vilém Flusser, *Does Writing Have a Future?*, trans. Nancy Ann Roth with a preface by Mark Poster, "An Introduction to Vilém Flusser's Into the Universe of Technical Images and Does Writing Have a Future?" Minneapolis: University of Minnesota Press, 2011, p. 151.

③ J. Kreuzer, "Unsagbare", In: J. Ritter, K. Gründer, G. Gabriel, (eds.) *Historisches Wörterbuch der Philosophie* 11, Basel: Schwabe, 2001, col. 257.

3. 书写终结之后书写的悖论

无法形容的悖论的一个变体是书写终结之后书写的悖论。书写的终结，弗卢瑟曾宣称，正如上文引述的那样，已经使得书写变得多余，甚至"荒谬"。对作家来说，这意味着"当前的书写危机"的困境，其深层原因是智能机器比人类写得更好：

> 所有的书写都是正确的：这是一种建立和排列书面符号的姿态。同时，书面符号是以直接或间接的方式来表达想法的符号。因此，书写是一种对齐和排列想法的姿态。任何书写的人都必须首先有想法。书面符号也是正确思维的引用标记。在初次相遇时，书写的背后显现出了一个动机：个人的书写是为了在正确道路上树立自己的想法。这也确实是人们在阅读书面文本时的第一印象：恰好是这种顺序，这种对齐。所有的书写都是有序的，这也直接导致了当代书写的危机。因为排序和行列中存在一些机械的东西；机器也比人做得更好。人们可以把书写，这种符号的排序，留给机器。我指的不是我们已经熟知的那种机器，因为它们仍然需要一个人，通过按下键盘上排好的按键，按照规则将文本符号排列成行。我指的是语法机器，人工智能，它们能够自己处理这个顺序。这样的机器从根本上不仅能执行语法功能，还能执行思维功能，当我们考虑书写和思维的未来时，这很可能会让我们驻足深思。①

在那些对这种悖论负有责任的因素中，弗卢瑟认为人工智能忝列其中，并不是因为它威胁到作家和读者，而是因为它使书写变得多余，因为有了人工智能，在书写结束之前，机器比人类作者更了解如何书写：

> 思想的排序是一个机械的过程，在任何情况下都可以归因于书写的顺序，可以留给人工智能……因此，书写是荒谬的，这种占据着和折磨着许多作家的感觉，不能仅仅归因于诸如文本膨胀，抑或是更合

---

① Vilém Flusser, *Does Writing Have a Future?*, trans. Nancy Ann Roth with a preface by Mark Poster, "An Introduction to Vilém Flusser's Into the Universe of Technical Images and Does Writing Have a Future?" Minneapolis: University of Minnesota Press, 2011, p. 6.

适的代码的兴起等表面的问题。这更能说是对书写作为一种参与和表达性的姿态产生认识的结果。这一瞥，不仅是朝向文化场景的，而且最重要的是透过其自身，向作家表明了他的时间已经开始罢工了。①

4. 不可译性的悖论

翻译弗卢瑟的作品的尝试隐含着翻译不可译之物的悖论。特别是，弗卢瑟对语词起源的频繁思考往往是不可翻译的，因为正如弗卢瑟所说，"每一种语言……都包含着几代人积累的智慧，它们的起源在时间的夜晚中丢失了"②。无论何时，当译者意识到弗卢瑟的不可译性时，他们就会采用插入脚注的方法，在脚注中，他们明确地表示翻译与原文的含义并不完全一致。然而，通过在弗卢瑟的书中插入脚注，译者必然会偏离被翻译的原文，因为弗卢瑟在他的作品中从未使用过任何脚注。需要脚注才能完全理解的学术论文风格不符合他的口味。当考虑到这本书出版的历史背景时，这本弗卢瑟1987年出版的书的不可译性悖论就不那么自相矛盾了。早在1992年，这本书就重新发行了第二版。如先前提及的那样，它被翻译成匈牙利语（1997年）、朝鲜语（1998年）、巴西葡萄牙语（2010年）和英语（2011年）。

5. 弗卢瑟之后书写的悖论

在宣布书写终结的三十年后，在这个时代中"藏书癖……被记录为恋尸癖"③，弗卢瑟的书写暗示了一个比他最初声明中更强烈的悖论。然而，若是为一本名为《弗卢瑟研究》（*Flusser Studies*）的期刊撰写关于弗卢瑟的论文，仍然隐含了另一个悖论——以学术风格书写的操演性悖论，并以一位不喜欢学术风格的作者为主题。弗卢瑟更喜欢散文风格，对附有脚注和

---

① Vilém Flusser, *Does Writing Have a Future?*, trans. Nancy Ann Roth with a preface by Mark Poster, "An Introduction to Vilém Flusser's Into the Universe of Technical Images and Does Writing Have a Future?" Minneapolis: University of Minnesota Press, 2011, p. 92.

② Vilém Flusser, "Retradução enquanto método de trabalho", *Flusser Studies* 15, 2013, p. 3.

③ Vilém Flusser, *Does Writing Have a Future?*, trans. Nancy Ann Roth with a preface by Mark Poster, "An Introduction to Vilém Flusser's Into the Universe of Technical Images and Does Writing Have a Future?" Minneapolis: University of Minnesota Press, 2011, p. 102.

参考书目的学术风格几乎没有共情。在他的"哲学自传"《无根》（*Bodenlos: eine philosophische Autobiographie*）中，他将这种个人对学术惯例的厌恶确切地阐述如下："然而，我必须在这里说，我从来不在任何传统意义上是'学术'的。我可能并将永远不会克服我对所有学术主义的厌恶。"① 在面向巴西读者的同一本传记版本中，人们只能读到，"我从未克服对各种学术主义形式的厌恶"②。

6. 书籍之后书籍的悖论

弗卢瑟关于书写终结的书的不同版本、再版和翻译暗示了书籍之后书籍的悖论。弗卢瑟用了整整一章的篇幅来讨论这个话题，但在这里，他对书写终结的预言远没有那么确定。这一章的语气听起来甚至有点怀旧之情，那时弗卢瑟正用另一个悖论困扰他的读者，也即书籍爱好者就像食腐动物一样吞食书籍：

> 要是书籍被功能更好的记忆体取代，那么查看存储在其中的信息的方法将比翻阅书籍更高明。功能低下的可能性，诸如转向、选择或是将事物留给机遇，该种功能低下的历史上的自由，将会消失。我们这些书虫，反对自动化设备和绿色的森林，并不是出于对书籍的喜爱——后者在当今被视为恋尸癖，而是出于对历史上自由的参与体验……这种靠尸体（书籍）来滋养自己的感觉，解释清楚了我们没有书籍的恐惧。③

这些文字给读者留下的印象是，弗卢瑟本人是一个书虫，一个藏书家，但绝对不会是沉迷书写的恋尸癖患者。书籍读者，有着自己可能是该种类型在历史上的最后孑遗的观点的人，他们可以在弗卢瑟于1992年"第二版

---

① Vilém Flusser, *Bodenlos: eine philosophische Autobiographie*. Bensheim：Bollmann，1992，p. 221.

② Vilém Flusser, *Bodenlos: Uma autobiografia filosófica*. São Paulo：Annablume，2007，p. 203

③ Vilém Flusser, *Does Writing Have a Future?*, trans. Nancy Ann Roth with a preface by Mark Poster，"An Introduction to Vilém Flusser's Into the Universe of Technical Images and Does Writing Have a Future?" Minneapolis：University of Minnesota Press，2011，pp. 101 - 102.

后记"新添加的声明中找到很多安慰："发表一篇论文不是为了证明或反驳某件事（就像在实验中），而是为了以对话的方式不断地重新思考一切。"①不管会怎样，在弗卢瑟写下关于书写终结的文章的三十五年后，毫无疑问，数字媒介尤其是数字书籍并没有远离过书写——这种和它曾经一样的媒介。

---

① Vilém Flusser, *Does Writing Have a Future?*, trans. Nancy Ann Roth with a preface by Mark Poster, "An Introduction to Vilém Flusser's Into the Universe of Technical Images and Does Writing Have a Future?" Minneapolis: University of Minnesota Press, 2011, p. 177.

哲学与文学：文学话语的读者和解释者

查尔斯·S.皮尔斯

〔德〕温弗里德·诺特① 撰

沈晓华② 译

摘　要： 对于哲学实用主义和现代符号学的创始人查尔斯·S.皮尔斯
（Charles S. Peirce, 1839—1914）来说，文学话语与科学话语
之间并不对立。文学和科学文本都是通过象征、索引和图标
提出论点的符号。以类似的方式，科学和文学论证发挥了自
主的符号学作用，并创造了自己的现实。本文对皮尔斯作为
一名科学家、世界文学读者和批评家进行了阐述，并概述了
皮尔斯的思辨语法、逻辑批评和思辨修辞的符号学三学科及
其在文学话语研究中的适用性。

关键词： 文学与哲学；查尔斯·S.皮尔斯；文学符号学；思辨语法；
逻辑批评；思辨修辞；解释

1. 简介：查尔斯·S.皮尔斯及其对科学和文学话语的非二元论观点

哲学家和实用主义创始人查尔斯·S. 皮尔斯（Charles S. Peirce,

---

① 作者简介：温弗里德·诺特（Winfried Nöth），德国卡塞尔大学英语语言学教
授，卡塞尔大学跨学科研究中心主任，曾任德国符号学会主席，出版有《文学符号学分
析》《符号学手册》《媒介的自我指涉》等多部符号学研究专著。

② 译者简介：沈晓华，南昌理工学院外国语学院教师，南昌大学在读博士生。

1839—1914）是一位博学者。他不仅对自然科学和人文科学的许多研究领域感兴趣，并且做出了卓有成效的贡献。1863 年，他从哈佛大学毕业，获得化学理学学士学位。直到 1891 年，他主要是从事美国大地测量局的科学工作。他作为哲学家的学术生涯很短暂。从 1865 年到 1866 年以及 1903 年，他在哈佛大学和波士顿洛厄尔研究所讲授科学逻辑、实用主义和其他逻辑主题；从 1879 年到 1884 年，他在巴尔的摩约翰·霍普金斯大学担任逻辑学讲师。①

尽管皮尔斯未能获得永久的学术职位，但他一生中以哲学家和科学家身份获得了相当多的国内和国际认可。1867 年，他当选为美国艺术与科学院院士。1877 年，他代表美国参加在德国斯图加特举行的国际大地测量协会会议。1880 年，他当选为伦敦数学会会员，一年后当选为美国科学促进会会员。

1914 年后，他已发表和未发表的论文约 10 万页，但被主流哲学家忽视。正如莫里斯·科恩（Morris Cohen）在 1923 年所描述的那样②，他的哲学体系的激进新颖性和复杂性并没有帮助消除下一代研究人员认为他的工作"支离破碎、神秘且复杂"的印象。就连皮尔斯年轻时在哈佛的同伴、他一生的朋友和支持者威廉·詹姆斯也承认，尽管他认识到皮尔斯的天才，但他并不完全理解皮尔斯，当时他将 1903 年在哈佛的实用主义讲座称为"耀眼的闪电照破了极度的黑暗"，并补充说"我想我们没有人理解他所说的一切。"③ 几十年后，皮尔斯才被公认为"美国最具原创性和多才多艺的哲学家之一"④"符号学史上最伟大的人物之一"或"现代符号理论的创始

---

① Charles S. Peirce, *The Essential Peirce*, vol. 2：1893—1913, The Peirce Edition Project（ed.）. Bloomington, IN：Indiana University Press.（Quoted as EP .）, 1998.

② Morris R. Cohen, Introduction, In：Peirce, C. S. *Chance, Love, and Logic: Philosophical Essays*. Lincoln, NE：Universita of Nebraska Press, 1923（1998）, pp. xix -xlv.

③ William James, A defence of pragmatism. *Popular Science Monthly*, 1907, 70（March）, pp. 193 -206.

④ Max Fisch, *Peirce, Semeiotic, and Pragmatism*. Bloomington, IN：Indiana University Press, 1986.

人"①。

皮尔斯在门类繁多的单独学科——从逻辑、数学、制图学、心理学、形而上学、认知科学到逻辑机器设计等，做出了可观的贡献，而他对符号学的研究构建了独树一帜的、万象并包的框架，即他所说的"符号的总体研究"。在 1908 年 12 月 23 日写给维尔比夫人的一封被广泛引用的信中，他宣称：

> 除了对符号的研究，我从来没有尽我所能去研究任何东西——数学、伦理学、形而上学、万有引力、热力学、光学、化学、比较解剖学、天文学、心理学、语音学、经济学、科学史、惠斯特、男人和女人、葡萄酒、计量学。②

对于皮尔斯来说，符号学不仅仅是一种克服"巨大文化鸿沟"的方法论，正如 C. P. 斯诺（1959）将其称为"介于自然科学与人文科学、科学与艺术之间或者介于文学小说与科学话语之间"。如果像他所确信的那样，整个"宇宙如果不是完全由符号组成的，那它充满了符号"③，那么对自然和文化的研究必然是对符号的研究。

2. 皮尔斯作为世界文学的读者和批评家

查尔斯·S.皮尔斯的作品大量引用了自古以来真实和虚构的场景以及人物之间的对话。在他的著作中，人们可以找到对世界历史人物传记的引用，例如亚历山大大帝、拿破仑、法拉格特（美国内战海军上将）、图森特

---

① Paul Weiss, Arthur Burks, Peirce's sixty-six signs. *Journal of Philosophy*, 1945, Vol. 42, pp. 383 – 389.

② Charles S. Peirce, *Semiotics and Significs: The Correspondence Between Charles S. Peirce and Victoria Lady Welby*, ed. C. S. Hardwick. Bloomington, IN: Indiana University Press. (Quoted SS.), 1977.

③ Charles S. Peirce, *Collected Papers of Charles Sanders Peirce*, C. Hartshorne, P. Weiss, A. Burks (eds.). Cambridge, MA: Harvard University Press, 1931 – 1958. (Quoted as CP, followed by vol. and par. no.)

（海地革命领袖）或西奥多·罗斯福（美国第 26 任总统）。① 皮尔斯的哲学论文充满了真实或虚构的逸事和对话。例如，在他的论文《为实用主义辩护的序言》的开头，哲学家皮尔斯和一位想象中的将军之间有一段有趣的对话，哲学家向将军指教地图的有用性。②

皮尔斯是所有流派文学文本的热情读者——诗歌、戏剧、短篇小说、小说、传记和史学。在 1906 年 3 月 9 日写给维尔比夫人的一封未寄出的信中，他将自己描述为"一位训练有素、没有雄辩能力的读者"③。皮尔斯的著作包含对文学作品的参考，从古代作品——荷马、索福克勒斯、塞内卡、贺拉斯、卢西安或珀尔修斯（Nöth & Linde 2014）④，到中世纪作品——但丁、乔叟、马可·波罗或让·弗鲁瓦萨，以及经典作品，和来自他那个世纪的诗人和小说家。⑤

莎士比亚的作品是皮尔斯最喜欢的文学，但也参阅《一千零一夜》、塞万提斯、弥尔顿、拉伯雷、斯威夫特、戈德史密斯、莫里哀、伏尔泰、巴尔扎克和埃米尔·左拉、爱德华·吉本、沃尔特·斯科特爵士、卡莱尔、华兹华斯、查尔斯·狄更斯、埃德加爱伦·坡、马克·吐温或爱默生，都不缺席。

皮尔斯对世界文学史熟悉的证据还见于此：他在 1884 年至 1892 年间编制的名单中，将世界文学的诗人和小说家列为"历史上的伟大人物"三类中的第一类。在作品第八卷中最后一类包含 44 位作家的名字，分为诗歌、

① Charles S. Peirce, *Collected Papers of Charles Sanders Peirce*, C. Hartshorne, P. Weiss, A. Burks (eds.). Cambridge, MA: Harvard University Press, 1931–1958. (Quoted as CP, followed by vol. and par. no.)

② Charles S. Peirce, Prolegomena for an apology to pragmaticism. *The Monist* (Chicago), 1906, 16: 492–546.

③ Charles S. Peirce, *Writings of Charles S. Peirce*, vol. 8. Bloomington, IN: Indiana University Press. (Quoted as W8), 2010: 1890–1892.

④ Winfried Nöth, Gesche Linde, A note on Peirce's quotations of Persius's half-line hoc loquor inde est. *Transactions of The Charles S. Peirce Society* (Bloomington), 2014, 50 (2): 281–285.

⑤ Winfried Nöth, Peirce's Guess at the Sphinx's Riddle: The Symbol as The Mind's Eyebeam. In: T. Thellefsen, B. Sørensen, (eds.), *Charles S. Peirce in His Own Words: 100 Years of Semiotics, Communication and Cognition*. Berlin: De Gruyter Mouton, 2014a, pp. 194–200.

戏剧、小说、散文、幽默和悲剧作家。与他的三个普遍类别体系非常一致，皮尔斯将"诗人、作家、小说家和剧作家"归类为感性的人，并将他们与行动者和思想者进行对比。①

皮尔斯从未认为自己是一名文学作家，但他也创作诗歌和文学散文。② 1892 年（和约 1897 年），他以卡罗洛斯·卡勒格斯（Karolos Kalerges）为笔名，写了一部半自传体小说，题为《绣花的色萨利》（"Embroidered Thessaly"）［在一位刚去世律师的论文中发现的］。这段叙述发表在他的著作第 8 卷中。③ 皮尔斯在文学研究中最受关注的文本无疑是一篇写于 1907 年但直到 1929 年才发表的文章，题为《猜测》，该文叙述了一段自传式的经历，随后反思了侦探的调查方法。翁贝托·艾柯（Umberto Eco）和托马斯·A.西比奥克（Thomas A. Sebeok）因 1983 年出版的著作《杜平、福尔摩斯、皮尔斯的符号》而使这篇文章闻名，他们在书中将皮尔斯的溯因逻辑作为分析侦探小说的工具。④

3. 皮尔斯论科学与文学的亲缘关系

皮尔斯不仅拒绝哲学和文学之间的二元论，他还看到了科学家和诗人的方法之间的相似之处。这种相似性是皮尔斯 1887/1888 年开创性论文《猜猜谜语》⑤ 的主题之一。文中要猜的谜语将文学神话与哲学问题相结合。这个问题是由传说中的希腊底比斯狮身人面像提出的⑥，它是早期希腊哲学家所关心的问题："世界是由什么组成的？"诗歌与科学之间的密切关系这个话题在本文中只是顺便讨论，但这个话题所处的诗学哲学背景却很重要。皮尔斯认为：

----

① Charles S. Peirce, *Writings of Charles S. Peirce*, vol. 5. Bloomington, IN: Indiana University Press, 1993: 1884 – 1886. (Quoted as W5.)

② Joseph Brent, *Charles Sanders Peirce*. Bloomington, IN: Indiana University Press, 1993.

③ Charles S. Peirce, *Writings of Charles S. Peirce*, vol. 8. Bloomington, IN: Indiana University Press. (Quoted as W8.), 2010, pp. 1890 – 1892.

④ Umberto Eco, Thomas A. Sebeok (eds.). *The Sign of Three: Dupin, Holmes, Peirce*. Bloomington, IN: Indiana University Press, 1983.

⑤ Charles S. Peirce, Guessing. *Hound and Horn* (Cambridge, MA) 2 (3), 1929.

⑥ Charles S. Peirce, Guessing. *Hound and Horn* (Cambridge, MA) 2 (3), 1929.

　　诗人或小说家的作品与科学家的作品并非截然不同。艺术家推出一部虚构作品；但它不是随心所欲的；它近似于头脑宣称它们是美的时候而给予的某种证明，如果说虚构作品中的世界不是真实的，却是和真实世界相同的类型。几何学家绘制的图表，如果不完全是虚构的，至少也是一种创造，通过观察该图表，他能够综合并显示以前似乎没有必然联系的元素之间的关系。现实迫使我们以一种高度复杂且在意义上本身难以理解的方式将某些事物置于非常密切的关系，而另一些事物则关系不那么密切。①

　　在诗歌与科学的激烈对抗中，科学与诗歌之间的三个相似之处凸显出来。

　　首先，诗人和科学家是皮尔斯美学、伦理学和符号学这三门规范科学中第一门和最后一门的代表。皮尔斯认为，规范科学关注的是得到我们"认可"的问题。"美学关注其目的在于体现情感质量的事物，伦理学关注其目的存在于行为当中的事物，逻辑学则关注其目的在于表达某些东西的事物。"② 当艺术家努力让他们的作品获得美感和钦佩时，像几何学家这样的科学家则致力让他们的测量的真实性以及他们从测量中得出的逻辑结论得到认可。诗人和小说家与科学家和哲学家的区别在于，前者是有情感的人，而后者是有思想的人，正如皮尔斯在 1884 年的"有情感、行动和思想的人"列表中对他们的分类③，但无论是男性还是女性，都在乎规范。

　　其次，几何学家与诗人的共同点是，无论他们的话语是虚构的，还是由外部事实相关的精确性决定的，两者都是图像表征的创造者。诗人使用

　　① Charles S. Peirce, *The Essential Peirce*, vol. 2, The Peirce Edition Project (ed.). Bloomington, IN: Indiana University Press. (Quoted as EP.), 1998/Charles S. Peirce, *Collected Papers of Charles Sanders Peirce*, C. Hartshorne, P. Weiss, A. Burks (eds.). Cambridge, MA: Harvard University Press, 1931–1958. (Quoted as CP, followed by vol. and par. no.)

　　② Charles S. Peirce, *Collected Papers of Charles Sanders Peirce*, C. Hartshorne, P. Weiss, A. Burks (eds.). Cambridge, MA: Harvard University Press, 1931–1958. (Quoted as CP, followed by vol. and par. no.)

　　③ Charles S. Peirce, *Writings of Charles S. Peirce*, vol. 5. Bloomington, IN: Indiana University Press, 1993: 1884–1886 (Quoted as W5.)

的图标主要是图像和隐喻，而几何学家和其他科学家则使用图表来揭示研究对象之间的关系。

最后，几何学家和文学小说作家都被迫"将某些事物置于非常密切的关系中，而另一些事物则关系不那么密切"。几何学家"被迫"这样做是最明显的，因为他们力求精确的数据是由其领域的地理事实强加给他们的，但诗人和小说家也应该"被迫"这样做，同样要求进一步解释。

皮尔斯哲学体系的两个要素可能有助于理解在何种意义上小说作家就像几何学家一样受到其版图数据的限制，也可能受到他们自己虚构宇宙的事实的"强迫"或限制。这两个，一是皮尔斯的现实扩展概念，二是他的虚构世界概念。

（1）现实。对于皮尔斯来说，现实不仅仅是外部事实的现实，也不仅仅是独立于我们的思考而存在的事物的现实。皮尔斯区分了三种类型的现实，其中外部存在的现实只是第二种。① 第一种是可能性的现实，第三种是法律、习惯和规则的现实。可能性和法规是真实的，因为它们对我们的生活产生真正的影响，在这个意义上我们不能忽视它们。法律和规则的现实对科学家和小说家都有影响，因为他们不能忽视语言强加给他们的规则，除非他们想让自己变得神秘和难以理解。可能和不可能同样对诗人和科学家施加限制。醉酒驾驶有可能引发事故，他们不得醉酒驾驶。仅仅这种可能性就会对公民的日常生活产生真正的影响。可能性变成现实。

正是这种对现实的扩展概念使皮尔斯看到了诗意话语和科学话语之间的相似性。小说家、科学家和哲学家倾向于研究现实的不同模式。诗歌和小说中的现实是现实的第一种模式，是可能的现实。自然科学家所面对的现实是第二种，即确凿事实的现实。哲学家所面对的现实，即思想法则的现实，属于第三种。正如皮尔斯所阐述的那样，这三种现实中的每一种都迫使同类作家在其现实领域中发现"意义的痕迹"，并将这些痕迹转化为"可理解的形式"。

（2）虚构世界的现实。一个虚构的世界一旦创造出来，就会背叛它的

---

① Winfried Nöth, Semiotic reconstructions of reality: Reflections on John Deely's Purely Objective Reality. *Chinese Semiotic Studies*, 2016, 12 (3), pp. 437 – 443.

作者，并告诉他们不能随意操纵它。小说家创造的世界会对作者的想象力和创造潜力加以自身的限制。为了使自己变得难以理解并遵循逼真的规则，作者越来越被他们最初创造的虚构世界的现实所"强制"。这些限制作用于他们的创造性思维，就像地域对制图师的思维和他们绘制的地图加以限制一样。对作者心灵的影响实际上是一种必须归因于文学话语本身的力量，在某种程度上，文学话语将作者作为其工具。

让我们用皮尔斯的两个反思来结束本章，这些反思是关于我们通常认为不真实的符号如何创造出它们自己的现实的。第一个说明梦所创造的外部现实。梦是一种真实的经历，我们无法否认其现实性：

> 虚构是某人想象力的产物；它具有思想所赋予的特征。外在的现实具有独立于你或我的想法的特性。然而，在我们自己的头脑中，有一些现象取决于我们的思想，同时某种意义上它们在我们真正思考它们的时候是真实的。但是，尽管它们有取决于我们的思维方式的特性，但它们并不取决于我们对这些特性的看法。因此，如果有人真的做了梦，那么它作为一种精神现象就具有真实的存在性……因此，我们可以将真实定义为其特征独立于任何人可能认为的事物。①

第二个涉及小说的现实，皮尔斯用《一千零一夜》的虚构叙述者山鲁佐德创造的虚构世界中的一个例子来说明这一点。皮尔斯写道：

> 诚然，当阿拉伯传奇作家告诉我们有一位名叫山鲁佐德的女士时，他的意思并不是要人们理解为谈论外在现实的世界，而是他所谈论的内容中有大量的虚构成分。因为虚构作品的角色取决于人们赋予它的特征。当然，这个故事只是诗人思想的创造。然而，一旦他想象出了山鲁佐德，让她变得年轻、美丽，并赋予她编故事的天赋，他就这样想象了她，这件事就成了一个真的事实，他不能通过假装或认为他想

① Charles S. Peirce, *Collected Papers of Charles Sanders Peirce*, C. Hartshorne, P. Weiss, A. Burks（eds.）. Cambridge, MA：Harvard University Press, 1931 – 1958.（Quoted as CP, followed by vol. and par. no.）

象她是别的样子来破坏这个事实。①

4. 符号学三学科：思辨语法、逻辑批评和思辨修辞

皮尔斯话语分析方法的基础是他著名的符号一般理论和更全面但鲜为人知的符号学解释理论。这两个的基础是符号学三学科，其灵感来自中世纪三门文科：文法、逻辑和修辞学。多年来，随着皮尔斯思考这个主题，在他的符号学系统中这三个的名称一直在变化。桑塔埃拉②采用了思辨语法、逻辑批评和思辨修辞三元组，而利什卡③则选择了符号语法、逻辑批评和普遍修辞三个分支，伯格曼④还讨论了其他术语的替代方案。

两个评价可能有助于理解这种情况下的皮尔斯术语：

第一个涉及"思辨"这个形容词，皮尔斯用它来说明他的逻辑和修辞。1904 年，作者解释说，这个术语借自爱尔福特的托马斯（Thomas）的《思辨语法》⑤，是"理论的"之同义词。正如皮尔斯在 1904 年所解释的，"'思辨'只是与希腊词'理论'相对应的拉丁语形式，在这里旨在表示该研究是纯粹的科学类型，而不是实践科学"⑥。在其他著作中，皮尔斯还使用形容词"纯粹""正式"或"一般"，而不是"思辨"。⑦

第二个评价是，皮尔斯原则上并不区分逻辑和符号学，尽管他也以狭

---

① Charles S. Peirce, *Collected Papers of Charles Sanders Peirce*, C. Hartshorne, P. Weiss, A. Burks（eds.）. Cambridge, MA: Harvard University Press, 1931 – 1958.（Quoted as CP, followed by vol. and par. no.）

② Lucia Santaella, *Matrizes da linguagem e pensamento*. São Paulo: Iluminuras, 2001.

③ James Jakób Liszka, *A General Introduction to the Semeiotic of Charles Sanders Peirce*. Bloomington, IN: Indiana University Press, 1996.

④ Mats Bergman, *Fields of Signification: Explorations in Charles S. Peirce's Theory of Signs*. Vantaa: Dark Oy, 2004.

⑤ Christian J. W. Kloesel, Speculative Grammar: From Duns Scotus to Charles Peirce. In: *C. S. Peirce Bicentennial International Congress. Proceedings...*, Ketner, K. L. et al. （eds.）, Lubbock, TX: Texas Tech Press, 1981, pp. 127 – 133.

⑥ Charles S. Peirce, *The Essential Peirce*, vol. 2, The Peirce Edition Project（ed.）. Bloomington, IN: Indiana University Press.（Quoted as EP 2.）, 1998, pp. 1893 – 1913. 后面引用标为 EP2 都同此。

⑦ James Jakób Liszka, *A General Introduction to the Semeiotic of Charles Sanders Peirce*. Bloomington, IN: Indiana University Press, 1996.

义和广义的方式使用"逻辑"。① 从更广泛的意义上来说，逻辑是符号学的同义词，它被定义为"符号一般规律的科学"，它有三个分支②：语法、批评和修辞学。③

· 符号语法或思辨语法是"关于符号性质和含义的一般理论，无论它们是图标、索引还是符号"④。它是对"符号作为符号"的研究。⑤ 皮尔斯将他的《逻辑原理》第二卷命名为"思辨语法"（CP 2.219－444，1902）。

· 批评家或批评逻辑"对论证进行分类并确定每种论证的有效性和力度"（同上），或者简单地说，它涉及区分好推理和坏推理的标准（CP 2.205，1902）。"批评逻辑"是他 1902 年出版的《逻辑原理》（CP 2.445－807）第 3 卷的标题。

· 修辞学、普遍修辞学、思辨修辞学（或方法论）是一种沟通和解释的理论，它涉及"符号的力量，或其吸引心灵的力量"（CP 1.559，1867）。当皮尔斯将思辨修辞定义为"研究通过符号从一个心智传递到另一个心智、从一种心智状态传递到另一种心智状态的必要条件"（CP 1.444，1896），他将修辞学的范围从将言语研究作为一种对话性话语延伸为作为一种内在对话的思维分析。"思考总是以对话的形式进行——自我不同阶段之间的对话"（CP 4.6，1906）。在传统修辞学的更大胆的扩展中，皮尔斯进一步假设了美术的思辨修辞、实践说服的修辞和科学的修辞（EP 2.325－330，

---

① Charles S. Peirce, *Collected Papers of Charles Sanders Peirce*, C. Hartshorne, P. Weiss, A. Burks (eds.). Cambridge, MA: Harvard University Press, 1931－1958. (Quoted as CP, followed by vol. and par. no.)

② Charles S. Peirce, *Collected Papers of Charles Sanders Peirce*, C. Hartshorne, P. Weiss, A. Burks (eds.). Cambridge, MA: Harvard University Press, 1931－1958. (Quoted as CP, followed by vol. and par. no.)

③ James Jakób Liszka, *A General Introduction to the Semeiotic of Charles Sanders Peirce*. Bloomington, IN: Indiana University Press, 1996.

④ Charles S. Peirce, *Collected Papers of Charles Sanders Peirce*, C. Hartshorne, P. Weiss, A. Burks (eds.). Cambridge, MA: Harvard University Press, 1931－1958. (Quoted as CP, followed by vol. and par. no.)

⑤ Charles S. Peirce, *Collected Papers of Charles Sanders Peirce*, C. Hartshorne, P. Weiss, A. Burks (eds.). Cambridge, MA: Harvard University Press, 1931－1958. (Quoted as CP, followed by vol. and par. no.) 后面引用标为 CP 都同此，不再加脚注。

1904)。关于后者，皮尔斯认为，一般符号学的这一分支"注定会发展成一个巨大的学说，有望得出最重要的哲学结论"（CP 3. 454, 1896）。

皮尔斯的这种修辞学梦想与莱布尼茨的推理演算梦想相呼应，并通过真理交流理论进行了扩展，但据我们所知，迄今尚未实现。但是自 20 世纪初以来，在鲁道夫·卡纳普和查尔斯·莫里斯①的影响下，皮尔斯三学科启发了符号学、语言学和语言哲学，以此建立了一个不甚宏大的三学科，即句法、语义学和语用学三学科，它们通常不承认其根源是来自皮尔斯符号学三学科。这三个分支已经成为当代语言学的分支，尽管有一些变化，但它们显然符合皮尔斯的符号学话语分析愿景。②

5. 作为解释和推理的话语分析

"话语分析"在皮尔斯的符号学词汇中并不是一个技术术语，但他的语法、批评和修辞三学科无疑为话语研究提供了宝贵的工具。皮尔斯的关键术语不是"文本分析"，而是作为符号对其解释者产生影响的解释项，"即符号的'意义'或'解释'……"③ 符号的解释可能具有感觉和行动的形式，或者可能存在于推理过程中："如果，通过推理……我们的意思是'引导头脑已经拥有的知识的任何过程是为了获得更多知识'，……我们认识到对符号的任何解释都是推理。"④ 推理同样接近话语分析的概念，正如皮尔斯在 1902 年的论文《理性的规则》中提醒我们的那样：

> 我们老一辈作家莎士比亚、弥尔顿等人的推理被称为"理性话
> 语"，简称"话语"。这个表达在哲学家的语言中还没有过时。但"话
> 语"也意味着谈话，尤其是专属性的谈话。推理和谈话这两个事物在
> 英语、法语、意大利语和西班牙语中应该用同一个名字来称呼，这个

---

① Charles W. Morris, *Foundations of the Theory of Signs*. Chicago：Chicago University Press, 1938.

② Winfried Nöth, Semiotic foundations of pragmatics. In：W. Bublitz, N. R. Norrick, (edsf.). *Foundations of Pragmatics*. Berlin：De Gruyter Mouton, 2011, pp. 167 - 202.

③ Charles S. Peirce,, *Collected Papers of Charles Sanders Peirce*, C. Hartshorne, P. Weiss, A. Burks (eds.). Cambridge, MA：Harvard University Press, 1931 - 1958. (Quoted as CP, followed by vol. and par. no.) 这页后面引用标注为 CP 都同此。

④ Charles S. Peirce, Pragmatism (MS 318). In：Peirce, 1907/1998, pp. 398 - 433.

名字在古典拉丁语中的意思很简单，就是"跑来跑去"，这是言语的发展怪象之一；但从相当大的样本来看，地球表面上很少有语言（如果有的话）不承认推理是一种与自己的对话。①

这里值得强调话语分析的三个符号学特征：解释的自我生成②、图标性和话语的对话性。

第一个特征涉及解释。对于皮尔斯来说，不是解释者创造了解释，而在某种程度上，是话语解释了自身。③ 符号本身在一个过程中创造了自己的解释，因为它的目的是让自身被理解：

> 一个符号的全部目的在于用另一个符号来解释它；它的全部意义在于它赋予这种解释的特殊性。当一个符号决定了另一个符号对自身的解释时，它就会产生一种自身之外的效果，一种物理效果，尽管产生这种效果的符号本身可能不是一个存在的物体，而仅仅是一种类型。它不是在这种或那种形而上学的意义上，而是在无可争议的意义上产生这种效果。（CP 8. 191，1904）

话语的第二个符号学特征涉及像似性和索引性在其解释过程中的作

---

① Charles S. Peirce, Ideas, stray or stolen, about scientific writing（MS 774）. In：Peirce, 1904/1998, pp. 325 – 330.

② Lucia Santaella, *A Teoria Geral dos Signos*：*Semiose e Autogeração*. São Paulo：Ática, 1995.

③ Winfried Nöth, Peirce's Guess at the Sphinx's Riddle：The Symbol as The Mind's Eyebeam. In：Thellefsen, T. ；Sørensen, B. （eds.）*Charles S. Peirce in His Own Words:* 100 *Years of Semiotics, Communication and Cognition*. Berlin：De Gruyter Mouton, 2014a, pp. 194 – 200. Winfried Nöth, 2014b. The growth of signs. *Sign Systems Studies*（Tartu）42 (2/3)：172 – 192. —Chinese：2016. Fuhao de zengzhang［符号的增长］, trans. Jia Peng. *Journal of Poyang Lake*（Beijing）45. 6：43 – 57 + 126.（ISSN 1674 – 6848）. Nöth, Winfried, The life of symbols and other legisigns：More than a mere metaphor? In：V. Romanini, E. Fernández（eds.）. *Peirce and Biosemiotics: A Guess at the Riddle of Life*. Heidelberg：Springer. 2014c, pp. 171 – 182.

用。① 话语由符号组成，但在解释过程中，心灵会唤起心理图像（图标）以及经验和方向的索引。皮尔斯认为，仅靠符号无法创造完整的解释，因为它们太抽象了：

> 请记住，我们只有通过图标才能真正进行推理，而抽象陈述在推理中毫无价值，除非它们可以帮助我们构建图表。与我持相反观点的拥护者似乎认为推理是通过抽象的"判断"进行的，并且图标的用途只是使我能够将构建抽象陈述作为前提。（CP 4. 127，1893）

符号、索引和图标同样"对于所有推理都是不可或缺的"②，但只有图表，"可理解关系的图标"（CP 4. 531，1905），才能使话语透明便于理解并保证推理的清晰性。图表在语篇分析中的作用如下：

> 推理在于观察到在存在某些关系的地方会发现某些其他关系存在，因此它需要在图标内展示推理的关系……演绎在于构建一个图标或图表，其各部分的关系应与推理对象的各部分的关系完全相似，在想象中对这个图像进行实验，并观察结果以发现各部分之间未被注意到和隐藏的关系。（CP 1. 363，1881）

话语的第三个符号学特征来自一般推理和思维的对话性质。在这里，格雷马斯和皮尔斯的话语分析方法之间出现了根本性的差异。虽然，对于格雷马斯来说，话语在其最深刻或最抽象的结构中是叙述性的或半叙述性的③，但对于皮尔斯来说，它是对话性的，皮尔斯将他的解释理论逼近

---

① Winfried Nöth, Three paradigms of iconicity research in language and literature. In: Hiraga, Masako K. et al. (eds.). *East Meets West: Iconicity in Language and Literature.* Amsterdam: Benjamins, 2015, pp. 13 – 43.

② Charles S. Peirce, *Collected Papers of Charles Sanders Peirce*, C. Hartshorne, P. Weiss, A. Burks (eds.). Cambridge, MA: Harvard University Press, 1931 – 1958. (Quoted as CP, followed by vol. and par. no.)

③ Greimas, Algirdas Julien; Courtés, Joseph, *Sémiotique: Dictionnaire raisonné de la théorie du langage*. Paris: Hachette, 1979.

巴赫金的文学话语方法。①

话语和推理即使看起来具有独白形式，也是对话性的，因为思维并不由内心独白组成。相反，它具有"自我不同阶段之间"内部对话的形式（CP 4.6，1906），在这种对话中，自我寻求"更深"自我的同意（CP 6.338，1909）。

在这种情况下，皮尔斯引入了推理和论证之间的区别。虽然推理从一开始就是开放的，但由于仍在寻求问题的解决方案，因此论证性话语是由论证者影响受众信念的策略来指导的。通过对论证言语行为的定义，皮尔士预见了格雷马斯所定义的"散漫的操纵配置"②，而没有使用具有操纵一词固有的争辩内涵的词汇：

> 我们不能说推理是对自己讲话的论证。因为论证是一种交流，论证者通过这种交流努力在他所说话的对象头脑中产生预定的信念。相反，在推理中，我们寻求真理。无论真理是什么，事先并不知道它就是真理。谈话中的两个人可以合作完成这项任务。在这种操作中，通过"遍历"看起来可能相关的事实，并以各种方式将它们组合在一起，寻找可能提出的论据。可能的论点一旦提出，就会受到批评。每个都被判断为非常强、中等强、弱或毫无价值。于是，选择一个意见并以一定程度的有意识的信心采纳。在此基础上，无论大胆还是谨慎，我们准备好随时改变我们的行动。③

6. 话语作为论证

皮尔斯对符号的定义并不局限于单个词。"诗歌、散文、短篇小说、小说、演讲、戏剧、歌剧、报纸文章、科学报告和数学论证"都被皮尔斯认

---

① Lucia Santaella, *O Método anticartesiano de C. S. Peirce*. São Paulo：Unesp. / Winfried Nöth, 2006. Mikhail M. Bakhtin：A synechist? In：S. Petrilli（ed.）. *Comunicazione*，*Interpretazione*，*Traduzione*. Milano：Mimesis, 2004, pp. 207 – 217.

② Algirdas Julien Greimas, Joseph Courtés, *Sémiotique: Dictionnaire raisonné de la théorie du langage*. Paris：Hachette, 1979.

③ Charles S. Peirce,（1902），Reason's rules, transcribed by M. Á. Fernández. *Grupo de Estudios peirceanos*（Universidad de Navarra），2005. Online：https：//www. unav. es/gep/ RulesReason. html.

为是符号。①"所有文字、书籍和其他传统符号都是符号"②，在他 1907 年 MS 318 的一个版本中，他添加了"图书馆、文学、语言或任何其他由文字组成的东西"作为符号例证。不仅男人或女人是一个符号，"因为每个思想都是一个符号这一事实，与生命是一连串的思想这一事实相结合，证明了人是一个符号；因此，每一个思想都是一个外在的符号，证明了人是一个外在的符号"（CP 5. 314，1868）。整个世界是一个符号，一个"上帝旨意的伟大象征，在活生生的现实中得出其结论"（CP 5. 119，1903）。

如果话语是符号，那么问题就在于它们属于哪一类符号。格茨·维诺德③在咨询了皮尔斯的十大主要符号类别后得出的结论是，文本④是一个论证，这是皮尔斯十大主要符号类别中最高类型。

但在什么意义上是话语和论证呢？它不可能是狭义的论证性话语意义上的论证，因为它与推理性话语形成对比。直到 1905 年，皮尔斯的论证概念都在他的批判逻辑框架内。1899 年，皮尔斯将论证定义为"声称能够启发我们了解事实或可能事实的理性联系"的符号。⑤ 1904 年，论证是"逻辑上决定特定解释项"的符号。⑥

然而，从 1906 年开始，皮尔斯采用了思辨修辞的视角，其中的定义侧重于论证对解释者的影响。这一系列定义中最简洁的是 1908 年的一个，当

---

① Max Fisch, *Peirce, Semeiotic, and Pragmatism*. Bloomington, IN：Indiana University Press, 1986.

② Charles S. Peirce, *Collected Papers of Charles Sanders Peirce*, C. Hartshorne, P. Weiss, A. Burks（eds.）. Cambridge, MA：Harvard University Press, 1931 - 1958.（Quoted as CP, followed by vol. and par. no.）

③ Götz Wienold, *Stille und Bewegung*. Löhne：Cass, 2015.

④ 原文可能是笔误，应当为"话语"——译者注。

⑤ Charles S. Peirce,, 1963 - 1966. *Charles S. Peirce Papers*, 30 reels, microfilm edition. Cambridge, MA：Houghton Library of University Microproduction,（Quoted as MS and number according to the catalogue Robin, comp., 1967.

⑥ Ibid. /M. Bergman, S. Paavola（comp.）. 2014. Argument. In：M. Bergman, S. Paavola（comp.）. *The Commens Dictionary：Peirce's Terms in His Own Words*. Helsinki：Commens, 2014. Online：http://www. commens. org/dictionary/term/argument. Access：17 Sept. 2016.

时皮尔斯简单地将论证定义为"任何合理地倾向于产生明确信念的思维过程"①。

两年前，皮尔斯在他的《为实用主义辩解的序言》中考虑用借用了希腊语的"德洛玛"（deloma）一词来取代论证的概念。在文中，定义同样关注论证对其解释者的影响：德洛玛是一种"具有倾向通过解释者自我控制对自身采取行动的形式的符号，代表了思想或者符号的变化过程，好像要使解释者产生同样的变化"（CP 4. 538）。

皮尔斯将他对新古典词"德洛玛"的解释限制为观察到该词在英语中的发音为"deeloam"，它来自希腊语 délōma（δήλωμα）（CP 4. 538）。皮尔斯的评论者似乎没有一个探究过这个术语的含义。根据利德尔和斯科特②1901 年的古典希腊语词典（皮尔斯本人在创造该术语时一定使用过该词典），该词的意思是"一种使人了解的手段"（1901：338）。通过这种术语选择，皮尔斯将论证的概念与他的信息论联系起来③，根据该理论，当符号带来新知识时，它们就具有信息性。因此，话语分析应该关注信息丰富的文本。

---

①　Charles S. Peirce，. *Collected Papers of Charles Sanders Peirce*, C. Hartshorne, P. Weiss, A. Burks（eds.）. Cambridge, MA：Harvard University Press, 1931 - 1958.（Quoted as CP, followed by vol. and par. no.）

②　Henry George Liddell, Robert Scott, *A Greek English Lexicon*. 8th ed. New York, NY：American Book Company, 1901.

③　Winfried Nöth, Charles S. Peirce's theory of information：A theory of the growth of symbols and of knowledge. *Cybernetics & Human Knowing*, 2012, Vol. 19（1 - 2）, pp. 137 - 161.

解释学研究

跨文明视野中的刘勰"博观"与姚斯接受美学异同勘探[*]

胡志红② 王 慧③

摘 要：刘勰在《文心雕龙·知音》中针对读者阅读的四类弊病提出"博观"的阅读方法，实现读者对作品的"入情"和"见异"。姚斯的接受美学从文学史、文学活动出发关注读者的期待视域，强调读者和文本的视域融合。刘勰和姚斯各是中西方首次提出并深入阐发读者批评的理论家，就读者批评层面来说，他们跨越时空进行了一场文学的交流与"对话"。笔者发现刘勰和姚斯二人的读者批评虽然都立足于读者活动，但他们的读者批评却同中有异。本文围绕刘勰和姚斯的"博观"原因与期待视域、"博观"方法与视域融合进行理论浅析与异同比较，最后总结二者提出读者批评的文学意义。

关键词：刘勰；"博观"；姚斯；期待视域；读者批评

刘勰（约465—520）从知音难遇的现象中发现读者阅读中常见的贵古

———————

* 本文系国家社会科学基金项目"欧美生态批评文献整理与研究"（项目编号：21XWW005）的阶段性成果。

② 作者简介：胡志红，文学博士，西南交通大学人文学院教授，博士生导师，研究方向为比较文学、欧美文学文化、生态文学和生态批评研究。

③ 作者简介：王慧，在读文学硕士，西南交通大学人文学院学生，研究方向为比较文学、生态文学和生态批评研究。

贱今、崇己抑人、信伪迷真和知多偏好四类弊病，提出"博观"方法以实现读者对作品"入情"和"见异"的审美效果。20 世纪 60 年代末，汉斯·罗伯特·姚斯（Hans Robert Jauss，1921—1997）发现西方文学史书写传统和文学活动中读者的缺席和隐匿，试图从读者批评角度弥合历史与美学的裂隙，他借用读者期待视域，以期在陌生化的审美距离中实现读者与文本的视域融合。从二者读者批评的相似点来看，刘勰所指的四类弊病和姚斯的期待视域都指出读者接受文本时存在的问题，"博观"方法和视域融合从读者角度出发实现读者对文本的理解，他们发现读者在文学活动中的重要作用，并对读者的审美鉴赏活动给予充分的重视和肯定，对后世研究具有一定的理论借鉴意义。

实际上，刘勰和姚斯各是中西方首次提出读者批评的审美鉴赏理论者，其读者批评虽有契合之处，却也存在诸多差异。笔者鉴于刘姚二人的读者批评理论，先对二人的理论进行分析，然后得出其理论差异：从"博观"原因与期待视域、"博观"方法与视域融合，简要分析刘勰和姚斯读者批评及其异同点，最后总结论述刘勰和姚斯提出读者批评的文学意义。

一、刘勰的"博观"原因与姚斯的期待视域

1. "博观"原因——读者阅读的四类弊病

《文心雕龙·知音》开篇即悲慨"知音其难哉"（48.1）①，怅叹"音实难知，知实难逢，逢其知音，千载其一乎！"（48.1）；刘勰认为伯牙难逢子期，千里马难遇伯乐，曲高而和寡，《阳春》《白雪》也不免因知音稀少而被埋没。在历史上，孔子周游列国寂然无闻，屈子身沉汨罗惘然愤慨，他们的政治抱负无人识见，旷世才情难以彰显，"不惜歌者苦，但伤知音稀"②；而且几乎在同一时期，无数文人骚客都痛惜知音难逢，曹丕在《与

---

① 文章中附括号的引文皆出自周振甫《文心雕龙今译》，北京：中华书局，2019 年版，括号里的数字为原文章节段落标注。

② 崔铭，周茜编：《中国古代文学经典导读》，北京：商务印书馆，2019 年版，第 138 页。

吴质书》中悲述"痛知音之难遇，伤门人之莫逮"①，虽然文人志士难遇知己与时代格格不入，但其名事却能流传至今。刘勰觉察到，由于时空的阻隔，读者与作者大多只能通过留存的文本"传情"共鸣，况且文本的"桥梁"介质也不是一应俱全的，在时空流转下文本往往被改造或增补而不复原貌，所以真正的"文情"互鉴被各种因素阻隔。除了文本因素，影响读者理解的内部因素也层出不穷，刘勰批评人为造就的各种时弊，并在规整前人文学赏评的基础上总结性地提出读者阅读存在的四类弊病。

一是贵古贱今，如统治者是"贱同而思古"（48.1），秦始皇对韩非《储说》、汉武帝对司马相如《子虚》从渴求到贱视的急转态度。虽然刘勰在《序志》中说，"同之与异，不屑古今，擘肌分理，唯务折衷"（50.5），对于古今之不同意见，需采取实事求是的观点，但其文论总观点则认为"今胜于古"，《序志》中"变乎骚"（50.4）和《时序》中"时运交移，质文代变，古今情理，如可言乎"（45.1）即强调情随事迁，敢于正视当下的创新。可见，刘勰不仅对古今同等重视，甚至有偏向当下时文的倾向。从人类对美的追求共性上深入探析，读者对他人、对作品的轻视态度，近似于心理学审美感觉的区分，"愈古愈远的东西愈易引起美感"②，保有一定的时空距离更容易调动审美经验（aesthetic experience）产生移情（empathy）效果，刘勰也引《鬼谷子·内楗》说"日进前而不御，遥闻声而相思"（48.1）；而且"审美判断不涉及欲念和利害计较，所以有别于一般快感和功利的以及道德的活动"③，艺术作品或者说美的审判往往遵循一种"无用之用"，保持着无功利的距离感，如《抱朴子·外篇·广譬》中所说的"贵远而贱近者，常人之用情也……叶公之好伪形，见真龙而失色也"④。

二是崇己抑人，特别表现在鉴赏者既是作者又是读者的"文人相轻"（48.1）上。刘勰列举一系列文人相轻的例子加以说明，如班固对同期的傅毅言辞抵牾，曹植对陈琳等人的贬低，以及楼护妄加评论引来桓谭等人的

---

① 严可均辑：《全三国文 上》，北京：商务印书馆，1999年版，第66页。
② 朱光潜：《文艺心理学》，上海：复旦大学出版社，2009年版，第24页。
③ 朱光潜：《西方美学史》，北京：商务印书馆，2019年版，第401页。
④ 张松辉、张景译注：《抱朴子·外篇 下》，北京：中华书局，2013年版，第865页。

讥笑，等等。曹丕在《典论·论文》中也批评"文人相轻，自古而然"的文坛恶习，要求作者"审己以度人"①；曹植在《与杨德祖书》中也明确反对"人人自谓握灵蛇之珠，家家自谓抱荆山之玉"② 的不良风气。此外，作为读者的作家也有自己的创作和鉴赏的高下之见，如曹植《前录自序》所说："故君子之作也，俨乎若高山，勃乎若浮云。质素也如秋蓬，摛藻也如春葩。"③

三是信伪迷真，自古积垢已深导致"文情难鉴"（48.2）。刘勰在《情采》中谈到好的作品是"为情而造文"（31.5），但不是所有作品皆如此，也有不少作品是"为文造情"甚至滥情、良莠不齐，导致读者不易区分优劣，往往人云亦云，加上鉴赏水平参差，读者多推崇看重名家之言，多有从众跟风心理，缺乏客观理性的态度。如《世说新语·文学》中，左思才搁笔《三都赋》，"时人互有讥訾，思意不惬"；当左思向当时的文坛巨擘张华展示后，张华赞为"此《二京》可三"，随即指出作品之所以不被时人重视，是因为没有名人作序推荐，需"经高名之士"润色包装；于是左思询访皇甫谧，"谧见之嗟叹，遂为作序"，这时的读者"先相非贰者，莫不敛衽赞述焉"，前后态度转变之快，舆论轰动又使得一时洛阳纸贵。④

四是"知多偏好，人莫圆该"（48.3）。刘勰通过分析不同地域的人对器物的喜好差异进行推论，认为审美鉴赏也因人爱好而异，读者对作品各有所爱；而且因作品"篇章杂沓，质文交加"（48.3），读者的文学鉴赏标准也难以统一。《世说新语·轻诋》中，时人问顾恺之为何不学时髦的"洛声咏"，顾却认为"何至作老婢声"。⑤ 读者对作品的理解与个人所成长的地理环境、所接受的文化教育、所晕染的风俗习惯息息相关，读者之间性情脾性悬殊，众口难调。又如，阅历的差距也会导致读者各有所重，在

---

① 严可均辑：《全三国文 上》，北京：商务印书馆，1999 年版，第 82 页。

② 严可均辑：《全三国文 上》，北京：商务印书馆，1999 年版，第 159 页。

③ 严可均辑：《全三国文 上》，北京：商务印书馆，1999 年版，第 165 页。

④ 刘义庆著；刘孝标注；余嘉锡笺疏：《中华国学文库 世说新语笺疏》，北京：中华书局，2011 年版，第 215－216 页。

⑤ 刘义庆著；刘孝标注；余嘉锡笺疏：《中华国学文库 世说新语笺疏》，北京：中华书局，2011 年版，第 730 页。

《世说新语·文学》中，谢安问同族子弟《诗经》中哪一句诗是典范佳作，侄儿谢玄说"昔我往矣，杨柳依依。今我来思，雨雪霏霏"，而谢安自己则认为"訏谟定命，远犹辰告"最为"雅人深致"。①

刘勰重点阐述了读者因个人原因而导致的贵古贱今、崇己抑人、信伪迷真和知多偏好的阅读弊病，前三类弊病往往是一种先入之见、自我预设，带有极强误解目的的阅读。这几类阅读弊病使读者的审美移情作用消解，有意或无意地扼杀了与作品的共鸣共情，《抱朴子·外篇·辞义》"近人之情，爱同憎异，贵乎合己，贱于殊途"②也是此意。总之，阅读文章如同欣赏音乐一样"观听殊好，爱憎难同"③，读者往往由一己之见而曲解误读作品。

2. 姚斯的期待视域

20 世纪 60 年代末，作为西德康斯坦茨学派（Konstanzer Schule）的代表人物之一姚斯吸收借鉴阐释学（Hermeneutics）和现象学（Phänomenologie）等理论研究成果，从弥合文学史审美性和历史性的书写裂缝出发研究读者的接受活动，首次将西方以作家作品为中心的传统文学批评转向以读者为中心的审美鉴赏，掀起了接受美学（Rezeptionsästhetik；reception aesthetics）研究热潮。为了更好地区分读者理解和阅读效果，这里引入康斯坦茨学派另一代表人物伊瑟尔（Wolfgang Iser，1926—2007）的相关理论。伊瑟尔认为"作品仅仅是一种人工的艺术制品（Artefact）。被读者印入脑中，经过领悟、解释、融化后再生的艺术形象，才是真正的审美对象（Aerthetic Object）"④，也就是说接受美学中的"文本"与"作品"概念取决于读者活动，"文本"是作者创作出来未被读者阅读加工的语言文字形态，"作品"是经过读者群阅读文本并加以筛选、消化吸收后的产物，作者呈现第一文

---

① 刘义庆著；刘孝标注；余嘉锡笺疏：《中华国学文库 世说新语笺疏》，北京：中华书局，2011 年版，第 205 页。

② 张松辉、张景译注：《抱朴子·外篇 下》，北京：中华书局，2013 年版，第 912 页。

③ 张松辉、张景译注：《抱朴子·外篇 下》，北京：中华书局，2013 年版，第 904 页。

④ 张廷琛编：《接受理论》，成都：四川文艺出版社，1989 年版，前言第 33 页。

本，读者完成第二文本（作品），文本成为作者和读者之间沟通交流的桥梁介质。

姚斯的接受美学理论部分师承伽达默尔。伽达默尔（Hans-Georg Gadamer, 1900—2002）认为"理解的目的是要消除误解以达到对文本中作者意图的正确理解"，他承认读者对作品的理解普遍存在误读，这种误读来自读者的前理解（Vorverstaendnis），"前理解是阐释者的一种认识结构，潜藏于具体理解文本的时候"，包括先行具有（Vorhabe）、先行见到（Vorsicht）和先行掌握（Vorgriff）。① 首先，姚斯发现了读者在文学活动中扮演的重要角色、所起的积极意义，文学作品不可能孤立地存在于文学史，必得经过一代又一代读者的审美鉴赏才能成为文学经典。其次，姚斯用期待视域（Erwartungshorizont；horizon of expectations）这一术语来描述读者对作品的接受状况，期待视域是指"读者在阅读理解之前对作品显现方式的定向性期待，这种期待有一个相对确定的界域，此界域圈定了理解之可能的限度"②。也就是说，期待视域先在于读者的经验和理解中，在读者第一次和文本接触时就开始发生作用，读者对文本的第一印象往往取决于读者先有的认识能力和阅读经验。

姚斯的期待视域主要包括两种形态，一种是"在既往的审美经验基础上形成的较为狭窄的文学期待视域"，主要表现在文学鉴赏中的文学类型、形式、主题、风格和语言的审美经验；一种是"在既往的生活经验基础上形成的更为广阔的生活期待视野"，主要表现在社会历史和人生的生活经验。③ 显然，在时代传统、地理条件、文化背景等因时因地因人而异的视域限制下，不同读者对作者、文本的理解难免存在差异；此外，个人和群体的审美经验、生活经验存在很大的差距，对同一文本的解读自然也会产生不同程度的理解差异。期待视域包含着共时性和历时性两种状态，在很大

---

① 张首映：《西方二十世纪文论史》，北京：北京大学出版社，1999年版，第245页。

② 朱立元：《当代西方文艺理论》（第三版），上海：华东师范大学出版社，2014年版，第216页。

③ 朱立元：《当代西方文艺理论》（第三版），上海：华东师范大学出版社，2014年版，第216页。

程度上决定着读者对文本的接受效果，并且姚斯认为"文学的历史性不是基于后来建立起来的'文学事实'的关联，而是基于由读者先前所获得的文学作品经验"①，对作品有利的期待视域会迅速普及推广作品，而与读者期待视域较远的作品将隐入尘埃等待下一代读者群体。姚斯列举了两部同年面世的小说，福楼拜（Gustave Flaubert，1821—1880）的《包法利夫人》（*Madame Bovary*，1857）和费多的《范妮》，虽然两者的故事架构相像，但受到的读者待遇却迥然不同。前者因客观冷峻的叙事笔法与当时习惯巴尔扎克文风的读者期待视域相距甚远，所以当时欣赏该著的读者较少，随着时代变迁，读者期待视域得到扩展后该著逐渐享誉世界；后者花哨的风格虽一经出版就风靡全国却后劲不足，很快就在时代变更中沦为明日黄花。

总之，姚斯开创以读者为中心的审美鉴赏理论，弥补了文学活动研究、文学史书写中的读者缺席。从姚斯的接受美学来看，读者成为作者、作品和读者这一文学活动中的主宰，对作品的接受和批评往往取决于读者预先保有的阅读经验和理解水平，读者个人的审美阅读能力很少被纳入考虑范畴，读者的期待视域在很大程度上处于一个未定状态。

3. 刘勰与姚斯读者阅读的异同

从接受美学来看，刘勰指出读者误读的四类表现，"贵古贱今"和"崇己抑人"类似读者有意地调整甚至遮蔽自己的期待视域，在评判古今作品时有意识地青睐古代，在自己和他人的比较中故意抬高自己。"知多偏好"是读者根据个人喜好形成不同的期待视域，类似于接受美学中的个人接受，即"个人以自己特有的方式进行接受"②，"信伪迷真"则类似于读者隐藏着的主观标准，即读者在信任权威和跟风潮流下对作品不加辨别所形成的一种期待视域。"知音"难遇即视域受阻，读者的阅读弊病使其阅读后产生的第二文本难以企及（甚至曲解）作者创作的第一文本，造成"知音"缺失。刘勰针对当时的鉴赏时弊，分析并归纳读者抱有的各式偏见，读者似

---

① 〔德〕汉·罗·尧斯：《作为向文学科学挑战的文学史》，王卫新译，载《外国文学报道》，1987年第1期，第24页。

② 张首映：《西方二十世纪文论史》，北京：北京大学出版社，1999年版，第279页。

乎知道自己的鉴赏偏见，却主观、主动地尊崇这些偏见，尤其是读者兼创作者"崇己抑人"的固化心理，使他们难以客观公正地对待作品。

姚斯通过对文学审美形式和历史意义的反思，试图从读者批评角度提供一种文学性和历史性相结合的文学史书写策略，他的接受美学打破了西方文学活动对读者关注寥寥的窘况，强调读者在文学鉴赏中的重要作用，发现读者的期待视域对文本接受的影响。然而姚斯在论述读者对文本的接受时，忽略了文本对读者的影响，多关注读者对文本接受的共时状态，没有意识到文学作品也是历时性的存在，一般来说历代读者对作品认知汇集成了文学的大致面貌。同时，读者由于内外部因素的干扰和鉴赏水平的参差，在一定程度上很难进行客观理性的阅读和分析，其所谓的由读者理解作品而形成的文学接受史很可能变成理想读者堆砌的空中楼阁。

刘勰看到了读者所受到的外部缘由、心理差异和个人取向的影响，即贵古贱今、崇己抑人、信伪迷真和知多偏好这四类弊病，提出了读者"博观"法，解决读者对作品的鉴赏难题。此外，刘勰也关注到读者阅读过程中"篇章杂沓，质文交加"（48.3）的文本客观因素，相比于姚斯只关注读者的期待视域，在整个文学活动中忽视作家作品环节而将读者放置到神圣地位来说，刘勰对读者鉴赏的思虑更为周密严谨。

总之，"昔人已乘黄鹤去"，空留作品余音，在变动不居的时间流中，读者需要避开上述四类阅读弊病，从"博观"出发全面把握作品，扮演好知音的角色。姚斯的读者期待视域与文本之间也存在一些理解问题，需要读者不断调整期待视域感知文本，实现读者与文本的视域融合。

二、刘勰的"博观"方法与姚斯的视域融合

1. 刘勰的"博观"方法

中国诗歌一直延续"诗言志"的传统，《诗·大序》"在心为志，发言为诗"不仅深刻影响着作者的创作，读者的接受同样由此生发；刘勰说"心之照理"，在一定程度上也可以通过"博观"方法达到直觉观感的"心照"。中国读者的接受传统还有孟子的"知人论世""以意逆志"和董仲舒的"诗无达诂"，站在读者的角度，"以意逆志"是以读者之"意"揣测作

者之"志";同时"言不尽意"的言意之辩造成了诗无确解,也使言、意、象三者之间的关系在不同的读者之间产生着微妙变化。《知音》"缀文者情动而辞发,观文者披文以入情"(48.5),"缀文者"和"观文者"都以作品为枢纽,作者写"情",读者悟"情",二者在作品介质中达到情感共鸣。然而,上述读者阅读的四类弊病使得"文情难鉴",刘勰提出"博观"的方法实则想让"慷慨者""蕴藉者""浮慧者""爱奇者"等各类读者从客观、理性的高度来审视古今作品。

刘勰认为"圆照之象,务先博观"(48.4),需要读者运用"博观"的方法"体悟艺术对象的真谛并与其相互融汇"①;"象"即"象外之物"和"象外之韵",是从读者到作品这一路径生发潜在于文本的内在深隐之意,需要读者基于对作品大量的"观"来体悟感发。就此,刘勰针对读者的阅读提出了"博观"的方法。一是"阅乔岳以形培塿,酌沧波以喻畎浍"(48.4),即遍游名山大川,走访他地胜景的身体实践,既考古式地观察身边之景周遭之物,也响应作品的文类体裁,注意汉赋骈文辞藻的繁复堆砌。二是穷于"学究式"的史书典籍阅览,即丰富的阅读实践,尤其是在经、史、子诸门类上博古通今,在历史现实的维度上纵横比较,可以避免因个人的喜好臆断导致的"文人相轻",也不会因"前不见古人,后不见来者"② 而黯然神伤形影相吊。三是在思想信仰上对儒释道三教同等视之。实际上,通过刘勰论著中对原道、宗经的推崇可知,他对三教的采纳有明显的主次之分:"本乎道,师乎圣,体乎经,酌乎纬,变乎骚"(50.4),可知其推崇儒家,兼采佛老;《诸子》中"宜撮纲要,觅华而食实,弃邪而采正"(17.5),实则推崇儒为事理内核,佛老为形制外衣;又如《情采》"研味《孝》、《老》,则知文质附乎性情;详览《庄》、《韩》,则见华实过乎淫侈"(31.4)。刘勰对艺术作品极为重视,也有较高的评判标准,除认同曹丕《典论·论文》"经国之大业,不朽之盛事"③ 中盛赞文章的功用外,与同时代的钟嵘、陆机等人相比,他细分文类,将经史子纳入"文"

---

① 钟仕伦:《"圆照":从佛教术语到诗学概念》,载《文学遗产》,2018 年第 2 期,第 9 页。

② 彭庆生:《陈子昂集校注 上》,合肥:黄山书社,2015 年版,第 269 页。

③ 严可均辑:《全三国文 上》,北京:商务印书馆,1999 年版,第 83 页。

的范畴进行总论，如《情采》篇中的"圣贤书辞，总称'作品'"（31.1），此处的"作品"指文采鲜明，可见刘勰对不同的文献一视同仁，持有公正客观的批评态度。

"博观"前期大量的阅读、体验和积累素材，落实到作品上能更好地比较识别"形"和"喻"——高山和土堆之外"形"和沧海与沟渠之内"喻"，见出作品用词造句的优劣高下之分。此外，通过比较的评判标准，读者需要"无私于轻重，不偏于憎爱"（48.4）的客观和公允，摒弃个人"偏好"，像批评家一样公正地看待不同类型的作品，对不同的文类、风格乃至对作家不论高下等同视之，然后达到比较批评的最高标准"平理若衡，照辞如镜"。最后，刘勰对读者的阅读提出具体要求："将阅文情，先标六观：一观位体，二观置辞，三观通变，四观奇正，五观事义，六观宫商"（48.5），即看体制安排和创作风格，注意文辞布置、文章结构变化、或奇或正的表现手法，分析运用的事类和声律。"六观"从形式到内容层面表现了刘勰对读者提出的最高标准和寄寓的殷切期望，要求读者站在客观公正的立场上，排除外在时论的导向，认清切中作品的本质。

"博观"有两种表现形式。一是让读者"入情"，刘勰认为"观文者披文以入情"（48.5），读者要努力发掘作品的幽隐之境，找出"象外之物"感受"象外之韵"，"夫志在山水，琴表其情，况形之笔端，理将焉匿"（48.5）。读者通过"博观"的方法，自发体会到作品肆意澎湃或浅显幽微的情感流动，加上合理运用想象，对作品穷尽源流，探讨文脉，实现"虽幽必显"（48.5）的审美鉴赏。"世远莫见其面，觇文辄见其心"（48.5），刘勰看到了时代的动态发展，空间的永久横亘。读者对作品的理解感受全凭自己博观后的妙悟，而悟性不足理解不了文萃甚至曲解作品的人，则应知"岂成篇之足深，患识照之自浅耳"（48.5），只能归结到读者自身阅读体察太少，不能领悟作品三昧。同创作一样，刘勰对读者的要求在于博观后的直接感悟，"心之照理，譬目之照形，目了则形无不分，心敏则理无不达"（48.5）。《世说新语·文学》中，王导读孙楚之文之所以情意涌动而感慨万千，"未知文生于情，情生于文？览之凄然，增忧俪之重"①，是因为读者有一定的人生阅历、知识储备。"情不知何起，一往而深"正在于读者的博观为情感体验奠定了丰富的先有经验，当一遇到切合自己经验的作品形成美感体验时，读者便"入情"而不能自禁了。

"博观"的另一表现形式是"见异"，"见异唯知音耳"（48.5）。真正的知音区别于一般读者。知音能在"博观"基础上发挥创造性阅读，发现文本的形式内容有别于同期作者和同类作品，甚至是有别于作者本人的创作风格和审美情趣，也就是说，知音的鉴赏功能在于通过作品看到作者、作家群在继承传统的过程中的推陈出新"变乎骚"。作者的创作意图有时隐而不显，《隐秀》中说"深文隐蔚，余味曲包"（40.8），知音深入解读作品，透过作品与作者进行对话，解析出作者超越前侪"立言"青史的雄伟抱负，是读者、批评家或者说是知音真正地通过作品发现了作者。《序志》中说"夫铨序一文为易，弥纶群言为难，虽复轻采毛发，深极骨髓，或有曲意密源，似近而远，辞所不载，亦不可胜数矣"（50.5），对于批评家而言，作品的隐幽之意尚且难以仔细分辨，更不要说历代读者对作品的整体把控了。《世说新语·文学》中夏侯湛作《周诗》赠潘安仁，潘知音认为其诗"非徒温雅，乃别见孝悌之性"②，于是作《家风诗》相和。潘安仁具有广博的学识修养，鉴赏力优于一般的读者，同时他既是作者也是读者，当读到作品动情之处，看到作品之外的深意，才能发出精湛判语，甚至深受夏诗启发进行自创。读者不仅能发掘优秀作品，也能发挥批评家的作用，影响作者更改作品内容：如庾阐作《扬都赋》，庾亮看了之后提出"兼赠贻之"的建议，于是"阐更改'望'为'俊'，以'亮'为'润'"③；又如时人问顾恺之，其《筝赋》和嵇康的《琴赋》何者更胜一筹，他回答"不

---

① 刘义庆著；刘孝标注；余嘉锡笺疏：《中华国学文库 世说新语笺疏》，北京：中华书局，2011 年版，第 222 页。

② 刘义庆著；刘孝标注；余嘉锡笺疏：《中华国学文库 世说新语笺疏》，北京：中华书局，2011 年版，第 221 - 222 页。

③ 刘义庆著；刘孝标注；余嘉锡笺疏：《中华国学文库 世说新语笺疏》，北京：中华书局，2011 年版，第 225 页。

赏者，作后出相遗。深识者，亦以高奇见贵”①。

总之，刘勰深知读者对作品的重要作用，“博观”方法即针对阅读的四类弊病对读者群体提出的较高要求。从普通读者到批评家甚至作者本人，不仅需要坚持“六观”方法，从内容到形式把握作品整体风貌间架布局和细节处的用词构句，实现与作品的完美“对接”，而且要对作品保持独立清醒的认知和评判，在“入情”中发挥读者的“见异”眼光。

2. 姚斯的视域融合

伽达默尔提出“成见”（Vorurtiel），即阐释者既有的历史、文化、观点、理论方法形成一种已有的判断和倾向，要合理利用阐释者的“前见”或“先行结构”，将文本自身敞开，通过与读者之间的问答进行视域融合，实现读者与文本之间的平等对话。姚斯在借用视域融合（fusion of horizons）这一术语时从读者出发，侧重读者对文本的接受，读者在阅读过程中理解文本，与文本形成视域的融合。由于审美经验和生活经验的限制，读者在阅读的过程中需要持续进行视野的建立和转变。姚斯提供了三种建立视域的方法：“第一，通过熟悉的标准或类型的内在诗学途径去建立；第二，通过它与文学历史环境中熟悉的作品的蕴含关系的途径去建立；第三，通过虚构和真实、诗学和语言的实践功能之间的对立运动的途径去实现。”② 也就是说，首先，读者需要了解和判断文本所属的文类体裁如诗歌、小说和戏剧等；其次，读者需要联系自己先有的阅读经验，将文本与自己熟知的作品进行比较阅读，挖掘文本的新意；最后，读者通过想象联想进入或连接文本世界，形成“读者所具有的对于文学体裁、形式、主题及语言的理解之综合”③，即视域的融合。

姚斯从两个方面进行读者视域融合研究：一是将读者的期待视域划分为个人的和群体的，即个人接受和社会接受，重视群体期待视域的读者导向作用；二是从共时性和历时性、内在发展和一般历史过程方面的水平接

① 刘义庆著；刘孝标注；余嘉锡笺疏：《中华国学文库 世说新语笺疏》，北京：中华书局，2011 年版，第 241 页。

② 张廷琛编：《接受理论》，成都：四川文艺出版社，1989 年版，第 342 页。

③ 王锺陵：《论姚斯的接受美学理论》，《江苏社会科学》，2012 年第 3 期，第 176 页。

受和垂直接受，考察读者对文学作品的接受。垂直接受"主要是从历史发展角度评价作品被读者接受的情况及其变化"，水平接受"指同时代人对文学作品的接受情况"。① 不同于阐释学重视文本意义的生发，姚斯提出的读者与文本的视域融合很大程度上依赖读者的经验水平和理解能力；姚斯认为"在作者、作品与读者的三角关系中，读者并不是被动的因素，不是单纯做出反应的环节，而是一种创造性力量"②，对文本的理解需要读者充分发挥能动性，克服历史距离、文化背景等各种困难，读者的学识修养和鉴赏水平往往决定了其对文本的接受程度。

为了进一步发掘读者视域与文本的融合效果，在阐释学的学理基础上，姚斯吸收了维克多·什克洛夫斯基（Viktor Shklovsky，1893—1984）形式主义文论（Formalism），纳入其关于"陌生化"（defamiliarization）的观点，陌生化是指文本和读者所熟悉的经验之间的距离。对读者来说，陌生化是一种独特的审美体验和感觉，它依赖于读者期待视域的不断调整与变化，同时陌生化使作品能够常读常新，保持旺盛的生命活力。陌生化不是固定不变的，姚斯借用这一术语加深其对视域融合的阐释，当文本被不同类型、不同时代的读者审阅后变成熟悉的面孔，作品也被后人效仿渐趋平庸，"此时读者必须做出特殊努力，才能重新领略文学经典的审美价值"③。也就是说，文本第一次和读者见面时带着陌生化的面孔和较大的审美距离，经过历代读者群的反复审视后，文本的陌生化渐渐消散，与读者的视域融合，在这一过程中文本逐渐被定型为经典作品。读者需要调整原来的期待视域，构建新的期待视域，在重读经典的过程中完成第二次甚至多次的视域转变，不断寻找陌生化效果进行文本翻新，当然这也是大多数文学作品再经典化的过程之一。

在处理不同的读者群时，姚斯认为读者与文本之间的审美距离"不是指的一个时间上的距离，而是期待视野与新作品之间的不一致，这不是历

---

① 张首映：《西方二十世纪文论史》，北京：北京大学出版社，1999 年版，第 278 页。

② 任卫东：《西方文论关键词：接受美学》，载《外国文学》，2022 年第 4 期，第 114 页。

③ 郭勇健：《现象学美学史》，北京：社会科学文献出版社，2018 年版，第 469 页。

时的，而是共时的"①。姚斯将不同时代的读者群看作一个横截面上相同的群体，他们之间的差异乃是期待视域整体的差异，虽然他的期待视域"涵盖一个文本在某个历史阶段所有的批评语汇与评价，指出了文本在不同历史阶段的评价是如何发生变化的"，把复杂的问题简化归纳到读者的共时状态，但除了共时状态的期待视域，读者在历时状态上也同样存在并构成了读者的接受与批评，作品需要不断被各个时代的读者挖掘出审美新意才能在文学史上留存。姚斯将读者的历时状态放置到了共时状态下进行考察，并且没有意识到不同时代的读者群以及时代文化背景和历史因素等条件。

　　总之，姚斯站在读者的角度，希望读者不断调整期待视域，在陌生化和审美距离中实现读者与文本一次又一次的视域融合。在一定程度上，姚斯解决了读者在文学活动文学史中长期缺位亟须认可的问题，提出依靠读者视域转变与融合实现文本阅读的方法。然而姚斯矫枉过正，过度信赖和依靠读者继而忽视了除读者以外的诸多外部因素。

　　3. 刘勰和姚斯读者批评的异同点

　　姚斯和刘勰都关注读者在文学活动中的重要作用，着力探讨读者对文本作品的接受情况。从姚斯的接受美学来看，读者通过刘勰"博观"的阅读方法来扩大自己的视域，较为客观地衡量作品，不仅体入文情，也在幽微中见异，而"入情"和"见异"正是"博观"方法实现后的作品与读者、读者群的视域融合；同时，"入情"能使读者在作品中体悟广阔汪洋的情感涌动，"见异"使读者在作品中发现另一个广袤的天地。简言之，读者通过"博观"实现"入情"和"见异"，"入情"和"见异"使读者"博观"。身体实践、阅读实践和思想信仰是"博观"的前期准备，"入情"和"见异"是"博观"的具体表现。读者的前期经验准备为博观中纵横恣意的烂漫想象创造条件，实现对作品的"入情"和"见异"。

　　姚斯依赖读者的期待视域，依靠读者阅读活动开始前的先有经验和认识，对文本，他即使发现了读者期待视域的不同，也没有对读者及其期待视域提出一种阅读标准和要求，没有对读者的期待视域进行辨别和干预，

---

　　① 王锺陵：《论姚斯的接受美学理论》，载《江苏社会科学》，2012年第3期，第176页。

甚至过分信赖并夸大读者的作用。同时，姚斯只关注读者群体的共时性状态，以个体的读者为研究重心，其社会接受理论也只是社会机构对读者的导向。而刘勰主张"博观"的方法实际上是希望通过读者扩大视域而对当下阅读弊病拨乱反正，以一种较为客观理性的态度去审视文学作品，摒弃干预文本意义解读的各种因素，确立较为清晰的文本意义，复归"诗必柱下之旨归，赋乃漆园之义疏"（45.10）的传统。相比姚斯来说，刘勰关注到读者阅读受到的潜在因素影响，这种影响既来自读者个人的内部因素，也来自文本、社会文化、历史等诸多外部因素，是个体与整体、内外部因素结合的产物。

总之，在审美鉴赏活动中，刘勰对读者提出的"博观"要求，更多是站在读者与文本角度进行读者批评；姚斯虽然同样重视读者，以读者为中心，但没有对读者的阅读理解活动提出明确的规定，也忽略了历时性状态下的读者因素，忽视了文本对读者的影响。

三、刘勰和姚斯及其读者批评的文学意义

1. 刘勰与其读者批评理论

刘勰历经宋齐梁，尤其受魏晋风气的影响，接续"人的自觉"从品评器物转向人物品藻互评，跳出了"君子不器"的禁锢。这一时代"人"的价值得以发现，人不再是"器"用，而是肉体可感的对美极致溢崇的现实之人；"人的自觉"引发承继着"文的自觉"，创造了文学评论的一个高峰期。虽然刘勰感慨知音难遇，但在《世说新语》中，文人互为敬重，展现任诞放旷的真性情，能看见大量的知音唱和；如《排调》中，"干宝向刘真长叙其《搜神记》，刘曰：'卿可谓鬼之董狐。'"① 又如《文学》中记载，袁宏少时贫困，在给人载运租佣时吟诵自己的《咏史诗》，谢尚听闻后大加赏识。刘勰本人作为知音，也发掘了历史上的诸多佳作，他"对各种文体

---

① 刘义庆著；刘孝标注；余嘉锡笺疏：《中华国学文库 世说新语笺疏》，北京：中华书局，2011 年版，第 689 - 690 页。

进行了综合研讨，并对他之前的文论做了继承和总结"①。

刘勰的读者批评除了《知音》，也散见于作为"文之枢纽"的五篇总论和《情采》《隐秀》《时序》《物色》《序志》等篇目中。刘勰从读者角度出发，针对古往今来的文人风气、阅读弊病提出了"博观"的解决方法，实际上，这一调和似乎并不能弥合读者鉴赏时方法论意义上的裂缝——刘勰提出的"博观"鉴赏实际上受限于权势阶层的审美活动和创作途由，并没有兼顾普罗大众，"文的自觉"显然在这里出现了断裂。能够"博观"的读者少之又少，况且博观之后真能做到"不谬蹊径"（48.6）吗？"博观"对读者的高要求体现着当时文学鉴赏的理想标准，刘勰的读者基本是上层贵族统治阶级。魏晋以来，门阀制度和九品中正制遏止了素族寒门晋仕之途，刘勰个人的知遇之路同样充满浮沉坎坷，他本人也曾依仗佛门名僧释僧祐和昭明太子才谋得一官半职。

不仅是刘勰所处的时代限制了读者，传统的"诗教"也在一定程度上决定了读者有限的批评功能，读者的批评大多等同于作者和批评家的批评，他们创作，他们阅读，他们批评，作者－读者－批评家似乎形成环扣闭合的链条，"批评与鉴赏的同一作为中国传统文学批评形态上的特点正是在刘勰的时代形成的"②，也就是说，上层阶级对文学和话语的把控使得作者的创作和读者的批评连为一体，读者尤其是批评家对创作的导向作用不言而明。尽管如此，与同时代的批评家［陆机（《文赋》）、钟嵘（《诗品》）］相比，刘勰首先意识到读者的关键作用，并将读者置于文学鉴赏活动中，开创了实际意义上的首篇读者接受文论；他首倡破除"信伪迷真"，发见"知多偏好"，强调客观科学地审视作品，对读者批评与接受研究具有一定的文学史意义。

2. 刘勰和姚斯提出读者批评的价值

从对文学史和文学活动的影响来看，刘勰和姚斯都看到读者在文学史、文学活动中扮演的重要角色，并将读者和文本单独提炼出来进行文论剖析。

---

① 杨明刚：《知音论文艺批评体系研究》，上海：上海人民出版社，2021 年版，第 165 页。

② 邓新华：《中国古代接受诗学》，武汉：武汉出版社，2000 年版，第 86 页。

所不同的是，刘勰对读者的关注较早，并且注重读者、作者与批评家浑然一体的整体映衬，虽然后世对以读者为导向的文学批评重视程度不够，但是文人骚客兼读者批评家的身份按照某种"隐而不显"的俗成进行规范创作，在文学景观中蔚为壮丽。"博观"对后世也产生了一定程度的影响，读者、作者和批评家基于现实人生的经验，在文学鉴赏和创作活动中延续着现实的美学观照。

姚斯发现长期以来西方文学史书写传统将文学审美和历史意义分离割裂，提出从读者批评出发弥合二者裂隙，但姚斯过度重视甚至夸大读者的作用，忽视了文本自身生发的意义，也忽视了读者以外的社会文化等外部因素。"如果把事先确立的期望视野和一部新作的出现之间所产生的差距称为美学距离，那么，这种距离就会历史地具体化为丰富多彩的公众反应和批评性评判"[1]，姚斯的期待视域将读者在各个时期的视域狭窄化为共时状态，忽视了其动态的历时发展过程。在作者－作品－读者这一文学序列中，文本既是传达作者思想的最佳载体，也是读者期待视域投射的首要对象，姚斯的接受美学完全以读者为中心，忽略了文本因素，因矫枉过正而走向片面。

从认识水平来看，读者能够通过具象观察得到朴素经验，借助自我的内在经验对文本进行直观感悟、获得审美体验。读者对文本的理解不是实证性的分析，而是一种先验式的获得。刘勰"博观"的首要前提是认为有物可观，这就是肯定了"作品是可以理解的，作者的情思是可以探索的，即作家和作品是可知的"[2]。"博观"方法目的是提高读者的审美鉴赏水平，实现读者对作品的"入情"和"见异"，实现读者对作品意义之外的审美联想和意境体验。姚斯的接受美学以读者为中心，尊重读者的审美感受和体验，接纳各式各样的读者阅读与批评，却较少关注读者的认识能力和水平，容易造成千人千面混杂的文学鉴赏。

从文学发现来看，刘勰的"博观"和接受美学的"视域"都发现读者

---

① 〔德〕汉·罗·尧斯：《作为向文学科学挑战的文学史》，王卫新译，载《外国文学报道》，1987年第1期，第26页。

② 周振甫：《〈文心雕龙〉译注》（修订本），南京：江苏教育出版社，2005年版，第42页。

在文学审美中的作用，抓住了读者在阅读过程中由整体到局部、由一般到特殊的朴素推理法。"博观"要求读者在鉴赏前就做好充足的准备，务求网罗影响作品理解的所有因素，"博观"后的"约取"使读者在获得知识的基础上转化出文学的审美享受，剥夺"真"对知识的囚禁，给予"入情"和"见异"的"美"感；读者自身的完善和充实能更好地寻求作品中展现的"尽善尽美"，实现整一浑圆的审美观照。姚斯的接受美学从读者阅读的路径上探析，剖求读者与文本的视域融合，他关注读者的前经验对作品理解产生的影响，对读者本身的要求较少，没有规定读者的阅读标准；同时姚斯看到读者不是同一的，读者视域的差异性正是研究的出发点，在精神科学的理性分析中，他对读者的期待视域进行系统化的归类。

"博观"强调从当下的阅读乱象中寻找一种相对客观理性的阅读鉴赏，实现对作品相对客观的理解，更看重由高素质阅读团体形成的读者批评；同时"博观"关注文本的差异，在不断试误的过程中理解文本，是从特殊性文本到一般的普遍经验的阅读审议。姚斯的接受美学由于过分依赖读者，忽略文本内部和外部的历史文化等因素，具有走向封闭的危险。

结 语

"文学作品需要读者的阅读和理解才能成为文学事件"①，文学经典需要历代读者不断阅读和翻新才能留存史册。刘勰和姚斯各是中西方率先提出读者批评的领军人物，他们从读者角度进行文学鉴赏，主张一种客观理性的读者阅读和直觉先验的审美体验，由此来看，中西方"文心攸同"。根据上文对刘勰"博观"的原因和方法、姚斯的期待视域和视域融合、二者读者批评的文学意义的比较分析可知，刘勰和姚斯皆看到了文学发展的历史性阶段特征，具有历史辩证的态度，补充了文学活动中长时间缺席的读者枢纽；所不同的是，刘勰还关注到影响读者的文本和历史文化背景等外部因素；姚斯尝试用读者批评解决文学史书写的难题，虽然在一定程度上打

---

① 郭勇健：《现象学美学史》，北京：社会科学文献出版社，2018 年版，第 462 页。

破了以作家作品为中心的文学批评壁垒，提供了一种新的视角和研究方向，但他过度强调夸大读者的作用，忽略了读者之外的其他因素，未免有走向极端、故步自封的嫌疑。以今人视角来看，早在一千多年前刘勰就已经提出读者批评理论，先锋性地提出"博观"方法以实现读者与作品的共鸣共情，开创了独具特色与风格的读者审美鉴赏理论。20 世纪 60 年代末姚斯才在前人零星论述的基础上总结性地提出以读者批评为中心的接受美学，引起西方文学批评的又一次转向。相比来看，刘勰的《文心雕龙》"体大虑周"，其理论深度与广度足以媲美欧美文学批评，跨越时空阻隔，秀于世界文学理论之林。

当然，以刘勰《文心雕龙》为代表的中国古代优秀文论亟须今人承继，更需要今人"立足本土，放眼世界"，跳出要么"以西释中"要么"以中释西"的二元对立怪圈，以更加主动、开放的姿态，满怀民族文化自信，透过跨文化、跨文明的视野，在多元文论对话、交流、互鉴、汇通中继承和发展传统文论，并建构具有中国特色的当代文艺批评理论。

解构主义视域下爱伦·坡《莫格街凶杀案》中作者的不确定性*

王晶石① 蹇 薇②

摘 要：在以作者为中心的文学批评风靡的时代，学界对爱伦·坡《莫格街凶杀案》的关注多聚焦于对在场作者权威的确立，这些批评忽略了作者与主要人物的不确定在场，无视了坡不在场的部分和侦探杜宾所具有的幽灵性。本文在德里达解构主义视域的指导下，通过对《莫格街凶杀案》中作者与侦探杜宾的阐释，揭示了"活体存在"作者作为在场的不确定性。一方面，作者坡隐身使得侦探杜宾作为缺席的在场，"活体"侦探的符号化与差异化在削弱了作者权威性的同时增加了叙事的自由度与真实感；另一方面，坡并未彻底抹去作者的存在，侦探杜宾作为作者幽灵而"存在"，幽灵的"灵知"与"视域"避免了作者彻底退场后文本意义的虚化。在此基础上，隐喻的阐释体现了作者自身的不确定性，也揭示了坡侦探故事《莫格街凶杀案》中的解构色彩。

---

* 本文系国家社科基金"德里达'药'的文学哲学研究"（项目编号：20CWW001）阶段性成果和辽宁省哲学社会科学青年人才培养对象委托课题"德里达文字学中的阐释理论研究"（项目编号：20221s1wtkt-017）阶段性成果。

① 作者简介：王晶石，女，大连理工大学外语学院副教授，硕士生导师，研究方向为西方文论、英美文学。

② 作者简介：蹇薇，硕士研究生，研究方向为西方文论、英美文学。

关键词：表征危机；自我指涉；指涉对象的消失；符号活动过程

"文学之真"这一论题由来已久，最早可追溯至柏拉图与亚里士多德的辩述。[①] 而作为侦探杜宾系列的首个故事，爱伦·坡的《莫格街凶杀案》更是坡对文学"真"与"美"态度观念的文字体现。然而学界对坡的关注多聚焦于对在场作者角色的定位上，从而忽视了不确定在场的作者与人物对坡侦探故事创作理念与价值的体现。不确定在场即作者与主要人物侦探同时兼具在场与不在场的特质，其如同幽灵般的特点正是解构主义视域下的特有状态。在坡的《莫格街凶杀案》中，主要人物侦探并非是在场的作者的傀儡，亦非不在场作者的替代者，而是代表了作者不确定在场的幽灵的踪迹。可以说，当作为独特鲜活的"活体"（living）的侦探与作为普遍永恒的"存在"（being）的作者意识相结合时[②]，所浮现出的才是坡真正想表达的，那个令读者印象深刻的，如同一个真实存在的生命的"侦探"，即德里达所谓的"活体存在"（living being）。[③] 而围绕其不确定性的讨论将坡的侦探故事的意义进一步拓展，为重构坡笔下人物形象提供了思路。

事实上，作者的不确定性使得人物的不确定性广泛存在于坡的创作中。这令坡的侦探故事显然不同于现实主义文学中作者在场与人物的调和，抑或是浪漫主义文学中人物对作者在场的服从。[④] 因而在 19 世纪以作者为中心的文学批评风靡的时代，学者们多将目光聚焦到了在场的坡和侦探的确定性上，认为坡的侦探故事是他单纯的对部分自我经历和现实世界的模仿。但这些批评忽略了坡不在场的部分和侦探杜宾所具有的幽灵性，而这恰是坡破除作者权威的思维路径。本文对作者不确定性的讨论就以"在场"为切入点，一方面，通过探讨《莫格街凶杀案》中作为"活体"的侦探在场

---

① 参见刁克利：《文学之真与非虚构作者的角色》，载《当代文坛》，2020 年第 4 期，第 99 页。

② 参见肖锦龙：《德里达论生命本体——从他对普绪克的再阐释谈》，载《文艺争鸣》，2021 年第 1 期，第 84 页。

③ 转引自肖锦龙：《德里达论生命本体——从他对普绪克的再阐释谈》，载《文艺争鸣》，2021 年第 1 期，第 84 页。

④ 文浩，赵炎秋：《现实主义文学中的作者意识与人物塑造问题新论》，载《文艺争鸣》，2021 年第 7 期，第 86 页。

的缺席，作为"存在"的作者意识的幽灵，及坡在文中幽灵般的踪迹，削弱了作者的权威性，使得叙事的自由度和真实感得以大幅增加；另一方面作者的存在并未彻底退场，避免了作者消失后文本意义的虚化。最终，隐喻的流变带来了认知与观念的转变，对作者的解构阐释体现出了作者自身的不确定性，也揭示了坡侦探故事所具有的后现代解构色彩。

1. 侦探作为在场的缺席

侦探杜宾是爱伦·坡笔下最成功也最重要的角色，但坡的侦探故事中所具备的"真"与"美"却并非来自其在场，而来源于侦探作为在场的缺席。文学本身是虚构的，但人们始终未曾忘记追寻文学之真。① 因而自古希腊时期起的很长一段时间里，对虚构文学之"真"的探索与追求，就成了创作者们难以绕开的难题。在早期乃至与坡同时期的浪漫主义与现实主义等流派中，作者们通常倚靠自身的权威性，抑或通过使自己成为第一主角赢得读者们的信任。在《莫格街凶杀案》中，坡却开创性地让身为作者的自己隐身的同时，也让始终在场的"活体"——侦探杜宾，成为缺席的在场，从而让作者与主角外的"其他声音"显现出来，营造了一种全新的文学之真的表现方式。

在《莫格街凶杀案》中，看似始终在场的侦探得以作为缺席的在场，依靠的是自身在场符号化与差异化这两个特点。这两方面既是侦探杜宾最突出的特点，也是坡对削减作者自身的权威性所做出的探索。而此番探索建构了侦探的经典形象。在杜宾侦探的形象出现之前，人们谈起侦探时最先想到的或许是那些接受了妻子们的委托，跟在男人们身后调查他们是否出轨的监视者，又或者是那些神情严肃，声音低沉，像是黑夜般安静沉稳的专业调查者们。② 而在坡的侦探故事出现后，直到现在，谈及侦探，在大多数人的脑海中或许都会出现一个叼着烟斗的男性形象。他总是举止绅士却也显得有些神经质，时而刻薄易怒，却又有着近乎鬼神的观察与判断能

---

① 参见刁克利：《文学之真与非虚构作者的角色》，载《当代文坛》，2020 年第 4 期，第 98 - 99 页。

② 参见胡铁生：《英国通俗小说的历史演进——惊悚小说与侦探故事比较研究》，载《广东社会科学》，2021 年第 2 期，第 164 - 165 页。

力。在读者的心中，这个形象并不完全在场，他或许并没有一个清晰且统一的名字，却化为了抽象的符号，自始至终影响着人们的观念与后世侦探故事的创作。

侦探在场的符号化主要体现在其角色形象上。坡对侦探杜宾的描写与传统小说对人物的精细刻画不同，而是一个让侦探杜宾由具体形象到模糊符号的转化的过程。以坡《莫格街凶杀案》为例，侦探杜宾的首次出场本是树立杜宾形象的最好时机，坡却选择使用了大量不确定的甚至自相矛盾的描述，让读者产生了一个颇为模糊纠结的第一印象。如杜宾出身于贵族家庭，如今却陷于贫困；他白天待在昏暗的屋内，却在夜晚的街头漫游；杜宾平时的声音是响亮的男高音，却会在分析案件时变为一种仿佛在生气般的刺耳的声音……①这一连串怪异复杂的符号链条虽给出了大量的信息，却难以让读者在短时间内想象出侦探杜宾的形象轮廓，最终只能将侦探杜宾视作一个暂时的符号——"古怪的狂人"②。

很显然，坡的这种人物刻画方式在当时可以说是颇为反常识的。传统的叙事小说往往在人物刻画上下功夫，让读者得以在脑海中勾勒出最基本的人物雏形，并在此基础上不断增补细化。这种人物刻画更有利于读者了解小说人物的具体情况，并能在一定程度上使读者产生共情。坡的刻画方式却让读者们难以界定其人物特征，以至于真正侦探的存在被延缓推迟。而对需要营造悬念的侦探故事来说，读者了解的信息越多，设置悬念就越是困难。这种叙事方式就让一定的信息差成为侦探故事的必要前提。因此在《莫格街凶杀案》中，坡虽然同样避免不了对侦探的正面描写，却巧妙地只聚焦于几个确定的点进行刻画，并同时放出了大量矛盾琐碎的信息用作干扰。这就使得读者的关注焦点被模糊且被聚焦在特定部分，就好似舞台表演中会用明亮的聚光引导观众将注意力集中在主角身上，从而模糊周边事物的存在感一般，在场的侦探被高度特殊化、抽象化，最后近乎模糊成了一个符号。"当我们使用符号时，实物和所指的在场仅仅是一种假象、

① 〔美〕爱伦·坡：《爱伦·坡探案集》，张丽娟译，武汉：武汉大学出版社，2014 年版，第 4-6 页。

② 史秀冬：《鲁迅和爱伦·坡作品中狂人形象的比较》，载《河北大学学报》（哲学社会科学版），2010 年 35 卷第 1 期，第 143 页.

错觉，真正在场的只是代替它们的语言符号。"① 通过这种方式，坡使得符号成为在场的替代，侦探得以在聚光灯外隐去，其在场被尽可能延迟，侦探身为主角的权威性也就被初步削减了。

在将在场侦探的形象符号化后，坡进一步对侦探的视角进行了差异化处理，即一方面将传统的"专业侦探"降级为"业余侦探"，另一方面将全知视角转化为动态的多视角交替，使得在场侦探的权威被动摇，从而造成其在场的缺席。在文学作品中，作者常通过人物表达自己的意识情感，人物则是创作者在场的具体表现，也是作者权威的体现。正如《莫格街凶杀案》中，杜宾作为侦探故事的关键人物，无论是他和坡的相似性，还是坡的思想对角色的投射，都让侦探毫无疑问地成为在场的"活体"。但坡通过侦探视角的进一步差异化，让侦探杜宾成了削减作者自身权威的突破口。

在场侦探的差异化首先体现于侦探角色的专业性与身份差异中。对比侦探杜宾与过往小说中的侦探角色可以发现，传统小说故事中出现的侦探角色大多是专业的私家侦探或颇具盛名的侦探，其本身的专业性和身份地位就是值得读者信赖的，是一种权威的体现，但在《莫格街凶杀案》中，坡在侦探杜宾第一次出现时就强调了其业余侦探的身份②，而以业余侦探作为主角的小说在当时无疑是极为罕见的。相比起让人一听就值得信赖的专业侦探，尽管文内的侦探在推理时的确是鬼神般无所不知，但"业余"的身份无疑使得他需要面对来自他人的质疑。加之对杜宾的描述中本就有许多不确定的性格因素，这些与传统侦探形象不同的差异化描述，都在很大程度上于故事初期便减弱了侦探的话语权，使得"权威的侦探"的入场被推迟，造成了侦探缺席的效果。

具体到文内，在场侦探的差异化也体现在故事叙事视角的差异上。坡的侦探故事多采用第一人称视角"我"叙述。如日记般的叙事虽拥有极强的临场感与代入感，但同时也限制了读者的视角，读者只能对案件进行有限的猜测。第一人称的"讲述"，本应是作者权威性的体现，但在《莫格街

---

① 曹晖：《视觉艺术的意识形态研究》，载《文艺争鸣》，2009 年第 9 期，第 155 页。

② 参见任翔：《侦探杜宾的灵知精神——读爱伦·坡侦探小说札记》，载《北京师范大学学报》（社会科学版），2010 年第 4 卷第 2 期，第 136 页。

凶杀案》中，身为普通人的"我"本就对案件一无所知，因而只能对线索进行"展示"，而这就使得叙述者不再可靠；再加上坡在故事中也多次以对话的形式，加入了侦探漫长的近乎独白的阐述，这令读者的视角短暂地转到了一个近乎全知全能的视角，短暂地体会到了权威视角的存在，从而更加怀疑原本视角的可信度。可以说，坡对在场侦探的差异化描写，让读者们先入为主地意识到了侦探的古怪，令读者在阅读时提高警惕，这就在一定程度上减弱了侦探的在场性，使得读者更注重推理本身而非人物，不会从最初就盲目听信"权威的侦探"。不权威的侦探加上故事叙述者"我"的不可靠，这种在场的"活体"的缺席使得读者失去依靠，只能猜测着作者的意图自行探索。而坡的侦探故事的情节也正是在这份不断的质疑和探索下，才得以顺利推进，不确定性因此融入了作者在场的"活体"中。

总的来说，作为一个被符号化与差异化的不在场的"活体"，侦探杜宾在场的缺席，状态类似于本雅明在《发达资本主义时代的抒情诗人》中所说的"闲游客"："他只是看起来无所事事，但在这无所事事的背后，却隐藏着不放过坏人的警觉。"① 就像是侦探杜宾自身那矛盾自反的形象一般，理性却也感性，权威却也业余，在场却也缺席。他是模糊的角色的符号，更是一种差异的角色的视角。其自身的不确定性正如同身为"闲游客"的作者爱伦·坡，这使得不确定的侦探成为一具绝佳的"活体"，在削减了作者绝对权威的同时，也为爱伦·坡对精神的幽灵化打下了基础。

2. 侦探作为作者的幽灵

在爱伦·坡的侦探故事中，侦探作为在场的缺席者，其"活体"的特性初步削减了传统文学中作者的权威性，拓宽了侦探故事的写作空间。然而，坡并未彻底抹去作者的存在，而是将自身化作"活体存在"中的"存在"，即兼具在场与不在场的幽灵，从而使得侦探杜宾这一人物呈现出了幽灵性。"幽灵这个概念具有价值和解构的意义，这恰恰因为'幽灵性'的特

① 〔德〕瓦尔特·本雅明：《发达资本主义时代的抒情诗人》，王才勇译，南京：江苏人民出版社，2005年版，第37页。

点就是非生非死、非在场非缺席、非真非假。"① 可见，幽灵性的不确定的特点使其成为进一步解构作者与人物，并分析坡处理侦探故事中作者在场性问题的关键。

　　幽灵性是坡侦探故事中人物的共有特点，也是身为作者的坡在故事中所具有的特性，同时是解构主义不确定性中的重要理论之一，更是坡在"作者在场"与"作者之死"间探索出的作者新的存在模式。可以说，幽灵性使得坡侦探故事中的人物形象不同于传统文学中的角色，而是变成了兼具在场与不在场的幽灵。这种不确定的幽灵性过于频繁提及在一定程度上贴合了罗兰·巴特"作者已死"的观点。② 但不同于"作者已死"那般让作品完全脱离作者本人，为了避免作者缺席后导致的文本杂乱，坡让侦探成为作者的"幽灵"，让作者得以在一定程度上维系故事逻辑与主题。普通人无法用肉眼观察到幽灵，但幽灵并不会因此消失，而是转化成不确定的矛盾集合体。他既不是死了的也不是活着的，既不在场也并未离场，对比普通人，甚至拥有了更持久的在场性。这种奇妙的特质是德里达拥有幽灵情结的原因，而这种非生非死、兼具在场与不在场的幽灵性，也无不体现在爱伦·坡的侦探故事中，其中最典型的无疑就是侦探杜宾。总的来说，侦探作为作者的幽灵性给坡的侦探故事带来了更广阔的创作空间，且同时维系了基本逻辑，让侦探故事得以成为兼具逻辑性与趣味性的文学体裁之一。

　　在侦探故事中，作者的幽灵主要于两种情况下显现，一是在侦探杜宾的"灵知"中，二是在幽灵的"视域"③ 中。这二者都是侦探在场缺席状态下作者幽灵的显现，前者主要体现于侦探的行为中，后者则是叙事角度与模式的转变。在《莫格街凶杀案》中，作者幽灵便首先显现于侦探杜宾的"灵知"中。"灵知"意味着用灵魂感知世界，是一种独特的认知世界的

---

① 〔法〕德里达：《德里达中国讲演录》，杜小真，张宁编译，北京：中央编译出版社，2003 年版，第 78 页。

② Carole Shaffer-Koros, "Edgar Allan Poe and Eugene Sue: A Fraught Authorial Relationship." *The Edgar Allan Poe Review*, 2018, Vol. 2, pp. 192 – 205.

③ 刘晓英：《对话"幽灵"——析德里达的幽灵说》，载《理论探讨》，2005 年第 6 期，第 34 页。

方式。① 而侦探杜宾也在与"我"初次见面时就显示出了他的独特之处。用"我"的话来说，杜宾就像是有双重灵魂般，仿佛被分成了两个人。而其推理时的表现更是极为鲜明地体现出了侦探本身的矛盾性与幽灵性。侦探杜宾一方面相信预感与直觉，另一方面又善用推理与逻辑。理性与感性的特点同时汇聚在杜宾身上，但这并不代表侦探杜宾拥有双重人格。德里达在《马克思的幽灵》中表示，"幽灵产生的过程是一个自相矛盾的形体化过程。一旦观念或思想离开了它们的基础，人们就会通过给予它们一个躯体产生出某个幽灵"②。可见，侦探杜宾体现出的诸多矛盾的特质，正是作者幽灵产生的明证。然而，化作幽灵的坡并未附身在侦探身上，只是偶尔显现其存在。对比传统文学中作者的频频在场，坡的幽灵只不时在故事中显现，可见坡确实主动削减了自身的权威性。而如果将作者的显现看作局限，将作者的退出看作开拓，那么侦探杜宾的缺席与作者幽灵的不时显现，就可以看作坡在局限与开拓两个极端中对侦探故事进路的探索。因而可以说，侦探杜宾自身的"灵知"行为是作者幽灵化在文内的初步表现。

但坡显然并未止步于此，幽灵性不仅体现在侦探杜宾这具人造的肉体上，同样也直观体现在精神，即作者的方面，而作者幽灵化的显现进一步体现在幽灵的视域中。幽灵的视域即幽灵自身所具有的独特视角，来源于作者幽灵化后的视野。幽灵所处的"死后的世界"和生者所处的世界是既交叠又不同的。如在各类电影与文学作品中，幽灵身为死去的存在，虽也存在于现实世界中，却往往能看到更多常人看不到的事物。③ 在《莫格街凶杀案》中，坡就通过大量的人物对话和侦探近乎独白的分析叙述，为我们呈现出了这种独特的幽灵视域，而这种视域的转换使得原本一无所知的"我"注意到更多常人看不到的细节。坡的侦探故事不同于传统文学中旁白般的讲述，采用了近似戏剧的代言体的方式，将坡本人的所思所想放入人

---

① 参见任翔：《侦探杜宾的灵知精神——读爱伦·坡侦探小说札记》，载《北京师范大学学报》（社会科学版），2010 年第 4 卷第 2 期，第 136 页。

② 转引自贺翠香：《德里达：幽灵与意识形态》，载《教学与研究》，2006 年第 10 期，第 53－54 页。

③ 参见李洋：《雅克·德里达与幽灵电影哲学》，载《电影艺术》，2020 年第 4 卷第 3 期，第 6 页。

物口中，让他们代为说出案件的细节及具体情景。如《莫格街凶杀案》中，侦探杜宾虽然是在向"我"讲述他对案件的推理和判断，却"径直说下去，八成像是在自言自语。我早就交代过了，碰到这种时候，他总是心不在焉。他那番话是对我说的，声音虽然不高，那副腔调却是一般用来跟老远的人说话的，眼睛只是茫然地望着墙上"①。这显然是作者幽灵显现的瞬间，但为了不让全知全能的作者视角破坏侦探故事中设下的悬疑，坡巧妙地将自身的存在隐去，通过幽灵视域的显现，令情节在原有情况下顺利推进。

可以说，正是坡在侦探故事中采用了多对话的叙事模式，才让视域的转换和情节的发展显得更为迅速且自然。而得益于幽灵视域中常展现出的多于平时的信息量，读者的注意力也被更精确地导向案件本身，并在作者并未频频现身引导的状态下，跟随情节的发展而情绪波动。与此同时，大量的对话自然使得叙事的文字因不同的叙事者而变得有所偏向，作者的幽灵徘徊在众多角色间，幽灵无法固定地"附身"某人，这就使其展现出的幽灵的视域更是基于不同叙事者的角度不断改变。在不确定的幽灵性展现出的干扰下，读者也不得不提高警惕，变得不盲信任何"权威"，不拘泥于理性或感性的束缚。然而，"不管作者逃离自身也好，批评家试图删削作者的签名印记也好，作者总是在场"②。在作者并不能完全离场的情况下，将作者的存在幽灵化无疑就成了最好的选择，能够让侦探作为作者幽灵的权威性在正常引导故事情节的基础上，同时被进一步削弱。由此可见，幽灵性是侦探故事情节发展中极为重要的一环。

若是进一步将视线转向文本之外，回归到爱伦·坡所处的时代，便能够发现坡本人在现实中事实上也扮演着一个幽灵般的角色。工业化将美国划分为南北两块区域，截然不同的文化和经济基础让双方之间的分歧不断加深，而这种分歧也逐渐体现在了当时的文学作品之中。在如此特殊的时代和社会背景下，作为处于南方派文学与北方派文学之间的一员，坡自然产生了难以消解的身份焦虑，并始终徘徊在边缘地带，这使他成为一个真

---

① 〔美〕爱伦·坡：《爱伦·坡探案集》，张丽娟译，武汉：武汉大学出版社，2014 年版，第 19 页。

② 陈晓明：《"意图"之殇与作者之"向死而生"》，载《社会科学战线》，2017 年第 4 期，第 153 页。

正的"幽灵"。① 但也正是这不确定的幽灵性，让坡在不断的徘徊中逐渐突破了边框的限制和地域的局限。坡的经历和其时代的特殊性，让坡得以像他笔下的侦探杜宾一样拥有与众不同的幽灵的视域，从而探索出传统文学之外的道路。尽管幽灵性让坡一度在学界如幽灵般徘徊良久，但随着后现代主义的兴起，坡的侦探故事中的意义和特殊性也被重新发掘，这也令坡的侦探故事在世界范围内有了更广泛的研究意义与价值。

总之，侦探作为作者的幽灵所体现出的幽灵性使精神/肉体的传统二元对立得以被消解。在坡的侦探故事中，作者不再是高高在上的权威，侦探也不是作者意识的傀儡。二者共同构建出了"a living being"，及围绕着侦探杜宾的一系列精彩的侦探故事，而这也促使了侦探这一形象在文学与大众印象中的转变，给予了读者更为广阔的阅读和诠释空间，进而产生了更多的可能性。可以说，正是介于在场与不在场间的幽灵性，让爱伦·坡在侦探故事中找到了开启书写意义的钥匙。

3. 隐喻的流变：爱伦·坡的"踪迹"

爱伦·坡在侦探故事中对幽灵性的引入显然是开创性的，而幽灵作为德里达解构思想中最重要的隐喻概念之一，其似是而非的幽灵性令隐喻的意义不断置换徘徊，也令精神/肉体、作者/读者等传统二元对立间的在场时间的先后顺序发生了改变。这不断流变的幽灵的踪迹，正是坡探索并超越传统二元对立的路径。

"踪迹"这一概念在海德格尔看来，总是指向在场与本源，但对德里达来说："踪迹是差异的起源，是最初外在性一般的开启，是生者与对其而言的他者，以及某种内部与外部之间难以理解的联系。"② 简单来说，踪迹并非意味着本源的存在，而是如同幽灵般在场的幻影。在《莫格街凶杀案》中，侦探杜宾便可看作坡在文中留下的踪迹。而侦探又通过不断指涉兼具在场与不在场的幽灵，将自己的权威性不断削减，从而使侦探这一踪迹不

---

① 参见于雷：《爱伦·坡与"南方性"》，载《外国文学评论》，2014 年第 4 卷第 3 期，第 19—20 页。

② Jacques Derrida, *Of Grammatology*, Gayatri Chakravorty Spivak, trans. Baltimore：Johns Hopkins University Press, 1997, p. 70.

再是完整的在场，而是作者幽灵既留存又先行的残留物。这种能指的变换游戏体现在侦探故事中，即是文本中所暗藏的隐喻。这些隐喻一方面瓦解了语言的单义，使得侦探与作者的存在被进一步幽灵化，从而瓦解了作者的绝对权威所带来的等级制度；另一方面用一系列的替换与置换，重新构建了二元互补的新局面，以此增加侦探故事中的创作空间与可能性。而在文本之外，侦探故事中的隐喻令读者的认知和思维方式潜移默化地发生了改变，从幽灵的踪迹中，我们得以窥见坡对公平与正义的追求，以及他在二元对立等级秩序压制下，对"真"与"美"的质朴追求。可以说，坡侦探故事中侦探在场的缺席和幽灵性所隐喻的并非作者的本源，而是其对形而上学的二元对立的解构与重构，以此为侦探故事带来更自由的解读空间。

因而一方面在文本内部，不确定的幽灵性隐喻首先对侦探的形象与权威进行了拆解，其对概念的不断置换，令大众对侦探的印象发生了变化，从而使得这一概念的权威性被其自身解构了。体现在坡的侦探故事内，便是坡对侦探在场的不断延迟和大量幽灵性的隐喻的使用。在《莫格街凶杀案》中，侦探作为作者笔下的主要角色，由于带有作者先行的残留物，具有全知作者的部分权能，本应不可避免地被神化，但坡巧妙地使用隐喻的写作手法，将人物的形象与大众脑中的观念分隔开来。如在故事里，侦探身为破解案件寻找真相的一方，本应代表着光明与正义，但在坡的描写里，杜宾却成了一个白天把自己关在漆黑的屋子里，夜晚到处游荡的怪人。① 而在后文中，侦探杜宾更是多现身于暗处，在黑暗的房间中进行推理。坡用"夜晚"与"黑暗"隐喻侦探的存在与出现。侦探在故事中虽并未直接出现在犯罪现场，其幽灵视域所带来的无所不知的推理，却仿佛黑暗就是侦探的"眼睛"，令他得以洞察一切暗中的罪恶。可见，爱伦·坡塑造的侦探形象和身处光明的传统英雄是有所不同的。在其塑造的世界中，当文字的意指和人物的形象不断置换之时，其形象的变异也就是不可避免的了。"隐喻是盲目的，这不是因为它否定和扭曲了客观信息，而是因为它呈现的东西

---

① 〔美〕爱伦·坡：《爱伦·坡探案集》，张丽娟译，武汉：武汉大学出版社，2014年版，第5页。

事实上是一种可能性。"①

隐喻无疑让侦探的形象变得倾向于不确定，这种不确定解构了侦探自身的权威，从而使这一角色具备了一定的幽灵性，而更多的可能性也就此产生。仅就侦探杜宾而言，其与黑暗同行的特质加上框架外的身份，令他更加近似于后现代作品中所流行的"反英雄"形象，即虽身处幽暗，却依旧向往正义与光明。这种隐喻意义的成长与变化倚仗于大众的普遍认知，是作者本身的退隐和读者加入的体现，也是对作者/读者的二元对立的初步消解。而坡的创新令后世侦探的形象都发生了改变。现如今，此类侦探形象已成为普遍认知中侦探的"字面意义"，这种隐喻的流变无疑是坡飘荡徘徊的幽灵所留下的一抹不散的踪迹。

而在另一方面，通过以上的分析可知，不确定的幽灵性与隐喻虽本身意味着拆解，但又并不意味着仅在原有的基础上大肆破坏，而是在解构自身的同时，重构二元关系。如幽灵性隐喻虽使得侦探这一概念的原义被解构，作者的权威也遭到了拆解与削弱，却也同时构建了侦探这一角色的崭新内核。事实上，坡并未彻底摆脱二元对立，并未踏入永无止境的自由的游戏中，而是通过隐喻的置换功能，消解了二元对立的局面与严苛的等级秩序，令传统的形而上学框架得以破除，并探索出属于自己的二元互补的新局面，进而使侦探故事能够探索更加广阔的文学世界。在德里达看来，隐喻就是一系列的替换与置换，即一种语义的循环运动，也是一种语义运输的活动。② 而坡通过引入不确定的幽灵性，令自身的存在化作幽灵，之后更是用幽灵的视域化解了作者的权威，用幽灵的存在替换了作者的在场。

如在《莫格街凶杀案》中，侦探杜宾就通过常人近乎不可能做到的精妙推理，分析出了本案的罪魁祸首竟不是人类，而是一只大猩猩。与《被窃的信》所不同的是，《莫格街凶杀案》的真相在结局前是很难猜测到的。若作者频频在场加以引导，那么案件的完整性必然受损，但若作者完全退场，仅凭读者自身很难理清案件混乱的信息逻辑。为了应对这一困境，坡

---

① Paul De Man, *Allegories of Reading: Figural Language in Rousseau, Nietzsche, Rilke, and Proust.* New Haven: Yale University Press, 1979, p. 151.

② Jacques Derrida, F C T. Moore, "White mythology: Metaphor in the text of philosophy." *New Literary History*, 1974, Vol. 1, pp. 5 – 74.

在侦探故事中将作者自身的存在幽灵化，不确定的幽灵性在弱化作者在场性的同时，也通过幽灵视域的替换，为情节发展留下了"踪迹"作为线索。如在《莫格街凶杀案》中，通过对侦探古怪双重性格的描述，坡让读者们不知不觉中忽视了侦探在推理与日常中性格的突兀变化，从而让幽灵视域的引入合情合理。而隐喻这一天然的隐藏与逐步偏离的特点，让坡得以更好地把握逻辑与隐喻的关系，以至于在坡大量使用幽灵性隐喻的同时，其侦探故事也并未丧失逻辑，不确定的幽灵性反为严谨的故事逻辑营造了充足的悬念。可以说，不确定的幽灵性使得侦探这类原本严肃正派的人物形象焕发了新的活力，而侦探故事这一文学体裁广为流行，也恰是幽灵性在其中发挥了最关键的作用。

同样的，在文本之外，爱伦·坡对人物塑造模式的探索与不确定的幽灵性的运用，都使得现实中读者的部分关注点由作者转变为作者幽灵的痕迹，即侦探。而坡在文中留下的对现实世界的隐喻，正是侦探故事那颇有些寓言性质的情节里对正义与公平的隐喻。这些作者幽灵的踪迹无不展现了坡对正义与公平的探索和追求。① 如在《莫格街凶杀案》中，坡就用观察天体时的特殊现象隐喻了其对正义公平的追寻。"视线全部集中在星星上，绝大部分星光实际上就照在眼睛上，可是斜眼一瞟的话，反而能看得更正确。"② 在坡的侦探故事里，警察们往往就是视线过于集中，从而忽视了许多极为明显的小细节，以至于无法侦破案情。而侦探所具有的幽灵的视域恰能够跳脱常识的束缚，从一些极其细微的证据出发进行反常识推理，使得幽灵的视域不存在传统意义上的重视与忽略，超越了形而上学的二元对立，排除了等级秩序与时空的束缚，而这些都是追求平等与正义的必要前提。"传统的'二元对立'之所以必须被颠覆，是因为它构成了迄今为止一切社会等级制和暴戾统治的理论基础……'解构'在批判和摧毁'二元对立'的同时，又建构和实现原有的'二元对立'所不可能控制的某种新因

---

① Philip D. Beidler, "Mythopoetic justice: democracy and the death of Edgar Allen Poe." *The Midwest Quarterly*, 2005, Vol. 46 (3), p. 252.

② 〔美〕爱伦·坡：《爱伦·坡探案集》，张丽娟译，武汉：武汉大学出版社，2014 年版，第 17 页。

素和新力量。"① 可以说，正是作者不确定的幽灵性，令其笔下的侦探也循着踪迹走向了不确定性，作者的绝对权威被破坏，二元对立的困境也因而得以破解。而在突破了二元对立的压制后，公平与正义的力量也就随之涌现了。

总之，通过从德里达不确定性的角度对身为作者的爱伦·坡及主要人物侦探杜宾的分析，我们得以了解到坡如何将自己转变为不确定的幽灵，并且如何将不确定融入人物构建中。爱伦·坡依旧是那个"闲游客"，他幽灵般的踪迹让我们得以循着一系列印迹窥见其对公平正义的质朴追求。重视逻辑的侦探故事看似是冰冷无情的，但不确定的幽灵性恰恰用流变的隐喻赋予了每个角色同等的关注，解构的同时构建了二元互补的新局面，真正将公平正义的概念融入了字里行间。这使得侦探故事无疑跳出了传统作者的权威性掌控，因而侦探得以作为体制外幽灵般的存在，在警察对犯罪无能为力、社会混乱的大背景下，用最符合民众质朴追求的方式惩恶扬善，使正义得以回归社会。可以说，正是坡对不确定的幽灵性的运用，使得其塑造出了广受欢迎的侦探杜宾这一角色。而其作者幽灵化的存在方式，也超前地显现出了后现代主义的特征。

---

① 冯俊：《后现代主义哲学讲演录》，北京：商务印书馆，2003 年版，第 305 页。

黑格尔"精神"概念对外国文学"中国话语"建设的启示[*]

刘春鸽[①]　马新月[②]

摘　要： 黑格尔哲学中的"精神"概念可以为外国文学的"中国话语"建设提供某种理论支撑，并对其具有一定的启示意义。黑格尔的"精神"概念重视自我知识，强调普遍性和特殊性的统一，并且体现了主体性不断深化的过程。这启示我们在外国文学"中国话语"建设的过程中，通过外国文学经典作品的解读提升自我知识和自我理解，避免"强制阐释"；在解读过程中要融入"中国立场"和"中国问题"，进行跨学科研究，并吸收中外一切优秀文化资源扩展我们的视域；同时在外国文学研究中要增强我们的主体性意识，从而推动中国精神走向世界舞台。

关键词： 黑格尔；"精神"；外国文学；"中国话语"建设

* 本文系辽宁省社会科学规划基金青年项目"黑格尔的'艺术终结论'对文学理论未来发展的意义研究"（项目编号：L21CWW001）和辽宁省哲学社会科学青年人才培养对象委托课题"黑格尔文学理论的基本特征与主要原则研究"（项目编号：20221s1qnrcwtkt-14）的阶段性研究成果。

① 作者简介：刘春鸽，女，大连理工大学外国语学院讲师，硕士生导师。研究方向为黑格尔哲学、美学、文学哲学、西方文论、外国文学。

② 作者简介：马新月，女，哈尔滨理工大学硕士。研究方向为文学哲学、诠释学、外国文学。

　　随着我国社会和经济的快速发展，世界迎来了"百年未有之大变局"，同时，随着国家"四个自信"的提出，我们的文化自主意识也越来越强。2017 年 10 月 18 日，习近平总书记在十九大报告中曾指出，"文化自信是一个国家、一个民族发展中更基本、更深沉、更持久的力量"，"发展社会主义先进文化，不忘本来、吸收外来、面向未来，更好构筑中国精神、中国价值、中国力量，为人民提供精神指引"。① 同时，习近平总书记在 2018 年8 月 21 日全国宣传思想工作会议上再次强调了坚持文化自信的重要性，并倡导"坚持讲好中国故事，传播好中国声音"②。外国文学经典作品研究是讲好中国故事、传播中国声音的重要媒介，外国文学的"中国话语"建设是提升文化自信、构筑中国精神的重要途径，是通过外国文学研究服务国家文化发展需要的重要方式。

　　在外国文学研究中，如何建设中国学术话语体系，开展具有中国特色的外国文学研究，成为当下学术界探讨的一个重要话题。刘建军教授主编的国家社科基金重大项目研究成果《百年来欧美文学"中国化"进程研究》六卷本，是这一探讨的重要代表。该系列突出外国文学研究的"中国立场"，强调外国文学的"中国化"，主张对外国文学研究中的概念进行"创新－再造"；同时，强调在研究中提出"中国式"的问题，并给出"中国式"的解决方法，要求在融入中国文学和文化传统的同时为世界提供普适性的意义；等等。③ 此外，刘建军教授还强调了外国文学"中国话语"体系建设的理论依据，即马克思主义的文艺反映论对于指导外国文学研究的意义，揭示了外国文学"经典"所具有的跨文化性和普遍性，同时指出了"历史的主体性"与"文本的主体性"对"阐释的自由"的先在意义。④

---

　　① 习近平：《习近平谈治国理政》（第三卷），北京：外文出版社，2020 年版，第 18 页。

　　② 习近平：《习近平谈治国理政》（第三卷），北京：外文出版社，2020 年版，第 311 页。

　　③ 刘建军：《百年来欧美文学"中国化"进程研究》（第一卷），北京：北京大学出版社，2020 年版，第 59 页。

　　④ 参见刘建军：《关于当前外国文学"中国话语"建设三大关系的思考》，载《东北师大学报》（哲学社会科学版），2021 年第 6 期，第 1－10 页。

　　然而，外国文学的"中国话语"体系建设是如何可能的？其目的是什么？又存在哪些理论依据？这些问题不仅关系到我们当下的"中国话语"体系建设的合理性和正当性，而且关系到中外学术更深层次对话的可能性。在人类文明发展过程中，有一些哲学家、思想家和理论家以全人类的视域和普遍性的世界精神来思考问题，他们的某些观点和立场能够为我们建设外国文学的"中国话语"体系提供理论支撑。其中，黑格尔就是典型代表。黑格尔作为一位德国古典哲学家，拥有他那个时代百科全书般的知识，在对哲学思想的阐发过程中，他融通古今中外一切思想资源，建构了以"精神"为核心、兼具历史性和逻辑性的庞大知识体系。他的思想不仅成为马克思哲学思想的一个重要来源，而且至今仍是人文社会科学领域探讨不尽的话题。黑格尔思想因其科学性、整体性和体系性，所涉猎知识领域的广泛性，对我们当下探讨的外国文学"中国话语"体系建设也具有一定的启示意义。因此，本文尝试结合黑格尔"精神"概念的特征和内涵，为外国文学的"中国话语"建设提供一定的理论支撑，并揭示其对后者的启示。

一、"精神"的自我知识及其启示

　　黑格尔以"精神"概念致力解决时代精神所存在的问题。在黑格尔的时代，随着现代意识的发展，主体性逐渐增强，然而时代精神也由此出现了一系列的分裂特征，产生了如主体与客体、自然与自由、个人与集体、普遍与特殊、理论与实践等一系列的二元对立问题。为了解决这些问题，黑格尔围绕"精神"概念建构其哲学体系，在具有整体性和辩证性的"精神"视域中，使坚固的范畴变得流动和富有弹性，使分离和对立的概念得以相互关联和统一。黑格尔指出，"在既成分裂的情况下，必然试图将变得坚固的主观性和客观性的对立加以扬弃，把心智的和现实的世界的已变成了的存在作为变来把握，把世界的存在（作为产品）作为生产来把握"[①]。可见，黑格尔反对将世界看作固化的存在，反对以主观性和客观性为代表

---

　　① 〔德〕黑格尔：《费希特与谢林哲学体系的差别》，宋祖良、程志民译，杨一之校，北京：商务印书馆，1994年版，第10页。

的二元对立立场，而这种二元对立（及其知性思维方式）是黑格尔时代的主要特征，在某种程度上也是我们当下时代的特征。① "精神"概念作为黑格尔哲学体系的核心和拱顶石，其重要作用即在于解决其时代的主要问题，以实现和解对立、达到统一的目的。

为了解决时代的问题，在黑格尔看来，对于"精神"来讲，最重要的是要达到自我知识，实现自我意识、自我理解。黑格尔的《精神现象学》展示了精神如何一步步克服主体和客体的对立意识并达到统一的过程。在最后的"绝对知识"中，精神真正认识到客体（或对象、实体）即为主体，因此达到了最充分的自我意识和自我知识。然而，精神的发展并非一蹴而就的，而是经历了漫长的历史过程。其中，在意识发展的大多数阶段都存在着主客对立的特征。例如，在"知性"的开始阶段，在力与外化、现象与本质、感性世界与超感性世界等之间存在对立。然而，经过一系列的矛盾，意识最终认识到"内在的差别"和"无限性"，而这就意味着对立面、他者是"与自身相关联"的对立面和他者，"它本身就是它自己的对立面"。换句话说，"自身一致者发生分裂"，"'发生分裂'和'转变为与自身一致'之间的各种差别都是隶属于同一个自身扬弃的运动"。② 可见，分裂和统一都不是固定的状态，因此两者也并不存在绝对的对立，而是处在意识的运动过程中，意识的这种以自身为对象的活动，其真理性就在于自我意识。"关于他者的意识，或者说一般意义上的对象意识，本身就必然是一种自我意识，一种自身反映，一种借助于他者而获得的自我意识。"③ 由此得到的结果是，主客对立意识得到了一定程度上的克服，尽管这种克服仍然是阶段性的而并非最终的，因为主客对立的真正克服要到"绝对知识"才能实现。

黑格尔的探讨虽然以普遍的人类精神或世界精神为主，但对个人的自我意识以及民族的自我意识同样适用。按照黑格尔的思想，无论是个体还

① 吴晓明：《黑格尔的哲学遗产》，北京：商务印书馆，2020年版，第39页。

② 〔德〕黑格尔：《精神现象学》，先刚译，北京：人民出版社，2015年版，第104-105页。

③ 〔德〕黑格尔：《精神现象学》，先刚译，北京：人民出版社，2015年版，第106页。

是民族国家，都会经历一个主体性的自我意识不断深化的过程。在当下，我国的政治经济文化得到高度发展，我国人民的主体性意识也不断增强，对自我知识、自我理解提出了更高的要求，这与以前以学习西方为主、用外国理论和思想来武装自己的头脑、偏于"拿来主义"的做法有很大的不同。在某种意义上，以前的做法表明我们尚处在精神的自我意识和自我认识的发展过程中，还有主体与客体的分离和对立，以西方为主，以我为客，以西方的理论标准来为我们自己的思想立论，处在主体性的自我意识尚不足的阶段。而当下，伴随着国家对"四个自信"的大力倡导，我们的自我意识和自主意识不断觉醒，这种变化同样体现在我国的外国文学研究过程中，尤其体现在外国文学研究的"中国话语"体系建设过程中。

因此，关于外国文学的"中国话语"建设，黑格尔的"精神"概念对我们的一个启示在于，我们研究外国文学作品，目的在于提升我们的自我知识和自我意识。外国文学经典作品是载体，是分析和解读的对象，但是我们从中应该读出的不是或不仅仅是作为对象的内容，而是对我们自己的认识，尤其是围绕"精神"而展开的、对我们自己的时代精神及其问题的认识。因此，不仅外国文学经典作品中的内容可以成为"我们的问题"，而且理解的方式以及回答问题的方式，也都可以是从我们的视角做出的。其结果是，即便外国文学作品所谈论的内容是西方的或主要是关于西方的，我们仍然能够读出我们的问题和内容。在这个过程中，我们的自我意识、自我知识以及对世界的认识都能够得到深化，从而也能够更加有效地在世界舞台上发出我们的声音。

此外，黑格尔看到现代性的主要问题，如主与客、有限与无限、相对与绝对等一系列的二元对立是由知性的思维方式造成的。黑格尔认为，知性能力是一种依靠同一律来做抽象分析的能力，达到的是不同事物之间的界限和区分。"就思维作为知性［理智］来说，它坚持着固定的规定性和各规定性之间彼此的差别。以与对方相对立。知性式的思维将每一有限的抽象概念当作本身自存或存在着的东西。"① 知性所关注的是个别事物的规定性，不能看到事物之间的内在关系，更不能把握不同事物之间的普遍联系。

————————

① 〔德〕黑格尔：《小逻辑》，贺麟译，北京：商务印书馆，1994 年版，第 172 页。

这种知性的思维是现代性意识的主要特征，其所带来的是认识的主观主义和形式主义立场。后来马克思的哲学以及海德格尔、伽达默尔等人的哲学，都着重对现代意识的知性思维方式进行了批判，黑格尔对知性思维方式的批判在某种意义上是后来这些批判的理论源头。吴晓明教授指出，"毫无疑问的是：当代解释学的积极进展及其正脉是沿着德国古典哲学，特别是黑格尔哲学所开辟出来的道路继续前进的，因而其成果便表现为是'客观精神'概念——客观精神扬弃主观意识并将它包含在自身之内——这份伟大遗产的继承者"①。

在外国文学的"中国话语"建设中，我们反对以某种既定的西方理论套用在文学作品上所带来的"强制阐释"，而黑格尔对知性思维方式的批判为我们提供了支撑和理论依据。我们当下强调外国文学研究中的"中国话语"，一个重要原因是，我们反对以西方现成的理论套用文学作品，以某一种固定的或单一的视角来裁定文本，因为这种做法所带来的是一种张江教授所谈论过的"强制阐释"②。实际上，在我们如此这般地套用西方理论、挪用西方视角的时候，不但文本本身的内容被遮蔽了，我们作为解释主体的自主性也被消除了，因为我们自身也在某种理论的"强制"中，而这也类似于海德格尔所批判的技术"座架"（Gestalt，enframing）。③ 在此情况下，我们所得到的意义是在某种西方理论框架之下的意义，并非文本本身内在的意义，也并非我们作为解读的主体在与文本的互动过程中所达到的真正的自我理解。按照黑格尔的理解，真正的客观思想"不仅是我们的思想，同时又是事物的自身，或对象性的东西的本质"④。因此，我们的思考要深入"事情本身"（die Sache selbst，the thing in itself），要从客观内容出发，而不是以某种主观的范畴、概念和框架去任意地加诸任何内容之上，因为这不仅会导致主观主义，也会带来形式主义。我们在外国文学的"中国话语"建设过程中，应该坚持以文本本身的内容为主，反对套用西方既

---

① 吴晓明：《黑格尔的哲学遗产》，北京：商务印书馆，2020 年版，第 240 页。

② 张江：《强制阐释论》，载《文学评论》，2014 年第 6 期，第 5－18 页。

③ Thomson I. D., *Heidegger*, *Art*, *and Postmodernity*. Cambridge：Cambridge University Press，2011，pp. 40－64.

④ 〔德〕黑格尔：《小逻辑》，贺麟译，北京：商务印书馆，1994 年版，第 120 页。

定的理论视角。同时，我们应该从我们自身出发，在与文本的互动中挖掘出文本本身的真理和我们对自身的自我认识。

　　总之，面对时代所存在的主要问题，即二元对立及其知性思维方式，黑格尔的"精神"概念以自我知识和自我理解来和解对立、实现统一。在外国文学的"中国话语"体系建设中，我们也应该以文学作品本身的内容为基础，在带有我们自己视域的解读中追求自我知识和自我理解，尤其要避免套用西方理论所带来的"强制阐释"及自我的消解。

二、"精神"的普遍性与特殊性及其启示

　　黑格尔的"精神"概念既是普遍的也是特殊的。在《精神现象学》中，"精神"概念第一次出现在对"自我意识"的分析中。"这个绝对的实体〔即精神〕是一种完满的自由，完全不依赖于它所包含着的那个对立（亦即各个自为存在着的自我意识之间的对立），把全部自我意识统一起来。我即我们，我们即我。"① 可见，"精神"是普遍性和特殊性、个体性的统一。黑格尔认为，精神在普遍性与特殊性之间存在着辩证的关系。个体、特殊不能脱离集体、普遍，个体是在集体中被形成或教养的个体，而集体也需要得到个体的承认才能够存在，皮平称黑格尔这种集体与个体之间相互构成、相互依赖的现象为"黑格尔的双向度和历史性"②，这也表明了黑格尔的"精神"概念是普遍性与特殊性的统一体。

　　黑格尔的"精神"概念作为普遍性与特殊性的统一体，能够为外国文学的"中国话语"和"中国立场"提供理论支撑。在对外国文学经典作品的解读中，强调"中国话语"和"中国立场"是以某种特殊的方式参与普遍意义建构的过程，是对外国文学作品中意义的丰富，所达到的是普遍和特殊的统一。一般认为，外国文学经典作品具有普遍性的价值，具有世界文学的意义。然而，根据黑格尔的"精神"概念，任何普遍性都不是抽象

---

① 〔德〕黑格尔：《精神现象学》，先刚译，北京：人民出版社，2015年版，第117页。

② 〔美〕皮平：《黑格尔论自欺》，张剑译，载《世界哲学》，2016年第6期，第39－48页。

的，而是具体的，具体的普遍离不开特殊，特殊本身就构成了普遍的一个部分。外国文学经典作品的普遍真理和价值也并非一成不变的道理，它需要在不断被解读的过程中获得意义，而这个过程就是将特殊融入普遍的过程，因此，特殊的也是普遍的。我们作为中国读者和理解者，在研究外国文学经典作品的过程中，在其普遍性的真理前提之下，加诸基于我们特殊经验和背景的理解，是对文学经典文本真理的丰富，用伽达默尔的话即为"在的扩充"，"每一种这样的表现都是一种存在事件，并一起构成了所表现物的存在等级"。① 因此，以"中国话语"和"中国立场"解读外国文学经典作品不仅是合理的，而且是使外国文学经典作品得以敞开和得到丰富的方式，因为特殊性与普遍性并非分离和对立，而是一个有机统一体。

同时，根据黑格尔的"精神"概念，外国文学作品中的"问题"可以转化为我们当代的"中国问题"。与精神的普遍性和特殊性密切相关，黑格尔认为，"精神"（世界精神）在不同时代、不同地方的发展具有内在的统一性和连续性。黑格尔探讨的"精神"并非某一个地方或某一个时代的精神，而是普遍的世界精神（虽然这种精神经历了不同的发展阶段，并表现在不同的时代和不同的地方）。黑格尔在《历史哲学》中指出，"'民族精神'在一种必需的、继续的各阶段上的各种原则，只是唯一的、普遍的、精神的各种因素，要靠这些因素，普遍的'精神'才能够在历史上提高并完成它自己，使自己成为一个自己理解的总体"②。可见，世界精神在不同民族精神之间表现出内在的统一性，而精神的这种内在统一性也为我们在研究外国文学时强调"中国问题"的重要性提供了理论支撑，因为中国的文化和精神也属于世界文化和精神的一部分。根据精神的内在关联性，外国文学经典作品中所表达的人类精神本身也与中国精神和中国文化内在相关。因此，按照黑格尔"精神"概念的普遍性与特殊性的关系，按照"精神"的内在统一性观点，外国文学作品中的"问题"可以转化为我们当下的"中国问题"。

---

① 〔德〕伽达默尔：《诠释学 I：真理与方法》，洪汉鼎译，北京：商务印书馆，2010 年版，第 206 页。

② 〔德〕黑格尔：《历史哲学》，王造时译，上海：上海书店出版社，2001 年版，第 73 页。

　　此外，黑格尔的"精神"概念为我们在外国文学的"中国话语"建设过程中进行某种跨学科研究提供了理论支撑。对于黑格尔来讲，精神的显现有多种方式，包括主观的（感觉、直观、知觉、意识、想象力、表象等）、客观的（法、道德、伦理、历史、政治、经济等）和绝对的（文学艺术、宗教和哲学）。同时，精神的多种显现方式内在相关，构成一个不断进展的统一体。尤其对于表达"绝对精神"的三种方式（文学艺术、宗教和哲学），黑格尔给予了更高的评价。在黑格尔哲学中，"绝对精神"是具有整体性和活动性的精神，是精神发展的最高阶段，它将主观精神和客观精神的各个方面都融合于自身，并成为它们的真理。黑格尔谈论的艺术哲学（即美学）在某种意义上具有我们当下所讲的"跨学科"的性质，体现了文学艺术与哲学的密切关系。黑格尔将文学艺术和哲学都看作"绝对精神"（时代精神）自我显现的方式，两者的内容相同，只是显现方式有别。黑格尔认为，"美就是理念的感性显现"①，而哲学（尤其是逻辑学）则是以纯思维的方式探讨理念的过程。同样，"伽达默尔的文学理论赋予文学以哲学品性，在真理意义上为把握文学确立了一种哲学范式，为文学与哲学在21世纪重建对话关系提供了范例"，而这种文学哲学的探讨方式能够"为我国当代外国文学研究寻求新途径、开拓新疆域、重构新格局"。② 因此，将文学艺术与哲学相互融合、进行文学哲学的跨学科研究既能够促进我们对时代精神的理解，又能够推进我国外国文学理论的创新与发展。

　　在普遍性与特殊性的关系中，黑格尔的"精神"概念体现了一种整全性的视域，这就启示我们在外国文学的"中国话语"建设过程中汲取古今中外一切思想资源，通过将其所表达的本质性的概念、观念融会贯通，才能有助于我们更加深入地理解当代的世界问题以及当代的中国问题。从一种整体性的视角出发，任何问题都不是孤立的，过去和现在、东方和西方，其思想观念一直都存在着相互影响，而这也是精神发展的内在要求。精神不会放弃任何一个具有时代意义的概念，但也不会停留在任何一种思想观

---

　　① 〔德〕黑格尔：《美学》（第一卷），朱光潜译，北京：商务印书馆，2015年版，第142页。

　　② 秦明利：《作为哲学范式的文学：伽达默尔文论研究》，北京：中国社会科学出版社，2020年版，第284－285页。

念上，而是不断向前发展，把以前的融合到当下来，在当下展现过去精神的更本质的内容，并使其提升到一个更高的阶段。然而，当我们要求把握当代的中国精神的时候，过去时代的（中国的和西方的）以及西方的（过去的和当下的）都可以成为当代中国人理解和把握精神的资源。外国文学的"中国话语"建设也需要这样的精神资源作为前提和基础，才能在吸收古今中外一切优秀文化资源的基础上真正构建"中国话语"体系。

由上可得，黑格尔的"精神"概念既具有普遍性也具有特殊性，这为我们在解读外国文学经典作品时加入中国的视角提供了理论依据；同时，"精神"概念的发展具有内在相关性和连续性，这使我们在研究外国文学经典作品时联系中国文化和中国精神成为可能；不仅如此，"精神"的显现具有多种方式，这为我们在外国文学研究中进行跨学科研究，尤其是进行文学哲学研究，提供了理论支撑；黑格尔的"精神"概念是一个整全性的视域，这就要求我们在外国文学研究中要不断吸收古今中外一切优秀的文化资源，不断扩大我们的视域，从而更好地理解当下的时代精神，更好地建设"中国话语"体系。

三、"精神"概念的主体性及其启示

在黑格尔看来，"精神"的发展是一个主体性不断增强的过程。然而，"主体性"不等同于主观性。黑格尔的"精神"作为主体是主体－实体，是主客统一体。黑格尔在《精神现象学》的序言中曾指出："一切的关键在于，不仅把真相理解和表述为一个实体，而且同样也理解和表述为一个主体。"①"精神"作为主体－实体（或主体－客体）并不是固定的，而是运动和发展的。实际上，"精神"本身就是活动。在此意义上，黑格尔的"精神"不同于斯宾诺莎的"实体"概念。黑格尔在《哲学史讲演录》中曾高度推崇斯宾诺莎哲学，"一般地应当指出，必须把思维放在斯宾诺莎主义的观点上；这是一切哲学研究的重要开端。要开始研究哲学，就必须首先作

---

① 〔德〕黑格尔：《精神现象学》，先刚译，北京：人民出版社，2015年版，序言第11页。

一个斯宾诺莎主义者"①。然而，黑格尔并不停留在斯宾诺莎的"实体"上，而是进一步发展到"精神"（和"理念"）。黑格尔在《小逻辑》中曾指出，"斯宾诺莎的绝对实体诚然还不是绝对精神"②，这也是他的《逻辑学》从"本质论"（最后一个环节指向斯宾诺莎的"实体"概念）过渡到"概念论"的一个原因。黑格尔曾在《逻辑学》的"概念通论"部分详述了"实体"与"概念"的关系，分析概念是如何在实体的基础上继续向前发展的③，而这一发展过程表明精神不断获得自身的主体性，不断作为主体－客体活动。

在外国文学的"中国话语"建设过程中，我们的主体性意识也在不断增强。面对外国文学经典作品，在重视历史和文本的前提下，我们作为读者、阐释者和研究者的立场和视域也应得到承认。伽达默尔认为，每一种理解都是自我理解，每一种理解都是过去视域和当下视域的融合，在理解过程中的当下立场和当下视角同样不可缺少。在对外国文学作品的分析和理解中，阐释的目标并不是回到过去，也不是复原作者的本来意图或历史环境，而是结合当下的语境，阐发其对当下所具有的价值和意义。这种当下语境，对我们来说，就是中国当代的历史语境。伽达默尔称赞黑格尔，"这里黑格尔说出了一个具有决定性意义的真理，因为历史精神的本质并不在于对过去事物的修复，而是在于与现实生命的思维性沟通（in der denkenden Vermittlung mit dem gegenwärtigen Leben）"④。黑格尔站在现代人的自我意识立场上对古希腊等文学艺术作品的解读，并不是为了复原其思想，而是阐发其现代意义，这种做法同样表明了主体性的重要性。

黑格尔"精神"概念的主体性思想强调在他者中认识到自己，在他者中达到自我同一。黑格尔在《精神哲学》中指出，"精神的实体是自由，就

---

① 〔德〕黑格尔：《哲学史讲演录》（第四卷），贺麟、王玖兴等译，上海：上海人民出版社，2013 年版，第 105 页。

② 〔德〕黑格尔：《小逻辑》，贺麟译，北京：商务印书馆，1994 年版，第 138 页。

③ 〔德〕黑格尔：《逻辑学 II》，先刚译．，北京：人民出版社，2021 年版，第 201－206 页。

④ 〔德〕伽达默尔：《诠释学 I：真理与方法》，洪汉鼎译，北京：商务印书馆，2010 年版，第 247 页。

是说，对于他物的不依赖性，自己与自己本身相联系"①。然而，这并非意味着精神不与外物接触或者逃避他物，而是不停留于或执着于外物和他物，精神要将事物的外在性和直接性加以扬弃，从而实现"区别着自己本身和在其区别中仍在自身内存在着并自为地存在着的普遍东西"（即黑格尔意义上的"理念"）。在与他者的关系中，"精神仍然始终是与自己同一，并因而是自由的"②。精神的本质是自由，但在精神的发展过程中也有"异化"的阶段，即精神的普遍性也要特殊化自己，否则精神在其纯粹的思维中，就仍然是抽象的自我同一，没有任何规定性，这种自由仅仅是"否定的自由"，这种精神也是纯粹主观性的精神。同时，对于精神的发展而言，也要有一个"返回自身"的过程，也即在"异化"之后的自我返回，这种返回带来精神真正的自我意识和知识，从而也实现精神更高层次的自由。例如，黑格尔在《法哲学》中从三个环节，即"抽象法""道德"和"伦理"，分析了"精神"从原始状态的自我同一出发，经过异化，再返回自身的过程，这一过程也是主体性不断深化的过程。

黑格尔这种"在他者中达到自我同一"的"精神"概念，也为我们建设外国文学的"中国话语"体系提供了理论支撑。外国文学经典作品在某种程度上是我们的"他者"，我们在理解和研究外国文学作品时可能会出现"自我异化"，也难免会产生文化差异甚至冲突。然而，根据黑格尔的思想，这种差异和冲突是精神发展必不可少的阶段，而最重要的，是精神能够从这种"异化"中再次返回自身，也即在对外国文学经典作品的理解中获得我们的"自我理解"。所以，按照黑格尔的思想，我们在解读外国文学经典作品时，出发点是"我们"，而回归点也仍然是"我们"，经过这样的理解过程，我们所达到的是自我知识和自我意识，这也进一步证明了我们在理解外国文学作品时的"中国立场"。这种"在他者中的自我同一"是精神的重要特征，也是中国精神发展不可缺少的方面。借助研究和解读外国文学经典作品，我们最终的目的仍然是自我理解，并将他者的东西融入自我中

---

① 〔德〕黑格尔：《哲学科学百科全书 III 精神哲学》，杨祖陶译，北京：人民出版社，2015 年版，第 17 页。

② 〔德〕黑格尔：《哲学科学百科全书 III 精神哲学》，杨祖陶译，北京：人民出版社，2015 年版，第 18 页。

来，从而建构我们自己的主体性。当然，这种"自我同一"并非抽象的、无差别的同一，而是"有差别的同一"，即我们达到的"同一"和"自我认同"仍然是承认中西差异和中西差别之下的同一，而不是抹杀或消除这种差异和差别。"在他者中达到的自我同一"是一种"有差异的同一"，精神是一种包含着差异性的主体性。

黑格尔的"精神"概念强调在自我和他者之间进行对话。黑格尔在《美学》中所做的大量文学艺术作品分析，其立足点是传统与现代、过去和当下、东方和西方的融合和对话。例如，黑格尔在探讨古典型艺术时，也联系到东方艺术和欧洲同时代艺术的特征。他认为，东方艺术是主体淹没在实体之下，尚处于无个体、无自我的阶段，而欧洲艺术则过于沉浸于自我和内在生活中，只有古希腊艺术达到了自觉的主体自由与伦理实体的和谐统一。可见，黑格尔对艺术的探讨，重视古今中外不同时代、不同地点的艺术之间的对话。① 此外，黑格尔倡导对过去的艺术有一种当代的呈现。黑格尔称赞席勒，因为席勒的喜剧是对古代悲剧的现代转化，他将古代的伦理情致（sittliche Pathos）转变为现代的形式，使其成为一种现代的表达。同样，歌德也将过去的、陌生的意识转变为现代人的自我意识，如在《西东胡床集》（West-ostlichen Divan）中所表现的。在"客观幽默"中，黑格尔主张将东方的具有实体性的、客体性的东西与西方的主体性的东西相结合，这同样是过去向当下的转化，从而赋予过去文化以当下的意义②，这种立场与我们当下在外国文学研究中所强调的"中国立场"和"当代立场"有类似之处。

在当下，我们越来越注意到"中国精神"的重要性。按照黑格尔对"精神"的理解，具有世界影响力的"精神"不单单是某个民族的精神，而是一个时期内具有引领世界倾向的普遍精神。同样，按照黑格尔对世界历史发展的理解，世界精神曾经历"东方—古希腊—古罗马—日耳曼"这样

---

① 〔德〕黑格尔：《美学》（第二卷），朱光潜译，北京：商务印书馆，2015年版，第169页。

② Hegel G. W. F, *Philosophie der Kunst oder Ästhetik nach Hegel im Sommer* 1826（*Mitschrift Friedrich Carl Hermann Victor von Kehler*），München：Wilhelm Fink Verlag, 2004, XLVI-XLVII.

的发展阶段。他认为，世界精神在日耳曼精神中达到了最高，甚至是顶点①，但这种说法并不恰当。黑格尔作为十八九世纪的德国哲学家，其思想也存在局限性。而当下对我们具有意义的是，"中国精神"能否成为一种黑格尔意义上的"世界精神"？国家提出"人类命运共同体"，强调中国文化"走出去"等，已经为中国精神作为世界精神提供了可能性，而我们进一步要做的是，真正地将其实现。外国文学的"中国话语"建设是为中国精神的进一步发展、中国文化精神的对外传播以及中外文化的交流互鉴所做的努力。

可以看出，黑格尔"精神"概念的主体性特征对于外国文学的"中国话语"建设具有一定的意义。精神作为主体是主体－客体，是一个不断发展的过程，精神要在他者中达到自我同一，自我与他者不断对话。外国文学的"中国话语"建设也需要我们不断增强主体性，在解读外国文学作品时多考虑我们当代中国的立场，能够在作为外国文学作品的"他者"中达到"自我同一"，不断深化自我意识和自我理解，同时也要将传统与现代、东方和西方进行有机融合和对话，从而不断丰富"中国精神"的内涵，促进中国文化走出去和中西文明的交流互鉴。

结　语

在外国文学研究中，如何建设中国学术话语体系是当下学界的一个重要话题。黑格尔哲学的"精神"概念可以为外国文学的"中国话语"建设提供某种理论依据，并对其具有一定的启示意义。面对时代问题，黑格尔的"精神"概念反对二元对立，反对知性的思维方式，强调自我知识、自我意识，这启示我们要通过外国文学经典作品研究来提升我们的自我知识和自我理解，并避免在文学文本的解读中套用现成的西方理论。黑格尔的"精神"概念是普遍性与特殊性的统一，其发展具有内在连续性和统一性，并且"精神"提供了一种整全性的视域，这为我们将"中国话语""中国立

①〔德〕黑格尔：《历史哲学》，王造时译，上海：上海书店出版社，2001年版，第95－101页。

场""中国问题"融入文本的解读中，进行文学和哲学的跨学科研究以及吸收中外一切优秀文化资源提供了一定的理论支撑。黑格尔的"精神"概念重视主体性，强调在他者中的自我同一，重视传统和现代、东方和西方之间的融合和对话。这启示我们在外国文学的"中国话语"建设中增强主体性意识，尤其要表明对待问题的"中国立场"，从而促进中国精神走向世界舞台。

电影与文化研究

电影文本意义空间开放生成的第三路径

——以李安"家庭三部曲"为例 *

姜 鹏①

摘 要：在电影艺术创作中，文本意义的开放性构建通常可概括为两条路径："外延式开放"与"内涵式开放"。前者主要在结构与叙事层面精心设计，后者则在思想与艺术层面深度开掘。导演李安走的却是异于二者的第三路径，在"家庭三部曲"中，他以家为叙事场，通过时空杂交的技术手段沟通了中西之间、传统与现代之间的不同家庭伦理话语，使其在并置中产生比较，在比较中解构话语的有效性，发现话语的片面性，进而使文本在话语的不定向重构中获得生成性理解与多向度阐释。

关键词：文本开放性；李安"家庭三部曲"；时空杂交；话语并置；解构话语

文本意义空间的开放性构建始终是电影（自然也是所有艺术样式）追

　　* 本文系 2023 年河南省社科联调研课题"数字媒介场中的文学批评形态变异研究"（项目编号：SKL20231527）、洛阳师范学院高层次人才科研启动费项目（项目编号：DT2200003062）阶段性成果。

　　① 作者简介：姜鹏，洛阳师范学院新闻与传播学院讲师，研究方向为文艺学、媒介美学。

求的重要旨趣。它不仅涉及电影叙事层面吸引力的营造，涉及当代艺术商业诉求的秘密，更涉及电影作为艺术所特有的对意义深度的探索与开掘，这与艺术不朽的价值追求本然相连。但是在电影的创作实践与理论批评中，经验感知与学理表述之间存在一定断裂。换言之，电影文本的开放性一直在实践中探索，但在理论反思层面，无论广度或深度，都未能与丰富的实践有效同步。

一、话语分析：通往文本开放性建构的幽眇之径

学界对电影文本开放性的研究，大体从文本开放性创作的外延与内涵两个层面展开。

首先，"外延式开放"是指电影通过对故事、情节、构图等设置悬念或使用空白的方式而产生的在叙事或结构上的开放性。大体有以下几种表现：一是开放式结局，如美国"好莱坞"系列电影乐此不疲的"续集模式"；二是蒙太奇叙事，如《低俗小说》《两只大烟枪》《罗生门》等代表的环形叙事、多线索叙事与多视角叙事等；三是开放式构图，相对封闭式构图而言，它倾向于引导观众突破画面内有限的具体内容，而创造性地实现一种"画外之画"的联想效果。除此之外，还有灯光、色彩、台词、背景音乐等方面都可以实现出人意料的开放性效果，本文在此不再一一探讨。

基于电影开放性外延式创作的几种表现，学界也有较为深入的探讨。比如罗慧生的《现代电影思维的美学特征》是国内较早探讨电影开放性的文献之一，他指出电影思维是研究电影美学问题的根本，现代电影思维最重要的特征之一就是开放性思维，主要表现在情节构思、环境处理与人物构思等方面。[1] 又如陆婧的《论现代电影中的"封闭空间"》认为，电影的"封闭空间"（电影的情节或故事、人物的戏剧或动作所展开的环境空间），能够生发出更多开放性的内容，具有超越性、内蕴性和张力性等。[2] 诸如此

---

[1] 罗慧生：《现代电影思维的美学特征》，载《电影艺术》，1984年第7期，第14-15页。

[2] 陆婧：《论现代电影中的"封闭空间"》，载《哈尔滨学院学报》，2013年第1期，第92页。

类，不一而足。

其次，"内涵式开放"是指电影基于既有的文化阐释符码，将文本意义的意指滑动引向人性、社会、伦理等深层内涵，从而营造在艺术性或思想性层面的深度意义空间，甚至可能为此放弃票房等外在利益诉求。不过也不排除在特定情境下实现电影的商业性与艺术性的融合和均衡。与电影的"外延式开放"比较而言，学界更偏爱于考察电影的"内涵式开放"。此类影片的共同点是，它们往往以深度阐释的模式来表征自身的价值。阐释得越深，相应地，文本的意义价值就越显得深厚丰富。这种以深度阐释为旨趣的构建思维基本是西方悲剧历史发展的翻版。在西方悲剧的发展中有一条很清晰的线索：从古希腊的命运悲剧到中世纪的性格悲剧再到近现代的社会悲剧，悲剧冲突的动因起初由主体之外不可抗拒的命运力量构成，到主体内部的性格或个性因素，再到性格养成与行动选择背后的社会、文化与资本等因素的历史转换，形成了西方文本意义阐释和建构的基本范式，影响至今。但是这种从能指到所指不断挖掘的意义生产模式有不可避免的局限性：其意义建构方式往往是导向性的、控制性的，在生产意义的同时也局限了人们的理解与想象。整个西方哲学在 20 世纪之前一直在作阐释与建构，这主要是因为人们难以把握庞大的外在世界，故以阐释为之。20 世纪之后思想界开始注意其局限性，于是以德里达为代表的解构主义思潮应时而起。

在电影创作领域，也有不少导演对上述意义生产范式进行有意识的开拓，但并未引起学界的重视，譬如本文所欲探讨的李安电影。李安曾尝试寻找电影开放性建构的新道路，这种开放性仍有以思想性和艺术性为创作的核心要旨，但不再刻意引导观众追寻影像背后的深意。而是通过置换符号意义的生成语境，使能指无法有效到达所指，发生断裂。然后空白、虚位的所指刺激并呼唤观众去完成补白和填充。因此，文本意义的开放性阐释在观众与符号的交互中达成。

具体到电影的操作层面，李安主要是通过话语分析的方式来完成其开放性的构建。所谓话语分析是指艺术家以外在性的眼光观察话语意义生产、运转的闭合机制，并使之透明化、敞开化，使观众在话语片面性的暴露中产生观看距离，获得警醒，然后自由地参与到文本意义空间的构建中去。

其中，李安对中国传统家庭伦理话语的跨文化实验（"家庭三部曲"），就是他在文本意义解构式建构之路上的初步尝试。在他后期的电影实践中，中国的江湖话语（《卧虎藏龙》）、革命或爱情话语（《色戒》）、西方的家庭话语（《暴风雨》）、同性恋话语（《断背山》）等人类古往今来的重大系统也一一被拆解个遍。①

李安对话语的反思意识与解构手法不同于一般的解构主义批评。那些批评往往会预设某个对立性的阐释方向来达成解构的目的，其实是从相反的方向延伸了对象，同样会束缚读者或观众对文本的开放性理解。而李安是通过时空错置的手法赋予戏剧场域内的不同话语以"自行表演"的能力：不同话语以对话的形式自行检验其有限性，封闭的意义机制在碰撞中自然得到敞开。文本的广阔意义空间在观众自由领悟中得以构建。

李安对文本意义开放性建构的探索辟出一条新的路径。艺术家不再刻意地干扰意义的发生，也不再"固执于"挖掘文本的深层意蕴，而是通过怀疑既有的认知框架，在形成新的认知可能性的接合中，产生一种引导观众参与的阐释性张力。遗憾的是，在关于电影开放性的众多研究中，尚未发现有学者对该问题进行有意识的研究与挖掘。

二、家的"风景化"与"话语化"

李安之所以能探索出电影开放性建构的新路径，一个重要的原因是他对生活中各类话语的"规训力"有足够的洞察能力。诸如中国传统家庭伦理话语中的"男尊女卑""传宗接代""忠孝节义"等话语现象及其文化规训效果，他总敏感视之并以艺术的方式追问。比如：在常人眼中，家就是家，而李安却发现，家的本质是话语，或话语的建构物。借用柄谷行人的概念，家是"风景化"之后的结果，常人只见这个结果，而忽视其建构的历史性过程。"风景论"是柄谷行人在 20 世纪 70 年代对日本文学现代性批

---

① 雷晓宇、李安：《这辈子注定要在色相里打滚》，载 http://www.sohu.com/a/123444343_355024。

判的基础上提出的，他认为文学是一种"风景"，即"一种认识性的装置"①。"风景一旦确立之后，其起源则被忘了。这个风景从一开始便仿佛是存在于外部的客观之物似的。其实，这个客观之物毋宁说是在风景之中确立起来的。"②

在吉奥乔·阿甘本的研究中，"装置"这一概念分别与福柯的"部署"（dispositif）、黑格尔的"实证性"（positivité）、海德格尔的"集置"（Gestell），以及宗教神学中的"家政/救恩"（oikonomia）等概念相关联。他发现，青年黑格尔的"实证性"概念很可能是福柯"部署"内涵的思想来源；海德格尔的"集置"在一般用法上与福柯的"部署"意味相近。③ 不过，按照《日本现代文学的起源》的中译者赵京华的解释，"他本人（柄谷行人）曾谈及《起源》一书的写作并没有受到胡塞尔、福柯、德里达以来的现象学及后结构主义的直接影响"④，即是说，不能贸然认定柄谷行人的"认识性装置"直接取源于福柯等人的理论思想。但可以肯定的是，柄谷行人的批判旨归与以福柯、德里达等为代表的解构主义批评的内在精神是一致的，即恢复事物观念的历史性与生成性，保持健全、自由的主体意志与精神。

柄谷行人"风景论"的核心，用一句话来概括就是话语的自然化问题。"风景的发现"⑤，也即话语之发现。事实上，"风景"遍布日常生活各领域，无所不在，像儿童、国家、男人、女人等皆是被话语发明出来的观念物（风景）。比如儿童，在媒介生态学家尼尔·波兹曼看来，15世纪中叶活字印刷术的发明"创造了一个新的符号世界，而这个符号世界却要求确立

---

① 〔日〕柄谷行人：《日本现代文学的起源》，赵京华译，北京：生活·读书·新知三联书店，2003年版，第12页。

② 〔日〕柄谷行人：《日本现代文学的起源》，赵京华译，北京：生活·读书·新知三联书店，2003年版，第24页。

③ 〔意〕吉奥乔·阿甘本：《什么是装置?》，王立秋译，载《当代艺术与投资》，2010年第9期，第66页。

④ 赵京华：《从"起源"上颠覆文学的现代性》，载《读书》，2002年第6期，第90页。

⑤ 〔日〕柄谷行人：《日本现代文学的起源》，赵京华译，北京：生活·读书·新知三联书店，2003年版，第24页。

一个全新的成年概念。就定义而言，新的成人概念不包括儿童在内。由于儿童被从成人的世界驱逐出来，另外一个世界让他们安身就变得非常重要。这另外的世界就是人所众知的童年"①。又如本尼迪克特·安德森的著名论断：国家、民族并非如民族主义者和浪漫主义理论家认为的自然之物，而是"一种想象的政治共同体"。形同此理，家亦非亘古如斯，东西皆然。不同的地域、时代、文化背景，其结构方式与呈现效果不尽相同，人们对家的理解也千差万别。例如日本学者上野千鹤子曾在《近代家庭的形成和终结》中提出："在有养子制度的地方，血缘不在家庭的定义之中，而在非洲有鬼婚（与死人结婚）习俗的地方，即便是死人也算是家庭的成员。"② 这与中国祖宗牌位的祭祀礼制十分相似，在中国传统文化观念中，亡故的亲族先人也是家庭中重要成员，中国人虔诚地相信他们会在彼岸世界保佑家人，为家族带来福运。著名的城市学家、媒介生态学的重要奠基人芒福德通过研究发现，在中世纪城市家庭中，"一个正常的户籍里的成员不仅有血缘关系的亲属，还包括从事工业生产的工人和杂役。工场作坊就是家庭，同样，生意人的账房也是家庭"③。当然，关于家庭的社会学、伦理学等研究还有很多，其间所呈现的诸多匪夷所思的观念都试图将我们引向一个观点：一切看似理所当然的、普遍性的观念，其实是按照社会组织化或其他利益的需要生成的观念装置，其成形必然要经历一段复杂曲折的话语化历程。譬如在中国传统文化语境中，家庭是国家政治管理和伦理认同序列中的基础环节。家庭伦理孝道的个体德行在极大程度上被放大投射到对国家君主的忠诚和自我实现的最高价值标准。家庭以此成为"意识形态国家机器"的基本单元和重要合谋。《孝经·五刑》有言"五刑之属三千，而罪莫大于不孝"，不孝甚至被看作最大的罪行。魏晋时期的孔融与嵇康遭遇的杀身之祸皆由"不孝之名"招引。到了汉代以董仲舒为代表的伦理纲常学说

---

① 〔美〕尼尔·波兹曼：《童年的消逝》，吴燕莛译，桂林：广西师范大学出版社，2004年版，第28-29页。

② 〔日〕上野千鹤子：《近代家庭的形成和终结》，吴咏梅译，北京：商务印书馆，2004年版，第4页。

③ 〔美〕芒福德：《城市文化》，宋俊岭等译，北京：中国建筑工业出版社，2009年版，第39-40页。

更加强化了家庭关系的权力色彩。而后，宋代以降乃至明清，家庭伦理关系的权力化控制愈演愈烈。家庭由此成为国家机器进行权力渗透和思想教化的重要场域，而孝道伦理成为国家实现意识形态统治的重要工具。

与之相对，家庭又被许多正面的、积极的话语装饰。比如"在世界许多语言里，'家'的意涵不只是遮风避雨，这个还会让人联想到安全感与亲情——就像母亲的子宫一样。在古希腊文里'家'的象形文字常被用来替换'母亲'。中文的'家'有两层含义，是家人，也是房子。英文里'Shelter'则由两个拉丁词组合而成：sicield（屏障）与 tuma（团队），合起来就是一家人共同聚集在保护伞下的样子"①。只不过伴随着社会组织的合理化和意识形态统治的正当化进程，关于"家"的血脉、亲情、温情、爱情等美好修辞逐渐掩盖了原先与权力、政治和意识形态合作的话语事实，只剩下充满召唤力的抽象化观念：家是生活的保护伞，心灵的避风港……这一观念逐渐在大众心中找到了合适的栖居处并愈发根深蒂固。

不言而喻，我们倘若身处"风景"之中，就很难成为"风景"的发现者。但若没有"发现"，艺术家在相关题材的开拓处理上就只能有限地遵循既定的符号意指序列展开。可如果有了这一"发现"，艺术文本的开放性就会增加一个新的维度或一种新的范式，即风景反观范式或解构话语范式。比方说，在家庭题材的处理上，李安与文学家巴金、刘震云、池莉等不同，与电影导演是枝裕和、娜丁·拉巴基等人亦不相同。在巴金的系列作品中，家是自由意志的枷锁，是悲剧和痛苦的根源，是生命和青春的坟墓。在刘震云作品中家庭生活被描绘成"一地鸡毛"，在池莉作品中家庭话语充斥着无尽的嘲弄。他们均一味地以贬损、否定或尝试的姿态回避家庭矛盾，并没有认清家庭矛盾作为微观权力实践在社会整体权力实践中的特殊地位与属性。

在当代电影中，导演们对家有着一些新的思考。比如枝裕和执导的电影《小偷家族》，原生的、合法的家庭失去爱与温情变得畸形，而一群由"边缘人"组建的家庭异常温馨却无法获得合法性。最终决定何以为家的不

---

① 〔美〕马修·德斯蒙德：《扫地出门：美国城市的贫穷与暴利》，郑焕升译，桂林：广西师范大学出版社，2018 年版，第 383 页。

是生物的血脉、权威的"审定"，而是促使人类之间相互联结的爱与希望。在娜丁·拉巴基（电影《何以为家》）的认识中，家不再是人在无望时的心灵避风港，何以为家的问题面临着生命政治和生命伦理的双重考问。如果没有教育、抚养和社会的基本权利保障，那么何以为家将是一个永远没有答案的悲情追问。不难看出，二者皆是先解构掉人们常识中的观念，然后赋予其新的关联物（观念）来完成意义构建。

相对而言，温柔敦厚的李安对家的理解保留了个人态度。如果要问何以为家，李安没有提供现成的、固定的答案，他邀约我们在敞明话语意义的封闭机制后作开放的判断。

三、时空杂交：作为李安文本开放性建构的独特叙事技术

如果说发现"风景"是艺术创作的前提，那么时空杂交就是李安为发现"风景"所铺垫的特殊叙事技巧。时空杂交包括时间与空间两重维度，时间杂交指的是时代变迁、传统与革新的交接，主要表述的是现代化问题。空间杂交指的是全球之空间流动与并置，主要指向全球化问题。此处之所以用"杂交"一词，是因为"转型""变迁"之类的表述，其意义因过于滥用而致能量被燃尽，被简化成空洞的表征，"杂交"一词却蕴含着巨大的因交错、碰撞而产生的巨大能量。

时间杂交与空间杂交并列在一起形成双重杂交，也即现代性与全球化的复杂混糅。其杂交、混糅会爆发出一种强大的观念冲击力和文化推动力。其中，新的文化观念对人的招引推动力与旧文化观念对人的惰性拉扯力纠缠在一起，会给人一种无所适从的文化冲击力。人们在这种文化压力的刺激之下，会获得发见话语束缚性和规训力的"反环境"。所谓"反环境"是麦克卢汉媒介理论的关键洞察之一。其理论内涵是创造并进入新的媒介环境中回首观察作为新媒介内容的旧环境，以此来纠正媒介技术对人的"截除"或"延伸"。而实现"反环境"的最重要方式，是通过艺术创作。具体到本文所谈之"家庭三部曲"，时空杂交表现在以下两个维度：空间维度上，影片选择了北京、台北和纽约这三个城市，以此来代表不同地域文化之间的碰撞。在时间维度上，电影通过展现父母与子女之间的代沟和矛盾，

描绘了传统与现代之间的断裂和对抗。而之所以选择家作为时空杂交的叙事场，源自李安的一个兴趣观念："家庭是社会的基本单位，它有一个共通的现象是，人一方面想往外跑、想要自由……另一方面，人是群居动物，很需要家庭的温暖、亲密关系和安全感……"①

从静态结构来看，家是一种时空建构物，由两条轴贯穿组构。一条是纵向历时轴，以骨肉血脉代际相连，历史绵延，持续建构；另一条是横向共时轴，属异质血脉间的跨空间组合，靠生物冲动和性爱伦理维系。就其动态变化而言，李安将中国式的传统家庭置于现代化西方都市之中，通过家庭微型文化气候的东西交错，来镜像模拟彼时跨文化错综复杂的宏观时空景象；通过家庭内部不同文化身份和代际矛盾关系，来侧面描绘不同话语在跨文化传播"空降"中相遇的故事。这使"家庭三部曲"不仅具有文化和历史层面的厚重内涵，还渗透着艺术实践之外的哲学反思气质。

在影片中，"为人子，止于孝"的孝道伦理无情地逼得《推手》中温润儒雅的晓生在父亲出走、走失寻找未果后，歇斯底里地大摔厨房、碰壁自残。传宗接代的"香火伦理"逼得《喜宴》中的伟同和赛蒙（二人为同性恋关系），在父母跨洋来访的巨大压力下，无可奈何地寻找一位异性来圆场，并结成"三喜并置之家"的戏剧性画面。而"为老要尊"的老朱（《饮食男女》）则因"家长"伦理的长期束缚而失去品尝生活滋味的"味觉"。不仅如此，国人素来噤若寒蝉、谈虎色变的两性问题也在时空杂交的洗练中重新锻造。如高呼"饮食男女，人之大欲，不想也难"的"朱爸"跨越了两性话语的年龄沟壑，收获久违的情感生活；还有即便对性表现开放、不拘礼俗的"老二"家倩在性的激情和身体的冲动中能及时地恢复伦理与情感认知的理智与自觉。由此，这一"被一系列社会实践、调查、言论和书面文字——话语，或者话语实践制造出来的"② 性在时空杂交中获得重塑。李安的跨文化叙事试图以艺术的方式向我们昭示一个哲学意义上的真相，国人素来讳莫如深的"性"其实是伦理、经济、政治等一系列话语

---

① 李安、张靓蓓：《十年一觉电影梦 李安传》，北京：中信出版股份有限公司，2007 年版，第 128 页。

② 〔美〕乔纳森·卡勒：《文学理论入门》，李平译，南京：译林出版社，2013 年版，第 5 页。

建构的结果。同样，福柯对性经验史"被解读成压抑不断增大的编年史"①的怀疑，正是基于"性"是通过压抑、审查、禁止或否定的方式被生产出来的。性的存在是社会文明和制度管理的需要，性话语的不断生产、强化背后流淌着隐秘的权力运作机制。所以，性不是弗洛伊德式的起点，而是话语的造物与终结点。

李安以"时空杂交"的方式为我们构筑了发见话语有限性和文化片面性的反环境视野。正如麦克卢汉所启迪我们的："两种媒介杂交或交会……使我们停留在两种媒介的边界上。这使我们从自恋（Narcissism）和麻木（Paralysis）状态中惊醒过来。媒介交会的时刻，是我们从平常的恍惚和麻木状态中获得自由解放的时刻，这种恍惚麻木状态是感知强加到我们身上的。"② 在此意义上，时间与空间正是李安为解除人们在话语中的麻木状态所使用的特殊媒介力量。如他亲身体悟的那般，"一个人坐在一个地方看不到自己所处的情况，在遥远的地方就可以看得很清楚，到了美国之后看中国的事情，有一些东西是比较清晰的"③。

总而述之，作为媒介的时空在错置、杂交中产生了一种话语的重置效果。这种效果源自话语历史性起源的重新发现，这一发现迫使话语不得不接受批判理性的审视。这样，话语自身的合法性被悬置，话语意指的自动化机制形式出现断裂并被重塑，主体认知由此从麻木中被警醒，文本的意指实践由此获得新的演绎可能。

四、话语并置：文本开放性生成的解话语路径

常言道，"当局者迷，旁观者清"。这告诫我们，若置身于某一环境中，人是难以自知的，只有借助外在的理性力量才能获得清醒。从话语的角度

---

① 〔法〕米歇尔·福柯：《性经验史》（第一卷），余碧平译，上海：上海人民出版社，2016 年版，第 4 页。

② 〔加拿大〕马歇尔·麦克卢汉：《理解媒介：论人的延伸》，何道宽译，南京：译林出版社，2011 年版，第 7 页。

③ 钟平丹：《电影：从〈色戒〉到色相：李安创作谈综述》，载《北京电影学院学报》，2008 年第 1 期，第 101 页。

来看，话语构成了人的存在背景，我们生存其间并按话语的要求来生活，但只有借助外在的话语力量，才能从麻木的话语状态中警醒。这种内外或新旧两种力量的交汇、冲突与和解就是本文接下来要谈到的"解话语"的问题。所谓"解话语"，就是解构掉话语意义生成的结构关系，以打破话语认知的思维定式。

比如电影《推手》，倘若晓生没有去纽约，而是在中国的某个大城市成长、发展，娶的是中国媳妇，后来接父亲同住以表达孝心，那么故事可能与原先的夫妻、父子之间的矛盾冲突完全不同。当然，三代同住可能产生新的戏剧冲突，但矛盾背后的推动力与压迫力，只会是相对单一的中国家庭伦理话语，且人物的日常生活实践会按这种话语的预设方式展开，并不会对话语的规训效果产生觉察。回到电影文本，晓生的生活、工作场域转移到美国，娶的是洋媳妇，当他把土生土长于中国文化背景下的老父亲接来后，家庭的伦理构成显然是中西两种话语（硬性地）交织在一起。所以，戏剧冲突与相关矛盾关系就不再只是单一的中国话语，而是中西两支话语的交集。当两支话语相遇之后，之前在单一话语伦理（中国或西方）语境下有明确清晰指向的伦理判断出现了失效的迹象。如晓生对妻子的态度，有气但无法发泄，因为他无法将妻子与不孝的伦理判断联系起来，这与单一文化语境下的叙事走向显然不同。再如，老父亲后来出走，在两种文化强烈的碰撞交汇中他也痛苦地意识到，这既不是儿子的错，亦非媳妇之不孝，是背后某种力量使然。这种力量对其经验的渗透、改造及其造成的不适，也让其渐渐有了对自身本土文化的新认知和实践层面的调整。影片中的人物在这种话语并置中对各自本土话语的话语性（或黑格尔所谓的"片面性"）未必有清晰的觉察，但观众、读者在审美旁观中却获得了对两支话语因并置而各自暴露其话语性或伦理片面性的开放阐释的可能性。

《推手》主要说的是孝道的奉养问题，而《喜宴》说的是孝道的另一问题——"香火伦理"。所谓"不孝有三，无后为大"是中国人传统伦理思维中非常重要的一种话语构成。当李安将台北的父母"空降"到纽约，背后中美文化伦理间的复杂相遇，迸射出强有力的解话语能量。深具跨文化属性、受两种文化滋养的伟同，一则要借助某种面具和表演来应对来自中国文化伦理空间的父母的检阅，另则要维持其同性伴侣赛蒙的美国伦理文化语境下的自由情感生活。伟同面对中西两种伦理力量的质询与压迫，在戏剧化的相关人物协商之后，借助"顾威威"这座桥梁，接通了两种伦理力量。其结果是这座"桥"有"通"有"滞"。"通"是威威以假为真，最终怀孕，从而接通中国"香火延续"的伦理夙愿。"滞"则意味表面戏剧化"和合"处理之后，人物各自的归宿成为问号，三"喜"并置，多这一"喜"，到底走向"喜"还是"喜"之另一面，成为新的问题。故事至此，观众会在两种文化及其相关伦理话语的并置和比较中获得批判的审视距离，并以此从单一的中国或西方的伦理话语中跳脱出来，觉察到各自的存在以及人物关系与存在状态，因这一跨文化的话语相遇，而无奈地做出回应的话语建构主体的作用力痕迹。

再看《饮食男女》，从时空杂交的叙事技术来看，与前两个影片偏"空间杂交"相比，该影片更偏"时间杂交"，也即它表述了传统与现代、习俗与革新时代，不同年龄、性别、人群的性爱观的差异。在传统以习俗为主导的社会中，人们的性爱观普遍偏于保守，年轻人如此，老年人更是"为老要尊"。伴随社会文化现代性的深入，人们的思想观念渐趋开放，开放的观念尤其与年龄成反比。在这个层面上，不难理解为何最先或者率先离家、成家、怀孕生子的恰恰是最小的家宁。但在时空杂交语境下，文化与人性的发展不再是单一的而是复杂多元地交织在一起，让人难以简单预测。所以我们看到性格较内向，一向说以守父养家为己任的"老大"一旦遇到爱情之火招手，便情不自禁地开放并改变其守家的初衷。而最早表达也是最强烈表达离家诉求的"老二"家倩，却在复杂的职场、房场、情场、亲场的交割中，最终出乎意外地选择对家的坚守（从而暴露其内在所具有的传统、怀旧的文化情结）。当然，最具戏剧性的是，本来理所当然要守家的父亲却爆炸性地公布了自己的爱情抉择，毅然成立新家，开启自己"重味"人生的新历程。作为观众在新旧两种话语激烈而复杂的交锋中，获取了观看原本无形或隐形的关于性爱话语的距离，这种距离赋予观众洞察旧文化话语观念存在状态的目光，并在此基础上开放性地引导观众思考新旧文化的边界以及二者交锋的机制和规律。

时空杂交将家的话语族群置于变动的时代浪潮中，以并置的形态对话语本身的合理性进行悬置。它斩断了叙事场内诸种话语意指的自动化状态，破除了家庭话语在人们经验中的集体图式:"家庭对于我们人类而言,永远是生命和幸福的来源,而不是痛苦和死亡的来源。"① 可以说,"话语并置"是一种帮助观众切中影像症候和发现意义裂隙的诊断技法,它赋予观众以"医者"和"判官"两种角色,使观众通过古今、中外两层维度,自行判断诸种话语的差异和断裂性痕迹,然后在个人经验中完成裂痕与遮蔽之处的缝补。

解话语作为话语并置的技术后果,将话语在社会化过程中被遮掩的联系和原因呈现出来,将那些被回避、被压抑、被退场的零落历史、文化和观念的印记,重新纳入与社会关联的话语构架之中,进而使那种连续大写的历史叙事和知识的认识型被更改、重写。基于此,我们可以说,话语并置是观念革命与思维革命的促发剂,是感性审美(Aesthesis)的创造,是对历史真实的缝补。

结 语

开放性的建构是艺术创作的根本立足点。没有开放性,艺术的价值无从谈起。从批评的角度来说,要想在阐释和批评中洞穿艺术的开放性机理,需持有一种特殊的观看目光。这种目光是一种中断自然化的观看,一种悬置性的观看,其本质是一种哲学的观看。这种观看暂时抛弃和悬置自然化的观看所得,将目光聚焦于某个特别的角落。这个角落恰恰涉及某个特定话语所产生特别效果的内在隐秘机制。正如麦克卢汉"媒介即讯息"理论所揭示的,我们通常都会将目光投诸内容,而忽视作为环境的形式本身。然而正是形式本身的内在运作机理传输了内容生产无法传达的特定审美效果。在此,我们需要一种"反环境"的观看意识,跳脱话语观念对我们思维和想象的支配。而李安所运用之时空杂交所引起的符号意指的断裂,其目的并非要玩一种能指的"无限漂移游戏",而是要提供一种中断自然化观看的方法。这背后渗透着李安对这个时代的理解和把握:这是一个全球文

---

① 张祥龙、张恒:《家的本质与中国家庭生活的重建——张祥龙教授访谈录》,载《河北学刊》,2018 年第 3 期,第 5 页。

化杂糅的时代，内在的各种文化力量相互纠葛，这个时代被赋予深刻的解构精神，在这个时代之下的人、物与观念等也都以解构的方式生成、展开。当代人的苦痛深深根植于这个时代的文化撕裂感，人最终在各种话语的拉扯中成为"杂交物"。因此我们需要以生成性、历史性、解构性的目光去发现周边的话语"风景"，去重新探寻建构和凝聚自我的"新冲动"和"新动力"。这也是李安"家庭三部曲"文本开放性建构所内含的认识论意义和价值论意义所在。

中西电影中"小丑"角色的形象差异

——以《小丑》《夏洛特烦恼》为例[*]

李　姣①

摘　要："小丑"是中外文艺作品中经常出现的喜剧形象，东西方对此在文化认知与建构方式上存在很大不同。西方文艺作品中的"小丑"常携带"反叛"和"抗争"的精神基因；中国"小丑"更多以温和的方式与矛盾方取得和解。这种差异根源于中西方文化的不同：西方文化是外向型的，具有更强的反叛性与攻击性；中国文化是内向型的，更讲究"和谐"化解。这从美国电影《小丑》和中国电影《夏洛特烦恼》的主人公"小丑"形象建构的差异中可见一斑。

关键词："小丑"形象；《小丑》；《夏洛特烦恼》；外向型文化；内向型文化

引　言

"小丑"是我们在中外文艺中经常看到的人物形象。中国戏曲表演中有

＊　本文系国家社科基金规划项目"中国媒介环境学研究的历史整理与范式评估"（项目编号：19BXW042）阶段性成果，获河南大学研究生培养创新与质量提升行动计划项目资助（项目编号：SYLYC2022029）。
①　作者简介：李姣，河南大学文学院文艺学专业2021级博士研究生。

一个专门的角色类型叫丑角，比如大家所熟知的《卷席筒》中的小苍娃、《徐九经升官记》中的徐九经、《七品芝麻官》中的唐成等，这些人物往往让人忍俊不禁，给观众带来许多欢乐。在莎士比亚的喜剧中也有很多小丑，他们有的是达官贵人的玩物，负责讲笑话逗主人开心，如《皆大欢喜》中的试金石；有的则是作为普通仆人，如《维洛那二绅士》中的朗斯；还有的是在剧中有着其他身份的傻瓜，如《无事生非》中的道格培里。① 这些小丑无疑为喜剧增添了诸多笑点，是剧中不可或缺的重要元素。中外小丑有很多共同点，比如都会画上夸张的脸谱，让人看不清本色长相；他们在剧中的使命都是引人发笑等。但是随着社会和文化的发展，西方艺术作品中的小丑被赋予更多的精神内涵，如在美国 DC 漫画中，小丑被塑造为反抗和暴动的带头人，具有极强的"革命性"，而小丑在中国艺术文本表述中，被塑造为性格与功能都具有差异性的形象，尤其是 2019 年上映的美国剧情片《小丑》（*Joker*）和 2015 年上映的中国喜剧片《夏洛特烦恼》（*Goodbye Mr Loser*），二者虽塑造了类似的主人公，但艺术处理方式及其形象走向却有巨大差异，这为我们深入思考这一问题提供了样本。

一、社会底层的小人物：Joker 和 Loser

"小丑"作为美国 DC 漫画的第一大反派，是蝙蝠侠的宿敌，在哥谭市制造了多起案件，他的身世一直是个谜。不少人认为影片《小丑》可以看作其前传，用来解释"小丑"的诞生。但导演托德·菲利普斯认为，他执导的这部影片和漫画中的超级反派"小丑"并没有很大关系，不熟悉 DC 公司其他漫画作品也不会影响观众对影片的理解。事实上，该片中的小丑虽然制造了诸多命案，但并不让人恐怖反感，倒是一个十分引人深思和同情的角色，他怀着一颗善良的心，却一步步被社会现实逼得走上了反叛之路。

主人公亚瑟（Arthur）是一个广告公司的小职员，他靠扮演小丑为商店打广告来挣取报酬。影片开头就是亚瑟坐在镜子前认真地画脸谱，而广播

---

① 参见张祥和：《莎士比亚喜剧中的小丑》，载《福建师范大学学报》（社会科学版），1993 年第 1 期。

中播报着哥谭市爆发垃圾处理大罢工已经 18 天，全城进入紧急状态，影片在这样一个萧条而又混乱的社会背景下开始。他与母亲住在一个普通的公寓里，母亲给他取名"Happy"，意为他要为世界带来欢乐，也提醒他要时刻微笑；他本身患有精神疾病，会控制不住地大笑，整个影片的叙述在现实与幻想之间穿插，让观众很难分清哪些是现实，哪些是幻想。"小丑"本来是要给观众带来欢笑，但亚瑟逐渐发现，在同事、老板、路人、偶像等人的眼中他不过是个笑话（joke）。

《夏洛特烦恼》是 2015 年开心麻花团队创作的喜剧电影，讲述了一个名叫夏洛的年轻人"黄粱一梦"的故事。影片以"天注定了我这一生都会是个笑话"开篇，接着开始细数他"可笑"的人生。夏洛从小由母亲一人抚养长大，他学习不好，只热爱唱歌，是班主任口中的"二傻子"；他有一个喜欢的女生叫秋雅，但她钟情于区长的儿子袁华；暗恋他的姑娘是马冬梅，也是他的现任妻子，但他从未把她当女性看，甚至还十分嫌弃她；秋雅嫁给了一个年老的暴发户，在其婚礼上，夏洛穿着租来的、不幸与司仪"撞衫"的礼服出尽洋相，关键时候他的妻子马冬梅大闹婚礼现场，把他的好吃懒做、无所事事、贪慕虚荣一一曝光在大庭广众之下。他逃进酒店房间，醉倒在马桶旁，开始了他"梦中的辉煌人生"。

两部影片的主人公都是平凡的小人物，甚至可以说是挣扎在社会最底层的平民百姓，一个努力工作却还失业，一个空有抱负却无出路，他们的人生在所谓成功者或强者的眼中都是"笑话"。在现实中无法被满足的自尊与认可，被他们以各自的方式转移到了精神世界中。亚瑟依靠幻想，首先，得到了偶像默里先生的邀请，登上了梦想已久的脱口秀舞台，表演大获好评；其次，得到了心仪女子的爱恋和温情；最终，成为人们心中的英雄。夏洛在"梦"里，成为一名大红大紫的歌手，不仅唱得好，还是创作高手，一众知名歌星都求他写歌；他抱得美人归，娶到了秋雅；以前看不起他的同学张扬成为他的"小弟"，而"情敌"袁华更被他"想象为"一个落魄的渔夫，靠他的施舍过上好生活。总之，在梦里他风光无限，现实世界中吃的苦、受的罪全都获得了象征性补偿，虚荣心、认同感与自我实现的欲望更是得到极大满足。

两部影片的主人公一个是 Joker（被无情嘲笑的小丑），一个是 Loser

（世人眼中的失败者），一个居美国，一个在中国，虽处地球两端，在表现不同时代风貌和人的生存处境的影片中却有着惊人的相似之处：小人物是渺小、卑微、不足为道的，但小人物也需要尊重，其命运也需要得到关注，在面对社会的藩篱和不公时，小人物也有发出自己声音的权利和要求。

二、不同的"反抗"方式：革命与和解

亚瑟和夏洛都看到了社会的不公，默默忍受着别人的嘲弄，试图通过自我调节来达成内心的平衡，努力与社会、他人和平相处。他们一个通过幻想，一个通过做梦，在精神上缓解自己的压抑和焦虑，最终却走上了不同的道路。

（一）亚瑟的"革命"

亚瑟的自我救赎之路经过三个阶段，但每段经历都使他对社会更加绝望。第一阶段，以笑侍人。他总会保持微笑，认为这样可以表达自己的善意，还能换来别人的善待。他在街头进行小丑表演时被几个少年无来由地欺辱，在同事口中做出这种行为的是"畜牲"，在他眼中不过是孩子的恶作剧；在地铁上想帮助一个被调戏的女性却因发病大笑被几个"社会精英"暴打一顿；因弄丢广告牌被老板辱骂时他仍然嘴角上翘，希望得到原谅；被同事嘲笑时他也会附和着大笑，希望更被群体接受；在公交车上逗一个孩子开心以表达对社会的善意。但他收到的回馈是什么呢？老板无情地开除了他，不给他任何解释的余地；同事设计陷害他，去老板那里告密；孩子的母亲认为他的行为是对孩子的骚扰。总之，他所做的一切在别人看来都是错的。亚瑟逐渐发现，"笑"不能完成设想中的社会交换功能，笑是"没用"的，不能给他带来任何其所欲"交换"的东西，比如友爱、关心、接纳，所以他在离开公司时，于悲愤与无奈中用力把"forget"划掉，只剩下"Don't smile"。这其实是他与"笑"的决裂，正如他在笔记本上所写的："我的大笑，我有病"。笑是一种病，一种试图通过献媚取悦他人以获得施舍的病，事实证明，通过这条路无法达成与社会的默契而得以立足。在地铁上他掏出手枪杀死那三个殴打他的韦恩公司的高级"白领"，从此拉开反

抗社会的序幕，并引起人们对"小丑"的关注。

第二阶段，寻求感情依靠。首先是爱情。亚瑟认为女邻居对他是友好和善的，在他努力成为一名脱口秀演员时支持并理解他，可以听得懂他的笑话，能与他笑点一致；在他母亲生病时陪伴在他身边安慰他。尽管后来证明这一切都是他幻想出来的，但也表明亚瑟对爱情的渴望和希望被人理解与接纳的强烈愿望。在现实中女邻居对他的恐惧和排斥使他对爱情的梦想破灭。其次是亲情。一次偶然的机会，他得知哥谭市的大富豪韦恩竟是自己的父亲，由于从小缺失父爱，他非常希望得到韦恩的拥抱。但韦恩却说他母亲有精神病，所谓事实都是其母亲妄想出来的，连亚瑟也并非她亲生，以此击碎了亚瑟的愿望。亚瑟一直认为母亲非常爱自己，但出于对身世的敏感，他前往精神病院查询，竟得知自己从小就遭受母亲的虐待，只是出于本能的自我保护，他自动屏蔽了这段凄惨的童年。这件事再次打击了亚瑟，使他对亲情也不抱任何希望，并对母亲痛下杀手。片中他在笔记本上写下，自己的"人生是出悲剧"，当他得知一切真相时"才意识到是部喜剧"，他的出生就是个笑话，是供人嘲笑的对象。没人真正爱过他，关心过他，对社会而言他就是个多余的人，他在这世界上存在的意义彻底丧失。他在笔记本上写道："我只希望我的死亡比我的人生更有价值。"这也成为他之后的行动指南。

第三阶段，实践理想。亚瑟一直梦想成为一个脱口秀演员，他的偶像是默里。他幻想有一天可以成为默里节目中的嘉宾，功成名就，获得人们的认可。他认真观摩其他人的表演，认真做笔记，终于有机会登上舞台表演时，却因"笑病"发作而陷入尴尬。默里在节目中播放他的表演录像，嘲笑他，称他为"小丑"，亚瑟彻底心灰意冷，希望破灭，这让他意识到"有些人的刺激来自于践踏别人的理想"。并非理想高不可攀，而是社会阶层的鸿沟无法逾越。作为"下层人"，想要靠自己的努力实现阶层跃升几乎是不可能的，没人愿为你提供机会和阶梯，有的只是嘲弄和挖苦，没有人会"考虑除了自己以外的人"。他也"受够了假装好笑"，因为好笑或不好笑都是由"上层人士"来决定的。他们认为这些穷人只会"像听话的小孩一样忍气吞声，默默承受"，他要用自己的行动告诉这些自以为是的大人物"惹恼了一个被社会抛弃、鄙视的孤独的精神病会发生什么"，在电视直播现场他掏出手枪对准默里一枪爆头，之后不慌不忙地又补了一枪。至此，英雄"小丑"诞生。

经过上述三个阶段的探寻，亚瑟在社会上找不到认可和接受，在感情上无依无靠，既没有爱人，也没有亲人，理想已被社会现实彻底击碎。这样一个人犹如孤魂漂浮在社会中，既无来处也不知去路。他已经彻底看透了社会的运行规则，体制是精英阶层制定的，是非标准也是他们制定的，甚至什么是好笑的，什么是不好笑的，也由他们决定；占大多数的底层人民只是为"凑数"而存在，他们的生死、需求、愿望、理想从不在体制的关注范围之内。面对这样的社会现实，"小丑"亚瑟不再沉默，他要用自己的方式来证明自己的存在，那就是反抗、"革命"。革命需要动因，马基雅维里指出："人们因为希望改善自己的境遇，愿意更换他们的统治者，并且这种希望促使他们拿起武器来反对他们的统治者。"①"小丑革命"的动因很明确，为一个人争取人的权利，受尊重，受重视，被认可，被接受，当然更基础的是有工作，有饭吃，通过暴力来改善自己的生存状态。正如马克思所说，革命是阶级矛盾和社会矛盾激化的产物，同时又是解决阶级矛盾和社会矛盾的主要途径和手段。发生在哥谭市的"小丑革命"正是资本主义发展到一定阶段必然出现的阶级矛盾所导致的，以韦恩为代表的有产阶级认为小丑们完全是出于"嫉妒他们这些有才华的人"，他们始终是一事无成的"跳梁小丑"。所以，"小丑"们就用自己的行动来证实，他们并非可有可无，他们是一股力量，一股颠覆的力量、革命的力量，精英代表韦恩被小丑枪杀，就是最好的证明。

（二）夏洛的"和解"

夏洛是现实生活中的失败者，在梦中他实现"翻盘"，成为人生赢家。他回到 1997 年，时代给他带来绝佳的发展时机，成为红极一时的歌星。随着名气越来越大，他的资产也越来越多，秋雅秉持着"人老点丑点没关系，关键是要有才华"的理念嫁给夏洛，他在梦里终于抱得美人归。有名又有

---

① 〔意〕马基雅维里：《君主论》，潘汉典译，北京：商务印书馆，2017 年版，第 6 页。

钱的夏洛过起了奢靡的生活，虚荣心迅速膨胀，在极度自满中又常常有着难以名状的空虚。在现实生活中，他什么都没有，每天吃马冬梅做的茴香打卤面，日子倒也过得安稳，反观现在的生活却总也找不到该有的味道。夏洛找到昔日同窗好友大春，却不想马冬梅已经嫁给了大春，这给夏洛带来极大的震撼。原来怎么甩都甩不掉的马冬梅和他再也没有关系了。夏洛非常失落，渐渐也对这种纸醉金迷的生活产生了厌倦，他决定退出娱乐圈。在平淡的生活中他日益发现，吸引"朋友"的是名利，并没人真心待他，在获得极度代偿之后，只留下深深的空虚。最终，夏洛死于绝症。在梦中过完浮华一生的夏洛回到现实世界中，开始珍惜眼前幸福，与马冬梅寸步不离，故事至此结束。原本影片中蕴含着诸多对现实的批判和反思统统被沉放在这个甜蜜的结尾中。

首先是对教育体制的批判。班主任王老师经常向学生索要礼物，对学生进行语言和肢体暴力。其次是对官本位的批判。袁华的父亲是区长，他的作文《我的父亲是区长》顺理成章得了全区第一名，他还年年得三好学生、优秀学生干部，而夏洛这样普通家庭的孩子则永远没有机会。最为重要的是对资本的抨击，在"别现代"（王建疆语）语境下，社会经济高速发展，也即资本的发展，使人与人之间的情感发生变异，男女之间的自然吸引，成为资本的配对，身份、家世、地位、金钱都成为婚姻里明码标价的东西，唯独没有爱情。在影片中秋雅嫁给了夏洛的金钱和地位，而马冬梅始终爱的是夏洛这个人，但夏洛偏偏不爱马冬梅而去追求秋雅，直至他梦醒了才意识到什么是真爱，什么是真正值得珍惜的生活和爱人。

《夏洛特烦恼》为追求喜剧化效果，止步于"大团圆"的尾巴，《小丑》也讲了一个"失败者"的"笑话"，但后者却能给我们带来更强烈的心灵震撼。亚瑟身为喜剧演员，其身世是不幸的，为了能融入社会，得到作为一个人应有的尊严和活下去的理由，他在经历过诸多尝试之后最终发现，只有奋起反抗，用暴力手段才能突显自己的存在，让世人看到一个"小丑"的力量。他清醒地认识到，一个有着结构性缺陷的社会不会给弱者留下任何发展空间，要想有尊严地活下去，突破与解构现有社会结构是唯一可行的方法。正如马克思在《〈黑格尔法哲学批判〉导言》中所说："批判的武器当然不能代替武器的批判，物质力量只能用物质力量来摧毁。"① 当与一个旧制度无法沟通，矛盾无法调和时，暴力革命是唯一有效的办法。夏洛同样面临这个问题，但是他在饱受资本倾轧，遍尝人间冷暖之后，却用"白日梦"的方式与现实达成了和解，体验了纸醉金迷，最终发现还是现实的生活最幸福，他随即紧紧拥抱生活，再也不对不属于自己的东西想入非非。与亚瑟相比，夏洛的态度是温和的，是"迷途知返"式的，面对尖锐的社会矛盾，他用调节自身的方式来适应它，这无疑维护了社会结构的稳定。当资本成为社会的核心问题时，它就涵纳了生活的方方面面，这些方面纠缠在一起不可避免会产生诸多矛盾。《小丑》影片中采用罢工、暴动等激进的、革命的方式来化解矛盾；《夏洛特烦恼》则通过"做梦"的方式化解矛盾。这不仅是导演立意的差别，背后更体现了深层的中西方文化差异。

三、角色的生长与文化"容器"之差异

　　文本表征背后是文化的差异。亚瑟与夏洛的角色形象正是在中西方不同文化滋养下生成的。"文化，广义指人类在社会实践过程中所获得的物质、精神的生产能力和创造的物质、精神财富的总和。狭义指精神生产能力和精神产品，包括一切社会意识形式：自然科学、技术科学、社会意识形态。"② 这段收录在《大辞海》中基于马克思主义哲学对文化的界定，道出了文化最主要的特质。文化是在人类发展过程中逐渐积累起来的，一种文化的形成并非朝夕之功，"作为一种历史现象，文化的发展有历史的继承性；在阶级社会中，又具有阶级性，同时也具有民族性、地域性"③。因而，世界各地因地理位置不同、民族风俗不同等形成了不同的文化，呈现出人类文化的差异性、多样性。不同文化犹如形状各异的"容器"，将生长于其

---

　　① 中共中央马克思恩格斯列宁斯大林著作编译局：《马克思恩格斯选集》（第一卷），北京：人民出版社，2012年版，第9页。
　　② 《大辞海》"文化"词条，参见 http://www. dacihai. com. cn/search_ index. html?_ st = 1&keyWord = % E6% 96% 87% E5% 8C% 96.
　　③ 《大辞海》"文化"词条，参见 http://www. dacihai. com. cn/search_ index. html?_ st = 1&keyWord = % E6% 96% 87% E5% 8C% 96.

中的人们塑造成性格、特质迥异的个体，这也成就了世界的丰富性。中国文化作为东方文化的代表，一直以来与西方文化有诸多交集，不仅有"西学东渐"，还有"东学西传"，二者不断碰撞，相互"切磋"，对世界历史及文明的发展具有重要意义。

中西方文化的差异一直以来都是学者们关注的重要问题，文化对个人的影响是非常复杂的，我们在此只能粗略把握，自晚清以来康有为、梁启超、王国维、蔡元培、陈独秀、胡适、张岱年等人对此问题都多有论述。比如，陈独秀认为西方文化更重视"个体"，而中国文化更注重"家族为本"①。蒋孔阳则在《中西美学思想的比较研究》中进一步指出，"中国社会具有强烈的宗法性"，这就导致统治世界的是"现世"的家长，因而，中国社会最具代表性的人生理想和美学思想也即现世的享乐，"正因为是现世的，所以缺乏西方那种'魔性的'反叛精神"。②由此，我们就不难理解，为什么夏洛"黄粱一梦"之后紧紧拥抱现实，他做出这样的选择并非偶然，而是有着深厚的文化渊源。胡适也曾论述过中国文化中缺乏反叛性，他认为长期以来佛教思想的影响使得中国人更具"和平主义"的倾向，世代儒道学说的浸润也使得中国人追求和谐共生，因而中国文化"不尚武力"。③张岱年则从经济和地理方面阐述了中西方文化差异形成的原因，"海洋事业的开拓，是促进欧洲文明特别是近代文明高度发展的有力杠杆"。对海洋贸易的高度依赖，使西方发展出"向外扩展的外向型经济"，与之相匹配的是进取扩张的外向型文化；"然而以农耕经济为主体的中华文明是一种主张和平自守的内向型文化"④。

中国的内向型文化与西方的外向型文化形成了鲜明的对比，中国人更讲求"和"，与自然和谐——天时地利，与他人和谐——能忍则忍，与自己和谐——知足常乐。而外向型文化影响下的西方人则是不断开拓进取，反

---

① 参见陈独秀：《东西民族根本思想之差异》，合肥：安徽人民出版社，1987年版。

② 蒋孔阳：《美学新论》，北京：人民文学出版社，2006年版，第509页。

③ 参见胡适：《中国的文艺复兴》，北京：外语教学与研究出版社，2001年版。

④ 张岱年、方克立：《中国文化概论》，北京：北京师范大学出版社，1994年版，第38页。

叛抗争。在此基础上，张法论述了中西悲剧意识的形态，他认为西方的悲剧意识是"刚性"的，"有助于西方文化的进取性"，而中国的悲剧意识是"柔性"的，"保存着中国的保存型文化"。以爱情悲剧为例，西方的爱情悲剧以"抗争与毁灭"为主题，如果反抗无果那么死亡就是情人们最好的归宿，比如罗密欧与朱丽叶。中国的爱情悲剧以"追求与保存"为主题，最终以目标的退场和"礼"的登场为结局。① 由此也就不难理解为什么黑格尔、王国维和蔡元培都认为"中国没有悲剧"了。中国悲剧中"悲"的成分被文化中"和"的因素化解掉了。不论是《窦娥冤》还是《梁祝》，最终一个冤情昭雪，一个双双化蝶，悲剧中最震撼人心的崇高感大打折扣。

结　语

回过头来，我们再来审视亚瑟和夏洛就不难发现，同为"笑话"和"小丑"，在不同文化背景之下，二者的表征是完全不同的。亚瑟在认清现实之后，将曾经侮辱他的人一一杀死，他的悲剧性促使他成长为"英雄"。夏洛的人生也带有普遍的悲剧性，身为小人物本想努力生活却仍难免成为被取笑的对象，但是他在梦中将看不起他嘲笑他的人报复完之后，实现了心理满足，看清了社会的真相以后，他选择放弃这样的生活，回归自己原本平平淡淡的日子。也就是说，亚瑟通过"革命"对抗社会，而夏洛通过"做梦"原谅社会。由此可见两部影片的立意差异，同时也充分展现了人物背后不同文化背景强大的结构性力量，与全球化时代不同国家地区现实语境的复杂性与差异性。

除了文化的因素，《小丑》最终走向革命也与当代资本主义社会矛盾的不可调和性紧密相关，因为无法调和，所以只能以暴力革命的方式来促进社会的革新进步；而中国的文化走向是以"和"为贵，同时中国社会现阶段的主要矛盾并非阶级矛盾，而是人民日益增长的美好生活需要和不平衡不充分的发展之间的矛盾，况且中国文化有极强的自我调整机制，据此来理解夏洛最终的选择也在情理之中。

---

① 参见张法：《中西美学与文化精神》，北京：北京大学出版社，1994年版。

《万叶集》中的"花"意象*

郭宴宏①

摘　要： 花是文人墨客笔下永恒不衰的主题，日本最早的一部和歌总集《万叶集》中共提及 40 多种花，每种花都有着不同的意象，在不同的情境中同一种花又会被赋予不同的意义。本文通过对《万叶集》中的花意象进行考察与研究，发现萩花是《万叶集》中提及数量位居第一的花卉，梅花、橘花分别位列第二、第三位，樱花则是备受日本国民推崇，具有代表性。《万叶集》中这四种花的意象，或与渲染季节氛围相关，或象征女子形象，或与爱恋之情联系，或是物哀和无常观的表征。此外，中国文化中的"花"意象在一定程度上影响了《万叶集》中"花"意象的呈现。

关键词：《万叶集》；花意象；中日文化交流

　　《万叶集》是日本最早的一部和歌总集，其在文学史上的地位堪比中国的《诗经》。中日学界关于《万叶集》的研究成果极其丰富，其中有关"花"的诗歌也成为关注的焦点。

　　* 本文系 2022 年国家社会科学基金一般项目"中日郑成功题材叙事文学比较研究"（项目编号：22BWW017）阶段性研究成果。

　　① 作者简介：郭宴宏，四川大学文学与新闻学院硕士研究生，研究方向为海外中国学。

关于《万叶集》诗歌中"花"的研究，具有代表性的成果有日本游记作家大贯茂的《万叶之花鸟风月》《万叶之花100选》，其对《万叶集》中的"花"进行了大致的统计和归纳。日本民俗学研究者樱井满著有《万叶的花》，也对《万叶集》中的"花"及其相关习俗进行了分析与研究。镝木正雄则在《〈万叶集〉的梅、樱和歌》中研究了《万叶集》中的梅花和樱花和歌。菊地義裕在《万叶的橘》中分析了《万叶集》中涉及橘花的和歌。

中国学者关于《万叶集》诗歌中"花"的研究也有丰富的成果。例如，韩威（2020）在《〈万叶集〉花卉意象考之"萩""梅"》中探究了《万叶集》中出现频率最高的萩花和梅花之意象，并就中日审美差异做了分析。康会丹（2020）也在《浅析和歌中的"萩"意象——以〈万叶集〉为中心》中分析了备受日本人喜爱的萩花。阎利华（2014）在《〈万叶集〉中的咏梅和歌》中对《万叶集》中深受中国文化影响的梅花意象进行了详细分析。尹宁宁（2012）则在《〈万叶集〉中咏梅歌和咏樱歌的对比研究》中分析了《万叶集》中出现数量位于第二、第四位的梅花和樱花，并指出了梅花、樱花在不同时代的日本地位不同的原因。李笑（2013）在《浅析〈万叶集〉中大伴家持的桃李歌》中分析了大伴家持所做的两首以桃李为主题的和歌，着重从创作手法角度进行了探究。罗兴典（1992）在《〈万叶集〉中的咏花歌》中将《万叶集》中的典型花卉逐一列出，辅以具体的和歌进行分析。

从上述研究现状可知，虽然中日学界对《万叶集》中的"花"的研究积累了一定的成果，但是，从总体上对《万叶集》中的"花"进行考察并对其"花"意象与中国文化的关系进行研究的成果却寥寥无几。实际上，《万叶集》中共有700多首带有"花"字眼的和歌。本文将选取其中的四种花，分别是《万叶集》中提及数目位列前四的萩花、梅花、橘花以及樱花，进行系统分析。《万叶集》中共有142首和歌提及萩花，119首和歌提及梅花，69首和歌提及橘花，46首和歌提及樱花。基于此，本文以上述《万叶集》中的"花"意象为论述对象，在对每一种"花"进行分析的同时，兼与中国的同一种"花"进行比较，意图找出中国文化对《万叶集》"花"意象形成之影响，探究中日"花"意象的相似和相异之处。

一、《万叶集》中的萩花及其意象

萩花又称胡枝子花，总体呈紫、白色，花期在七月至九月，为秋之花。萩花备受万叶诗人的喜爱，在《万叶集》和歌中提及数量位列第一，共 142 首。日本著名园艺家柳宗民给出了萩花受日本国民喜爱的理由："萩的花朵并不美丽。挂在纤长枝条上的紫红色小花自有一种清冷的味道，很符合日本人的审美。"① 日本游记作家大贯茂总结出了萩花为日本国民所喜爱的四个理由：样貌可爱、同期稀有、姿态优美、遍布全国。著名歌人山上忆良也将萩花列入秋之七草之首。

相较于日本萩花备受推崇的情况，中国的胡枝子花就显得十分默默无闻。中国有关胡枝子花的记载最早见于永乐四年。朱元璋第五子朱橚在《救荒本草》中提及胡枝子，介绍了其外形、特性和功用。

在《万叶集》中，萩花的意象首先是秋天。

萩花为秋之花，《万叶集》中歌人常常借萩花渲染秋季的氛围，奠定秋天的基调。

> 春来霞隐处，不见有平畴，
> 秋日萩花发，折来插满头。
>
> ——第十卷【2105】②

> 入夕秋风起，风吹白露来，
> 萩花争欲出，明日也能开。
>
> ——第十卷【2102】③

> 沙田原野地，秋至有花萩，
> 今日萩花盛，折来插满头。
>
> ——第十卷【2106】④

---

① 《四季有花》，曹逸冰译，北京：新星出版社，2017 年版，第 150 页。
② 《万叶集》，杨烈译，长沙：湖南人民出版社，1984 年版，第 415 页。
③ 《万叶集》，杨烈译，长沙：湖南人民出版社，1984 年版，第 415 页。
④ 《万叶集》，杨烈译，长沙：湖南人民出版社，1984 年版，第 415 页。

　　"秋日萩花发""秋至有花萩"，萩花的盛开也就意味着秋天的到来。歌人们用萩花向读者传递季节信息，营造出萩花遍野的秋季景象，让读者能够结合自己见过的真实情境想象出和歌所描述的画面。

　　南飞的"雁"也为秋天之景象，中国的诗句中常常将"雁"与"秋"联系起来。范仲淹《渔家傲·秋思》"塞下秋来风景异，衡阳雁去无留意"借北雁南飞渲染了边塞萧瑟的秋景；李白《宣州谢朓楼饯别校书叔云》"长风万里送秋雁，对此可以酣高楼"借用秋雁描绘了一幅壮阔的秋景；孟浩然《早寒江上有怀》"木落雁南度，北风江上寒"借用南飞的雁渲染了深秋的氛围。《万叶集》中则常常将"萩花"和"雁"这两个意象联用，用以构成秋之景。

> 雁声尚未来，日日萩花开，
> 雨落萩原上，飘零转可哀。

——第十卷【2097】①

> 人谓萩花早，难逢过雁时，
> 雁声闻得处，花已乱飞驰。

——第十卷【2126】②

> 初雁鸣声出，萩花开屋前，
> 萩花君欲见，来此莫迟延。

——第十卷【2276】③

　　第一首和歌中未至的"雁声"配合满原的萩花，描绘了一幅初秋时节秋雨纷飞的画面。第二首和歌将"雁声"和"掉落的萩花"结合起来，将深秋时节景象描绘得栩栩如生。第三首和歌同样用"初雁"和"萩花"营造了浓郁的秋之氛围。"雁至萩开"能够形象地将不同时间段的秋描绘出来。

　　其次，《万叶集》中的萩花也用于表达爱恋。

---

① 《万叶集》，杨烈译，长沙：湖南人民出版社，1984年版，第414页。
② 《万叶集》，杨烈译，长沙：湖南人民出版社，1984年版，第418页。
③ 《万叶集》，杨烈译，长沙：湖南人民出版社，1984年版，第438页。

　　《万叶集》中用萩花表达爱恋的和歌尤其多。这些和歌有的借萩花喻恋人，表达爱慕之情；有的借萩的花开、花谢、结果传递内心情感，这些感情又有悲有喜。

> 君使折来者，萩花也似君，
> 见花如见面，愈看愈殷勤。

——第十卷【2111】①

> 夫子栽培者，萩花今已开，
> 见花知恋故，睹物见人来。

——第十卷【2119】②

　　"见花如见面""睹物见人来"，这两首和歌均表达见萩花如见恋人之意，用萩花委婉含蓄地表达爱恋。

> 宅畔萩花开，花开又落哉。
> 至今已结实，仍不见君来。

——第十卷【2286】③

> 藤原是故乡，遍地萩花香，
> 但见花开落，待君空断肠。

——第十卷【2289】④

　　"萩花已经开了又谢并且结出了果实，但是仍然不见君的身影"⑤，第一首和歌借用萩花的生长周期表达了对恋人的期盼和对恋人久久不至的失落。"花开花谢，仍不见君，思君断肠"⑥，第二首和歌也借用萩花的花开花落传递了等待恋人的焦急和愁绪。

> 恋爱经常待，常思见面情，

---

① 《万叶集》，杨烈译，长沙：湖南人民出版社，1984 年版，第 416 页。
② 《万叶集》，杨烈译，长沙：湖南人民出版社，1984 年版，第 417 页。
③ 《万叶集》，杨烈译，长沙：湖南人民出版社，1984 年版，第 440 页。
④ 《万叶集》，杨烈译，长沙：湖南人民出版社，1984 年版，第 440 页。
⑤ 此句为笔者译。
⑥ 此句为笔者译。

秋萩花满树，结实总无成。

——第十卷【1364】①

吾妹门前树，秋萩花正开，
花如能结实，恋意更浓来。

——第十卷【1365】②

第一首和歌同第十卷【2286】【2289】一样，借萩花描写的是遗憾之情，用萩花的"结实总无成"写不得圆满的爱恋。第二首和歌则与之相反，用萩花的花开和结果写浓浓的爱意。

再者，《万叶集》中的萩花也被赋予女性的意象。

《万叶集》中歌人借萩花写爱恋时便赋予了萩花女性这一意象，并且萩花样貌可爱、姿态优秀，有天然的可以与女性并提的特征。《万叶集》第十卷【2284】中写道"虽狂今欲见，吾妹好容仪，貌似萩花美，柔如秋叶姿"③，用萩花喻女性的相貌，用秋叶喻女性的姿态。相传"萩"为"鹿"之妻，所以《万叶集》中萩花作为女性的意象常常和"雄鹿"一起出现。

雪岳神边山，对面三垣山，
山上萩花妻，今不见妻颜。

——第九卷【1761】④

萩花是鹿妻，一鹿只一子，
我儿似鹿儿，独儿爱无比。

——第九卷【1790】⑤

雄鹿心相念，萩花野地馨，
不图时雨降，可惜又飘零。

——第十卷【2094】⑥

---

① 《万叶集》，杨烈译，长沙：湖南人民出版社，1984年版，第279页。
② 《万叶集》，杨烈译，长沙：湖南人民出版社，1984年版，第279页。
③ 《万叶集》，杨烈译，长沙：湖南人民出版社，1984年版，第439页。
④ 《万叶集》，杨烈译，长沙：湖南人民出版社，1984年版，第360页。
⑤ 《万叶集》，杨烈译，长沙：湖南人民出版社，1984年版，第367页。
⑥ 《万叶集》，杨烈译，长沙：湖南人民出版社，1984年版，第414页。

深山雄鹿在，此夜去应难，

欲问萩花好，花妻西已残。

——第十卷【2098】①

这四首和歌均将"萩花"和"雄鹿"相联系，赋予萩花"妻""女性"之意象。

此外，萩花在《万叶集》中也是物哀和无常观的表征。

"物哀"之"哀"由多种情感构成，并不局限于中国通常认为的悲伤之情，它可以包括忧伤、孤独、思念、开心、感动、美好等多种情感，只要是真情流露，均可属于"物哀"。《万叶集》中有关萩花的和歌，很大一部分就是歌人观萩花时的真情流露。

秋风日日吹，吹过高圆野，

吹落好萩花，令人痛惜者。

——第十卷【2121】②

秋野有萩花，萩花白露遮，

此花不手折，惜已过繁华。

——第十九卷【4318】③

这两首和歌均是歌人观萩花时发出的感叹。第一首和歌是歌人看到秋风吹落萩花时发出的叹息，是对萩花的爱惜。第二首和歌是歌人看到深秋时节，萩花已过盛期、繁华不再的痛惜。

受佛教的影响，日本文化崇尚"无常"的观念，认为世上并没有不变的事物，追求一种变化的美，讲求遵从自己的真心，快意生活，一期一会。《万叶集》中歌人常借用萩花的飘落来传达这一种观念。

---

① 《万叶集》，杨烈译，长沙：湖南人民出版社，1984年版，第414页。

② 《万叶集》，杨烈译，长沙：湖南人民出版社，1984年版，第417页。

③ 《万叶集》，杨烈译，长沙：湖南人民出版社，1984年版，第787页。

萩花恋不尽，念此不胜悲，
痛惜将何补，重逢会有时。

——第十卷【2120】①

秋风急急吹，可惜萩花落，
花落惜如何，争先来赏却。

——第十卷【2108】②

　　第一首和歌中歌人感叹萩花将谢，心里无比痛惜，但歌人并未同大多中国诗人那样由此起兴，借悲凉的氛围叹秋之凄清和自身的遭遇，而是认为弥补遗憾的方法就是等再次重逢，体现出一期一会的无常观。第二首和歌歌人同样叹息萩花的凋落，但仍然没有浓浓的悲情氛围，而是更加重视眼前的观赏，追求当下的美，珍惜瞬时的美好。

　　由此可见，萩花因备受万叶歌人青睐而常被写入和歌，涉及萩花的和歌数量位居《万叶集》描写花卉和歌之首。《万叶集》中萩花的意象常常与秋天、爱恋、女性、物哀和无常观相联系。同中国文人一样，万叶歌人常常借用"雁"之意象描写秋景，将其与"萩花"联用以渲染秋季氛围。

二、《万叶集》中的梅花及其意象

　　《万叶集》共有119首和歌提及梅花，其梅花大多为白梅，花期在冬春季节，故而可以将其称为冬之花。白梅非日本的原产物，约在公元700年由日本遣唐使带回日本。梅花是从中国江南地区引进的，象征着中国文化，展示了当时上流贵族的憧憬。当时的日本十分推崇中华文化，而"梅"在中国文人的笔下有着极其重要的地位。"梅花来梦语，为道本风流，思此风流事，杯中酒亦浮"③，受中国文化的影响，赏梅咏梅就被日本的贵族阶层推崇为最高雅的情趣。

　　"梅"从古至今在中国文化中都占据着十分特殊的地位，无数文人墨客

---

① 《万叶集》，杨烈译，长沙：湖南人民出版社，1984年版，第417页。
② 《万叶集》，杨烈译，长沙：湖南人民出版社，1984年版，第416页。
③ 《万叶集》，杨烈译，长沙：湖南人民出版社，1984年版，第184页。

都将其作为吟咏的对象。梅花于凛冬独自盛放，不畏苦寒，中国文人便将梅花视为高洁品质、傲骨气节的象征，既称颂其性情又以梅花自喻，表明自己的心志。王安石《梅花》一诗中"墙角数枝梅，凌寒独自开"，陆游《落梅》一诗中"雪虐风饕愈凛然，花中气节最高坚"便是梅花在中国文人心中的真实写照。中国文人也常常将"梅"与"雪"作比，卢梅坡《雪梅》一诗中的"梅须逊雪三分白，雪却输梅一段香"是千古流传的佳句。《万叶集》第五卷的和歌"雪色如银白，梅花赛雪开"① 也将"梅"与"雪"相比，颇有同样的风味。又因梅花的花期在冬春之季，中国文人又常常将"梅"与"雪""柳"等意象相结合传达冬去春来之意。晏几道《临江仙·身外闲愁空满》"柳垂江上影，梅谢雪中枝"将柳、梅、雪三个意象结合，用新发的柳条和于残雪中凋谢的梅传达了春近之意。中国文人将"梅"意象与"雪""春"相联系的做法给了万叶歌人很大的启发。

首先，《万叶集》中梅花是冬去春来的表征。

同中国古代诗歌常用"梅"写冬去春来一致，《万叶集》的歌人也常常用"梅"来写迎春之意。

> 春至梅花落，吾来越妹垣，
> 垣间久未越，寥落似荒原。

——第十卷【1899】②

> 冬后又春来，春来梅已开，
> 爱梅如汝者，能有几人哉。

——第十七卷【3901】③

这两首和歌均用梅花的花开花谢传达春已至的信息，营造出了冬去春来的氛围。

深受中国文人的影响，《万叶集》的歌人也常常将"梅"与"雪""柳""莺"等意象合用，烘托冬去春来的氛围。

---

① 《万叶集》，杨烈译，长沙：湖南人民出版社，1984 年版，第 184 页。
② 《万叶集》，杨烈译，长沙：湖南人民出版社，1984 年版，第 387 页。
③ 《万叶集》，杨烈译，长沙：湖南人民出版社，1984 年版，第 686 页。

见雪犹冬日，阳春已物华，
春霞随处有，散落是梅花。

——第十卷【1862】①

我植春来柳，柳丝风乱吹，
妹家梅树上，应是落花时。

——第十卷【1856】②

此夜几时明，明朝应不恶，
黄莺闹树枝，定见梅花落。

——第十卷【1873】③

第一首和歌将"雪"和"落梅"联用，营造出冬天已然过去的景象，又用"春霞"加深了早春已至的氛围。第二首和歌先描写春柳随风摆动的景观，随后联想到恋人家中的梅树应是落花时，用"春柳"和"落梅"写早春。第三首和歌直接道出"黄莺闹春之时定是梅花凋落之时"，将"春莺"与"落梅"紧紧联系。

其次，《万叶集》中的梅花也用于表达爱恋。

用"花"传达爱意是中日文化中都十分常见的现象，《万叶集》中也有诸多和歌用"梅"表达自己的爱恋。

梅花开复落，梅苑我行迟，
欲待君来使，待之到几时。

——第十卷【1900】④

月夜多清美，梅花开我心，
心花真怒放，相念待君临。

——第八卷【1661】⑤

① 《万叶集》，杨烈译，长沙：湖南人民出版社，1984年版，第381页。
② 《万叶集》，杨烈译，长沙：湖南人民出版社，1984年版，第381页。
③ 《万叶集》，杨烈译，长沙：湖南人民出版社，1984年版，第383页。
④ 《万叶集》，杨烈译，长沙：湖南人民出版社，1984年版，第387页。
⑤ 《万叶集》，杨烈译，长沙：湖南人民出版社，1984年版，第338页。

第一首和歌借用梅花的开谢具象化待君的时间，也生动地写出了主人公在漫长等待中的期盼和焦急。第二首和歌用盛开的梅花喻拟主人公期盼的内心，贴切地传达出了待君来的兴奋。

再者，《万叶集》中的梅花也被赋予女性的意象。

中日诗歌中同样都有许多借花喻人的例子，借花写女性更是十分普遍。《万叶集》中也有和歌将"梅"比作女子。第五卷的和歌"梅花开满苑，柳色正青青，花色如人面，青丝是发形"①，就是将梅花和柳枝刻画成了一位窈窕多姿的女子。

> 妹是家中梅，梅花几日开，
>
> 何时能结子，此事定将来。

——第三卷【398】②

> 妹是家中梅，梅花早已开，
>
> 梅花已结子，左右两成堆。

——第三卷【399】③

这两首和歌开头便直接道出"妹是家中梅"，将女子喻作梅花，随后便借用梅花的开花结果写女子的人生。

此外，梅花在《万叶集》中也是物哀和无常观的表征。

遣唐使将梅花引入日本后便受到了日本贵族阶级的推崇，吟咏梅花成为风流雅事，歌人也在叹咏之时流露出了自己最真实的情感。有的歌人毫不吝啬地表达自己对梅花的喜爱，正如第五卷中的"春日天长日，春郊起彩霞，插头花遍野，可爱是梅花"④。歌人于早春的郊外赏花，在观尽满山漫野的花卉后发出感叹："可爱是梅花"，抒发自己真切的欣喜和喜爱。有的歌人则在看到春至梅花谢时发出叹惋，正如第五卷中的"我舍梅花树，黄莺枝下鸣，莺鸣何所似，叹息落花声"⑤。院中的梅树、枝头的黄莺、飘

---

① 《万叶集》，杨烈译，长沙：湖南人民出版社，1984年版，第178页。

② 《万叶集》，杨烈译，长沙：湖南人民出版社，1984年版，第95页。

③ 《万叶集》，杨烈译，长沙：湖南人民出版社，1984年版，第95页。

④ 《万叶集》，杨烈译，长沙：湖南人民出版社，1984年版，第183页。

⑤ 《万叶集》，杨烈译，长沙：湖南人民出版社，1984年版，第182页。

落的梅花构成了一幅雅致的早春图景，但春至也意味着梅花即将凋谢，黄莺此时的鸣叫就如同对落梅的叹息，为这幅早春图景平添一份哀伤，歌人也是借用黄莺表达了自己对梅谢的遗憾。

同萩花一样，万叶歌人在描写梅花时也传达出了一种无常观念。

> 正月立春来，如斯快乐哉，
>
> 折梅寻乐去，乐极不生哀。

——第五卷【815】①

> 我舍盛开者，梅花竟若斯，
>
> 须臾花散落，谁见盛衰时。

——第五卷【851】②

立春的到来使得歌人倍感快乐，虽然随后便可能有梅花凋谢的烦恼，但歌人选择享受当下的快活，折梅寻乐以忘却哀伤，"乐极不生哀"传达出了歌人对当下快意生活的追求。第二首和歌中"须臾花散落，谁见盛衰时"表达出世间万物的变化之快非常人所能捕捉，传达出一种无常、变化的美感。

概言之，梅花由遣唐使传入日本后便颇受万叶歌人的青睐，地位一度高于樱花，《万叶集》中梅花意象的呈现也深受中国文化的影响。在中国文化的影响下，《万叶集》中的梅花常常象征着冬去春来，并与"雪""柳""莺"意象结合，描绘出春之图景。《万叶集》中的梅花意象也常常与爱恋、女性、物哀和无常观相联系。

三、《万叶集》中的橘花及其意象

橘花花体雪白，花叶常青，花期在夏季，故而可称为夏之花。《万叶集》中共有69首和歌提及橘花。有关橘花，《万叶集》第十八卷【4111】和歌详尽地阐释了其来源和特性。"祖神大时代，遣田道间守，四时香果

---

① 《万叶集》，杨烈译，长沙：湖南人民出版社，1984年版，第178页。
② 《万叶集》，杨烈译，长沙：湖南人民出版社，1984年版，第184页。

树，八枝持回有"①，相传公元61年，垂仁天皇派遣田道间守去不老不死的理想之国常世国寻找四时香果，四时香果是一种一年四季都能散发出香味的果子，即橘子。公元71年，田道间守于常世国带回了八枝八蔓的香果。"冬来霜雪多，橘叶不枯朽，常绿叶如磐，繁华如春柳"②，"橘"四时常青，故而"自从神代来，橘树尊为首"③。

橘花原产于中国，花瓣洁白，花香四溢，中国文人常常用其营造夏日静谧惬意的氛围。宋代诗人郑刚中《故居》一诗中写道："晚凉荷叶嫩，细雨橘花香"，用"荷""雨""橘"烘托出了记忆中家乡夏日的美好，橘花的香气正是故乡的味道。滕岑也在诗中写道："酴醾香绝奇，橘花香更美"，将"酴醾"与"橘"相比，盛赞"橘"之香、美，也借二花之美渲染了夏日田园生活的惬意。中日文人笔下的橘花大多有着美好的象征，但《万叶集》中的橘花因其常青之特征，更多地被赋予了一层政治意义。

首先，《万叶集》中橘花是夏天的表征。

同中国文人一样，《万叶集》中歌人也常常用"橘"渲染夏天的氛围。万叶歌人常常将"橘"和"杜鹃"联系起来，"橘"为夏之花，"杜鹃"是春末夏初的代表性鸟类，这两个意象结合便直接赋予了和歌夏日的氛围。第八卷的夏杂歌"我屋门前橘，而今已放花，杜鹃来扰动，散落满枝桠"④，杜鹃飞动，惊落橘花，营造出浓浓的夏日氛围。

其次，《万叶集》中的橘花同政治意象紧密联系。

《万叶集》中歌人常常用四时常青的"橘"与政治相联系，后世日本军事家将军机命名为"橘花"大概也与此相关。

> 此橘红光照，万方普照中，
> 大王如此橘，今日见来同。

—— 第十八卷【4063】⑤

---

① 《万叶集》，杨烈译，长沙：湖南人民出版社，1984年版，第736页。
② 《万叶集》，杨烈译，长沙：湖南人民出版社，1984年版，第737页。
③ 《万叶集》，杨烈译，长沙：湖南人民出版社，1984年版，第737页。
④ 《万叶集》，杨烈译，长沙：湖南人民出版社，1984年版，第304页。
⑤ 《万叶集》，杨烈译，长沙：湖南人民出版社，1984年版，第725页。

> 大王磐石固，国泰又民安，
>
> 殿橘群红照，恒常普照宽。

——第十八卷【4064】①

第一首和歌首先将"橘"形容为"万方普照"的形象，随后以"橘"喻"大王"，表达称颂之意。第二首和歌也借"橘"的形象营造出普照的意味，以营造国泰民安的氛围。

此外，橘花在《万叶集》中也是物哀的表征。

> 杜宇来鸣急，橘花落满庭，
>
> 何人来赏识，满目是芳馨。

——第十卷【1968】②

> 橘花今已散，我向里中行，
>
> 山上杜鹃鸟，伤心不住鸣。

——第十卷【1978】③

第一首和歌也将"橘花"和"杜鹃"联用，杜鹃鸣叫，橘花飘落，动中有静，构成了一幅静谧美好的图卷，歌人由此发出"满目是芳馨"的感叹。第二首和歌则更添一分哀伤的色彩，橘花散落，杜鹃哀鸣，歌人借由杜鹃抒发自己内心的哀情。

简言之，橘花首先因其常青之特征而被赋予了一层政治含义，常与政治意象相联系。万叶歌人笔下的橘花也常常与夏之意象相联系，且与中国文人一样，将"杜鹃"意象和"橘花"意象结合，建构夏之图景。《万叶集》中的橘花同萩花、梅花一样，也是物哀的表征。

四、《万叶集》中的樱花及其意象

樱花盛放于春季，是日本最具代表性的春之花。但在万叶诗人的笔下，

---

① 《万叶集》，杨烈译，长沙：湖南人民出版社，1984年版，第725页。
② 《万叶集》，杨烈译，长沙：湖南人民出版社，1984年版，第397页。
③ 《万叶集》，杨烈译，长沙：湖南人民出版社，1984年版，第398页。

樱花还未拥有如今这样的地位，《万叶集》中共有 46 首和歌提及樱花，在所有花卉中仅位列第四。

樱花也常常出现在中国文人的笔下，大多是结合樱花春日盛开的特点，营造浓郁的春季氛围。宋代诗人方岳的"山深未必得春迟，处处山樱花压枝"，便用漫山遍野的樱花渲染出春天已经来临的氛围。白居易的"春风急，樱花杨柳雨凄凄"，则将"樱花""杨柳"两个典型的春之意象联用，烘托春季的气氛，又用"春风吹落樱花"这个景象营造了春日送别好友的悲伤氛围。《万叶集》中歌人也常常借"樱花"写春季。第六卷"春来春日山，三笠页边眺，樱花树林中，隐居呼子鸟"①，将"樱花"和"春"紧密结合，描绘出一幅春日的山林图卷。

中国文人和万叶歌人也都喜欢将"樱花"比作女子，借以形容其姣好的容颜。中国文人邓尔雅有"山樱如美人，红颜易消歇"，《万叶集》有"少女如樱花，盛开令人夸"②。同樱花一样，《万叶集》中桃花也常常与"春""女子"意象相联系，这也是中国文化影响下的产物。桃花原产于中国，因其盛放于万物复苏、色彩斑斓的春季，故而中国文人常常将其与"春""少女"这两个意象紧密结合，这便影响了《万叶集》中桃花意象的呈现。《万叶集》中的"桃花红色好，人面似桃花"③ 便与中国诗人崔护的"去年今日此门中，人面桃花相映红"有异曲同工之妙。

《万叶集》中，"樱花"也会作为爱恋的象征出现。第八卷中的"记得去年春，逢君且恋君，樱花今日发，迎驾有芬芳"④，由"樱花"联想到去年春日逢君的景象，通过"樱花"盛开写出恋君、盼君之情。

此外，樱花在《万叶集》中也是物哀和无常观的表征。

万叶歌人在写"樱花"时常常由眼前之景抒发出自己内心最真实的情感。

　　　　山上山樱花，但求长若此，

① 《万叶集》，杨烈译，长沙：湖南人民出版社，1984 年版，第 232 页。
② 《万叶集》，杨烈译，长沙：湖南人民出版社，1984 年版，第 583 页。
③ 《万叶集》，杨烈译，长沙：湖南人民出版社，1984 年版，第 757 页。
④ 《万叶集》，杨烈译，长沙：湖南人民出版社，1984 年版，第 290 页。

如斯日日开，迷恋令人死。

——第八卷【1425】①

门户有樱花，令人只叹嗟，

松风吹入疾，满地落如麻。

——第八卷【1458】②

这两首和歌一乐一悲，道出了歌人观樱花时的情绪。第一首和歌中歌人看到山樱盛开，尤为迷恋，便祈求樱花日日盛放，真切地表达了自己对樱花的喜爱。第二首和歌中歌人看到随风飘落的樱花和散落满地的花瓣，不由得发出了叹息，表达出了自己的遗憾和伤感。

樱花的花期十分短暂，一般在一周左右，怒放之后便快速凋谢，绚烂、易逝，这也就成为无常观的代表意象，故而后来备受日本国民推崇。《万叶集》中樱花这一象征意义尚未成为主流，不过也初见端倪。第十卷中的"樱花全盛日，至此未曾过，见者方留恋，落花转眼多"③便突出了樱花易逝的特点，也传达出一种珍惜当下的观念。

要言之，与中国文人相似，万叶歌人笔下的樱花常常与春之意象相联系，渲染春日氛围；也与女性、爱恋意象紧密相连，象征女子的容颜，传达出恋君、盼君之情。同时，樱花也是物哀的表征，传达出歌人复杂、深刻的情感。

综上所述，日本的第一部和歌总集《万叶集》中出现了许许多多的花卉，通过系统分析《万叶集》中位列前四的萩花、梅花、橘花、樱花，可以发现，这些花卉或用以渲染季节氛围，正如萩花与秋意象紧密相连，梅花是冬去春来意象的表征，橘花与夏意象相关，樱花、桃花是春意象的代表；或用以指代女子，进而传达爱恋之情，正如萩花、梅花、樱花在万叶歌人的笔下都与女性意象相关，万叶歌人也常常用花开、结果、花谢传达主人公的迷恋或是哀伤；或用以抒发作者观花时的真实感受，借花写物哀，

---

① 《万叶集》，杨烈译，长沙：湖南人民出版社，1984年版，第289页。
② 《万叶集》，杨烈译，长沙：湖南人民出版社，1984年版，第296页。
③ 《万叶集》，杨烈译，长沙：湖南人民出版社，1984年版，第381页。

正如萩花、梅花、橘花、樱花都被万叶歌人赋予了各种情感，或喜爱或珍惜，或遗憾或悲伤；或用以表达一种无常观念，正如萩花、梅花、樱花在《万叶集》中都一定程度上与"快意生活，一期一会"的意象相联系；或因其自身特征被赋予特定的意象，正如橘花与政治意象紧密相连。无论是总体上的借花渲染季节氛围，借花写女子和爱恋，还是具体的意象结合，如梅花与雪、柳、莺结合，这些意象都与中国文人笔下的"花"有着相似之处。总而观之，《万叶集》中的"花"意象不仅体现了中国文化对日本的影响，也是中日文化交流之源远流长的见证。

学术动态

理论、方法与视角

——"文学与哲学新问题新方法高端论坛"综述

刘　庆①

摘　要：2023 年 6 月 30 日，由南昌大学人文学院、南昌大学社会科学处主办的"文学与哲学新问题新方法高端论坛"，在南昌大学人文楼 A255 会议室举行。来自四川大学的金惠敏教授、中山大学的屠友祥教授、新加坡国立大学的约翰·菲利普斯教授、巴西圣保罗天主教大学的温弗里德·诺特教授、大连理工大学的秦明利教授、南昌大学的江马益教授和周丹教授等学者围绕"文学与哲学新问题新方法"这一主题进行了学术交流，结合当下学术界呈现出来的新问题、新方法、新现象与新动向，根据各自研究的领域方向以及所取得的最新研究成果，分别做了报告与发言。

关键词：文学；理论；新问题；新方法；论坛综述

2023 年 6 月 30 日，由南昌大学人文学院、南昌大学社会科学处主办的"文学与哲学新问题新方法高端论坛"在南昌大学人文楼 A255 会议室举行。来自四川大学的金惠敏教授、中山大学的屠友祥教授、新加坡国立大学的约翰·菲利普斯教授、巴西圣保罗天主教大学的温弗里德·诺特教授、大

① 作者简介：刘庆，文学博士，南昌大学人文学院中文系讲师，研究方向为文艺理论与美学。

连理工大学的秦明利教授、南昌大学的江马益教授和周丹教授等学者围绕
"文学与哲学新问题新方法"这一主题进行了学术交流。人文学院院长江马
益教授首先在开幕式上致辞，并代表南昌大学及人文学院向与会专家学者
表示热烈欢迎和感谢。接下来各专家学者结合当下学术界呈现出来的新问
题、新方法、新现象与新动向，根据各自研究的领域方向以及所取得的最
新研究成果，分别做了报告与发言。

四川大学金惠敏教授以"审美的间在论生成——以文学性与非文学之
争为中心"为题，从"没有文学的文学理论"这一学术话题开始谈起，针
对巴赫金对什克洛夫斯基在形式主义方面的批判，专门探讨了文学内部的
文学性与非文学性的关系问题。金惠敏首先以巴赫金对俄国形式主义代表
什克洛夫斯基"奇异化"理论的误解和歪曲为着眼点，指出巴赫金对什克
洛夫斯基的批判在于形式主义完全囿于文学的内部研究，完全切割与外部
社会的联系。在巴赫金看来，形式主义者的特点是"一贯地、始终不渝地
坚持艺术结构本身的非社会性，他们建立的诗学是作为一种彻底的非社会
学的诗学"。金惠敏认为巴赫金对什克洛夫斯基的批判存在脱靶的问题，其
错误在于用虚无主义来看待艺术对社会的批判与否定，但巴赫金在肯定
"文学性"存在的基础上，发展出文学性与非文学性关系的辩证法，对唯美
主义是一个有力的驳斥，对马克思主义文艺学是一个体系性的丰富。

金惠敏认为形式主义者和马克思主义者关于作品结构的意见分歧不在
于日常生活能否进入文学，而在于形式主义者把文学与日常生活的相互关
系说成一者单方面地吞没另一者的关系，马克思主义者则认为这两者并不
是吞没、代替之关系，而是意义的叠放，是给事实的日常生活意义增添文
学结构意义。在俄国形式主义者那里，日常生活同样可以被写入文学，在
一个文学结构中获得文学性，但日常生活成了文学的日常生活，日常生活
意义被消解了，如前所说，什克洛夫斯基揭示其中的奥秘是"奇异化"。

但金惠敏认为，巴赫金在这里至少有四点超出了什克洛夫斯基等俄国
形式主义者。其一，尽管被纳入文学的有机结构，成为此结构的一个组成
部分，但日常生活仍然保留着它在文学之外时的意义，而不肯轻易"就
范"，这即是说，文学中一定包含着非文学性的内容，文学绝不等同于纯粹
的"文学性"。其二，日常生活只有保持它在进入文学之前的存在和意义，

于文学才是有用的和有益的。即是说，若非如此，日常生活在文学中便没有其存在的价值。其三，我们可以从巴赫金如下的论断中推测，日常生活之所以能够在文学结构中同时保持其文学性和非文学性，乃是因为还存在着一个文学之外的日常生活与之呼应和互动。设若没有文学之外的日常生活，被收入文学之内的日常生活便不可能保持其日常生活的意义，而完全被"文学性"同化、消化和消灭。这样的引申和发挥应该是合情合理的。最后，文学性与非文学性一定要保持一个距离，且正是因为这个距离产生了文学中的审美。文学活动不能只是单单局限于文本之内或文学内部，局限于文本间性，如果切断了与外部的关联与联系，切断了与外部社会的关联，文学和审美都难以存在，金惠敏指出它们总是因为其"意向关联物"而发生和持续。此"距离"实则是文学与非文学、审美与非审美之间的相互作用或往复运动。

中山大学屠友祥教授以"Aufheben：钱锺书和黑格尔核心观念熔铸的考察"为主题做了报告，他从德语的 Aufheben 翻译与意义切入，着重考察了钱锺书对 Aufheben 的认识与理解，指出钱锺书注意到黑格尔 Aufheben 一词同时含有"取消""保持""提升"三义，此正是扬弃之含义。钱锺书认为在中国文化中也有与 Aufheben 类似用法与意义的现象，比如《周易》中的"易"字。屠友祥说，钱锺书提出了一条在情境之中"一词正反诸义同时合训"的基本原理，而这条原理正是钱锺书创造性地熔铸黑格尔 Aufheben 理论与中国传统思想的产物。这种相反诸义同时并用和合训之所以能够存在而且必须存在，完全是因为唯有对立方才导致扬弃，也唯有扬弃，才导致完整性（真理性）的产生。Aufheben 的实质是否定性和差异性，相异之物彼此扬弃而实现对方，进而实现自身，共居于"一"这一充满张力的完整体内。"易"一名超越了"易简""变易""不易"三义的对立，但同时又保持了它们之间的差异。"易"之类思辨词实则是思辨语句的凝缩。思辨语句内主体与客体处于不断相互易位的往返运动之中，主体经由扬弃和消解自身，折返成为自身的客体，同理，客体经由扬弃和消解自身，折返成为自身的主体，从而让内容自主体的真理性显露出来。

南昌大学周丹教授分别从"以 para-（在旁）的方式消除否定性""以人类的情动（stimmung）来中止治理机器""以独特性为基础建构共同体"

215

这三个维度，专门探讨了阿甘本的爱欲政治学。她认为，阿甘本在对生命政治的批判中，始终关注的问题是，人们追求有质量的生命/生活是否可能，人类生命的共－在的可能性是什么，从而引发对人类共同体何以建构这一问题的思考。周丹认为阿甘本的爱欲政治学是在其对当代文化发展状况的判断下做出的，是反对资本主义生产秩序与消费文化的抵抗策略，也是其生命政治学的另一个面向。她说，当前的阿甘本研究，需要在爱欲政治学的视野下，重新审视阿甘本的思想。

南昌大学江马益教授以"思维方式的转型及其文学途径"为题做了主旨发言，专门谈到文学与日常生活中的"他者"现象，认为关注他者代表着一种人文关怀，也标志着文明的进步。当代中国的社会转型，不仅要有经济发展方式的转型，社会文化以及思维观念也需要有个转型。在观念上，需要自"我"，近"你"，走向"他"，因此在途径选择上，文学阅读可以作为其中一个选项为转型贡献力量。

新加坡国立大学约翰·菲利普斯（John W. P. Phillips）教授以"爱、内疚与生殖"为题，分享了他对文学、文学理论和文学批评的看法，特别是关注到人口的生产、生育、繁衍与增长如何挑战了当今的文学和哲学，指出科技的发展和技术的进步在带来革新的同时，也带来一些担忧，尤其是引发了对人类生命伦理问题的思考。菲利普斯思考的是当下与未来的生育技术的发展给世界与社会带来的变化和影响。具体而言，给生育带来新变的技术主要包括分子生物学、生物医学技术、植入前遗传学诊断、体外受精技术、干细胞学、辅助生殖技术、避孕技术甚至基因复制技术等，这些新的技术将会改变人类生育的方式与观念，从而引发诸多社会问题，比如性别的不平等、种族的不平等和社会经济的不平等。除此之外，生育技术与观念的改变对生命伦理将会是一个巨大的挑战，人类社会的道德与法律方面也将遭受严重的挑战。因为新的生育方式改变了传统的家庭结构，改变家庭成员之间的伦理关系以及家庭成员之间的关系，并延伸到人与人的关系。另外，生育的新变将改变人们对性的认识与需求，甚至终结传统的性观念。他还专门以《安提戈涅》这一经典戏剧作品为例，说如果运用现代基因复制技术可以复制出另一个安提戈涅的哥哥，而且这个复制出来的哥哥与死去的哥哥一模一样的话，那么安提戈涅将不会有那么痛苦的两难选择了。最后，菲利普斯回到对文学的思考上，即在面对这些危机与挑战之时，文学的意义何在，文学可以何为，从而触发我们重新理解文学。

巴西圣保罗天主教大学的温弗里德·诺特（Winfried Nöth）教授聚焦于皮尔斯的符号学研究，在其"哲学与文学：查尔斯·S.皮尔斯作为文学的读者与阐释者"主题报告中，介绍了哲学家查尔斯·S.皮尔斯作为世界文学的读者和批评家，在思辨语法、批判逻辑和思辨修辞学的基础上，概述了文学话语分析的主要要素和原则，并着重讨论了作为论证的文本和作为文学解释和推理方法的文学符号学。在详细介绍了皮尔斯之后，诺特专门谈到皮尔斯在符号学研究方面的建树与独特贡献，其中最为重要的一点就是，符号学为皮尔斯提供了方法论意义上的指导，一种克服自然科学与人文科学、科学与艺术、文学小说与科学话语之间"巨大文化鸿沟"的方法论。因为在皮尔斯看来，小说家、科学家和哲学家都被各自领域的事实限制，小说作家就像几何学家一样，被他们领域的数据限制，也可能被他们自己的虚构世界的事实"强迫"或限制，他们只不过是倾向用不同的现实模式工作。诗歌和小说所面对的现实是可能的现实；自然科学家所面对的现实是独立于我们对它的看法而存在的事物的现实；哲学家所面对的现实，即思想层面的现实，是法律、习惯和规则的现实。这三种现实中的每一种都迫使同类别的作家在他们的现实领域中发现"意义的痕迹"，并将这些痕迹转化为"可理解的形式"。正是这种对现实的延伸，以及研究方法上存在的共性，使皮尔斯看到了诗歌（文学）和科学话语之间的相似之处。

诺特教授说，文学艺术所创造的是虚构世界，一旦虚构世界的真实性被创造出来，一个虚构的世界就会反对它的作者，并告诉所有人，这样一个虚构世界不能随意被操纵。小说家所创造的宇宙和世界对作者的想象力和创造力施加了自身的限制。为了让自己更容易被理解，并遵守真实性的要求，作者越来越被他们最初创造的虚构世界的现实"强迫"。这些限制作用于他们的创造性思维，就像领土对制图师的思维和他们绘制的地图的限制一样，就像语言和话语所规定与强加的规则一样，就像对所有人都起到一定的规约与限定作用一样，不管是文学艺术家，还是自然科学家，或是哲学思想家，都要受此影响。因此，在诺特教授看来，对作者心理的影响实际上是一种媒介，必须归因于文学话语本身，文学话语在某种程度上把作者作为它的工具。

对话语的分析与解读，其实就是符号学的研究对象与范畴，因为话语是由符号组成的。但是对于话语的分析，在皮尔斯那里又并非"文本分析"，而更多是放置在符号学意义上来解释。诺特接下来介绍了皮尔斯符号学的三大要素，这三要素分别为思辨语法、批判逻辑和思辨修辞学，这也是话语的三个符号学特征。这三大要素与特征直接建构了皮尔斯三位一体的符号学理论，而这一灵感来自中世纪三门文科的顺序：语法、逻辑和修辞学。诺特指出，皮尔斯将修辞学的范围从研究作为对话话语的言语扩展到分析作为内心对话的思维。因此，对于皮尔斯来说，并不是解释者创造了解释，而是在某种程度上，话语解释了自己。话语是一个符号，是符号让自己被理解的目的创造了它的解释：一个符号的全部目的是它应该在另一个符号中被解释；它的全部意义在于它赋予这种解释的特殊性。

大连理工大学秦明利教授讨论的是文学的事件性问题，与近来学界备受关注的"文学事件"研究有所不同的是，他从诠释学的视角来审视文学作品与事件的关系，以"事件性文学诠释学论纲"为题做了主题报告。秦明利首先从"文学的事件性"这一概念与问题的提出切入，对西方的"文学与事件"研究做了知识谱系与学术脉络上的梳理，重点介绍了伊格尔顿、巴迪欧、让－吕克·马里翁、克劳德·罗米奥、海德格尔等理论家对"文学事件"的研究，并聚焦于他们对"事件"的理解与解读。秦明利指出，在海德格尔那里，事件应该理解为指向可视性的运动，使进入视野，使出现，使突出。"文学事件"看似是晚近学术热议的话题，但是其源头一直可以追溯到亚里士多德那里。事件，对于亚里士多德来说，是寻求变化原因时强调认识的有限性和不确定性，人容易在其中失去方向，悲剧也随之发生。

秦明利教授说，文学作品作为交流性事件的场所，节庆式地捕捉和持留读者。读者在作品中的过去、现在和未来世界中逗留、栖居，日常时间被悬置，作品的时间与读者的时间并行，产生同时性和当下性。读者与作品的每一次遭遇，都是一种旅行和冒险，都是一个学习的过程、知识分享的过程，即视域融合的过程。每一次遭遇同时也是一个面对自身和自身转化的过程，其中，自我遭遇和自我发现为重新审视我们的存在境遇，审视同他者的关系和同世界的关系，为彻底的自身改变、实现自我转化提供了必要的前提和机遇。而自身转化的循环性和开放性，又为文学作品创造了更广阔的场域，文学经验因而也成为诠释学经验的范例和本质的呈现。依此，文学作品阐释是诠释学意义上的共同体事件，具有动态性、参与性、对话性的节庆式结构，涉及对具有复多的单一性的文学经验本身的理解。文学诠释学在哲学的意义上，是对文学作品的定性，是对作者、作品和读者的相互关系进行的阐释。

因此，在秦明利看来，文学诠释是一种与多重他者的对话：与作者的对话，与自身的对话，与其他阐释者的对话，和与不同身份、不同历史时期读者的对话，是一种理论现场化的呈现。所以文学作品的阐释，既关联读者的作品阅读，也关涉批评家对文学作品的阐发，是一种动态的读者或批评家与作品不可穷尽的对话事件，一种个别与普遍的角力。文学作品的事件性规定了文学诠释学的六个特征，分别为：教化维度、伦理维度、思想实验维度、语言维度、共同体维度、存在论维度。而这六个特征既是文学诠释学的问题域所在，又是其问题域的敞开，也是其价值和意义所在。

论坛取得圆满成功，最后论坛召集人金惠敏教授和江马益院长分别做了总结发言，一致认为此次论坛是一次高质量、跨学科的论坛，并再次感谢各位专家学者带来的精彩学术报告，指出举办该学术高端论坛，是学院大力推进专业建设、凝练特色方向的一大重要举措，希望今后能举办更多这样高质量的学术论坛，推动南昌大学人文学院的发展。

马丁·路德与西方现代性计划的缺憾

——黄保罗教授讲座及讨论综述 *

朱元澳①　陈振鹏②

摘　要：2023 年 9 月 24 日晚，上海大学历史系黄保罗教授在四川大学江安校区文科楼一区 418 报告厅做了题为"马丁·路德：作为现代性的开启者"的讲座。黄保罗结合当下学界对现代性内涵的挖掘，进一步探究马丁·路德对西方现代性形成和发展的贡献，并试图从中寻求到解决现代性困境的灵感。在讲座评议和问答环节，黄保罗教授还与金惠敏教授就路德的思想及现代性问题展开讨论，许多师生也纷纷加入。讲座在师生们的真挚感谢和热烈掌声中圆满结束。

关键词：现代性；马丁·路德；宗教改革

2023 年 9 月 24 日晚，上海大学历史系黄保罗教授在四川大学江安校区文科楼一区 418 报告厅做了题为"马丁·路德：作为现代性的开启者"的讲座。黄保罗结合当下学界对现代性内涵的挖掘，进一步探究马丁·路德

---

　* 本文系国家社科基金重大项目"德国早期诠释学关键文本翻译与研究"（项目编号：19ZDA268）阶段性成果。

　① 作者简介：朱元澳，四川大学文学与新闻学院文艺学专业博士研究生，研究方向为文化与文论。

　② 作者简介：陈振鹏，四川大学文学与新闻学院传播学专业博士研究生，研究方向为媒介理论。

对现代性发展的贡献，并试图从中寻求解决现代性困境的灵感。在讲座评议和问答环节，黄保罗教授还与金惠敏教授就路德的思想及现代性问题展开讨论，许多师生也纷纷加入。讲座在师生们的真挚感谢和热烈掌声中圆满结束。

在讲座正式开始之前，金惠敏教授代表在座师生向黄保罗教授表示欢迎。与此同时，金惠敏教授率先介绍了马丁·路德在历史上的地位及其思想的影响。他指出，宗教是塑造西方文化的重要因素，诗人艾略特就将基督教视为欧洲文化统一的基础。马丁·路德作为 16 世纪宗教改革的发起者，其重要性自不待言。如今备受关注的德国诠释学便始于对圣经的解释。马丁·路德作为圣经的德文译者，自然是解释学应当关注的对象。另外，路德提出的"因信称义"给基督教徒的信仰自由，进而给个体自由提供了重要的理论支撑，而个人主体恰是现代性的重要指向。金惠敏教授认为，在全球化语境中，现代性不只是西方的专属，它同样落地于中国，中国化的现代性与我们的生活息息相关。习近平总书记在二十大报告中提出，我们要基于本国的国情，不断探索中国式现代化。在开辟中国式现代化的道路上，我们同样应该注重文明互鉴、中西对话。马丁·路德的思想经由浪漫主义、启蒙运动乃至色彩纷呈的后现代讨论而不断延续，其生命力直至当下仍旧熠熠生辉。黄保罗教授关于马丁·路德的见解对我们把握西方现代性，对照中国现代性有重要意义。

一、黄保罗教授论马丁·路德作为现代性的开启者

讲座伊始，黄保罗介绍了马丁·路德的四类著作，分别是包括路德论文及圣经讲义在内的个人著作、路德所翻译的圣经德语版、路德组织或参与的桌边随谈以及路德的相关书信。这种现象，一方面是由于路德本人的著作如同散落的珍珠，后人只知其一不知其二；另一方面，路德多用拉丁文和德文写作，这就导致当今学界对路德的关注仍旧停留在初级阶段。黄保罗分析了路德对理性、自由、精神、偶像的理解，探讨了路德与现代性之间的关联，推论路德作为现代性的规划者对当下社会意义重大。讲座首先简要介绍宗教改革与现代性之间的关系，接着黄保罗分别从"理性"和

"悖论"、"内在的我""外在的我"、"自由""精神""偶像"三个部分进行阐释。

黄保罗先介绍了路德所引领的宗教改革对现代性的开拓性意义。黄保罗认为，路德关于理性、自由、悖论等的论述对现代性的内涵塑造有深刻影响，但是当今学界对路德及其领导的宗教改革有所忽视，这导致学界学者在追溯欧洲思想源头、分析当下自由主义发展、展望人类文明未来时出现了一定偏差。关于中世纪的结束与近现代的开启历来有多种说法。对此，黄保罗特别强调宗教改革的划时代意义。在他看来，马丁·路德是现代性的开启者。自路德开始，教会分成了罗马天主教和新教两派，德国和许多欧洲国家脱离了罗马天主教的统治而获得独立，欧洲由此进入了多元化的现代社会。以路德为代表的宗教改革者在信仰方式上尊崇人的主体性，促进了神学上的现代性转变。另外，路德引导的宗教改革上承文艺复兴，尊重人的权利及尊严，下接启蒙运动，强调自由与平等。黄保罗特别区分了宗教改革和文艺复兴关于人之主体性认知的不同。黄保罗认为文艺复兴在一定程度上肯定了人的价值，但直至宗教改革时期，路德宣扬人的神圣性，个人才真正获得自主性。这一思想经由启蒙运动的发展，最终确立了西方现代性的基本内涵。

接着，黄保罗论述他从路德书信中发现的路德对理性的双重理解。路德既批判理性，又尊崇理性。黄保罗分析，之所以产生这一双重理解，是因为路德将理性置于两种状态下：在信仰条件下，理性是"最好的礼物"；在信仰缺失，理性过于膨胀，以致无所约束时，理性就是魔鬼的陷阱。黄保罗认为，路德对理性所处的两种语境的分析是现在西方社会所忽视的问题之一。对理性的过度追捧导致其边界的泯灭，原本有限的理性转而取代了绝对者的位置，这在当代西方就表现为个人主义、虚无主义的盛行。因此，黄保罗呼吁，在启蒙之后，我们同样应当看到理性的有限性。

而后，黄保罗分析了路德的"悖论"思想对黑格尔辩证法的影响作用，以及路德对"内在的我"与"外在的我"的区分对现代性中的"私人领域"与"公共领域"的影响。黄保罗介绍路德的"悖论"观是基于对托马斯·阿奎那（Thomas Aquinas, 1225—1274）以亚里士多德哲学（尤其是因果论）的"解剖"上帝方式的反对之上的。黄保罗指出，路德关于理性的观点、对耶稣基督人神二性的讨论、对得救的看法等都包含着后来被黑格尔深化的辩证法思想。另外，路德强调，"外在的我"与社会、他人产生关联，需要受到管辖，而"内在的我"属于主体个人的问题，从属于主体的自由，但此主体之上有一个绝对者存在，是人必须尊重和顺服的。路德对"内在的我""外在的我"的区分影响了密尔（John Stuart Mill, 1806—1873），进而发展成"私人领域"与"公共领域"之分。但是，黄保罗认为，密尔看似是对路德的承袭，实质上是对路德思想的叛离。① 自此之后，自由主义愈加风靡，这导致了"私人领域"的无所管束，以及后现代主义的意义缺乏。

另外，黄保罗认为，路德对自由的推崇与限制，关于人之"灵"（spirit）、"魂"（soul）、"肉"（flesh）的分析以及对假神及偶像的批判，无不与当下现代性所带来的挑战息息相关。黄保罗说，关于圣经的定义历来有两种看法。一种观点是圣经是上帝的言说（Bible is the words of God），一种观点是圣经是关于上帝的言说（Bible is the words about God）。前者是传统的看法，后者则是自由主义的观点。在路德的论述中，人的自由乃上帝赋予，教会、他人都无权剥夺。然而，人运用自由的能力是有限的，任何人都有滥用、错用自由的可能。路德将基督徒的自由分为"灵体的自由"（Spirituaallinen/ Hengen vapaus）、"魂体的自由"（Sielun vapaus）、"肉体的自由"（Ruumiillinen vapaus）。根据《创世记》里耶和华创人的故事，可以将人分为"肉"（flesh）、"魂"（soul）、"灵"（spirit）。在三个不同层面，自由的指向也有差别。除此之外，黄保罗还分析了路德对偶像（假神）的批判。他解释说，"偶像"（假神）即是一个非"全善""全能"的个体扮演了"全善""全能"的绝对真理的角色，其结果必然是欺骗。黄保罗批判现代性中对主体性过度吹捧以至于塑造"偶像"（假神）的现象。

最后，黄保罗总结道，现代性给人类带来物质上的丰饶，同时，也给人类带来了严峻的挑战，尤其是环境危机和人的价值观念混乱所导致的意义缺乏与虚无主义，后现代主义所宣扬的无意义、无真理恰是明证。当下，

----

① 参阅黄保罗：《马丁·路德与西方自由主义》，载《国际比较文学》（中英文）2022 年第 4 期，第 78 - 94 页。

该如何解决现代性带来的弊病，是我们应当思考的问题。黄保罗提出，在对现代性的种种争论中，路德为我们认识现代性提供了一种新的角度，为我们解决当下困惑或提供可兹借鉴之处。①

二、黄保罗教授与金惠敏教授现场对谈

接下来，黄保罗教授（以下简称"黄"）与金惠敏教授（以下简称"金"）就此次讲座展开讨论。

金：感谢黄保罗教授发人深省的讲演。马丁·路德所引导的宗教改革对后来的文艺复兴、启蒙运动、浪漫主义等都有深刻影响。但是关于马丁·路德的意义在国内各种文学史教材中往往被一笔带过，过去路德给我们留下的是一个模糊的身影。黄教授在此次讲座中为我们梳理了路德的思想，补充了很多有关路德的知识性概念。更重要的是，黄教授指出路德对现代性的开拓性意义。正如"现代性"本身就是一个充满悖论的概念，我们过去在讨论路德时，往往看到的是他作为开拓者对现代性的双面影响，而未能予以统观和整合。一方面，马丁·路德对主体自由的强调推动了传统的集体社会向现代的个体社会的转变。他提出"reason of faith"，并赋予"faith"一词以个体性的意义。另一方面，路德对信仰个体的强调，如同打开了"潘多拉的魔盒"，让个体的力量溢出教会的压制。这种反抗性力量在后世不断膨胀，以至于在西方社会发展出了极端的个人主义。今天黄教授又为我们补充了路德关于为什么和怎样节制理性的观点。在路德的论述中，人与神的关系问题，既是如何处理感性和理性的关系，亦是如何处理个人和他者之间的关系的问题。路德对托马斯·阿奎那用理性"解剖"上帝的方式提出批判，其意旨在避免个人理性的无限膨胀。路德的主体性观点并非对个人理性的单向强调，其本身就包含了对理性的批判。从这一角度看，路德不仅仅是现代性道路的开启者，同时也是现代性方向的校正者。或许更全面地说，他是西方现代性企划的总体设计者。

---

① 参阅黄保罗：《马丁·路德宗教改革思想与现代性的开启》，载《宗教学研究》2022 年第 2 期，第 202－207 页。

　　另外，黄教授提到后现代主义是个人主义膨胀的结果，我想就此提出我的看法。自索绪尔提醒我们进入语言即脱离世界始，到后来巴尔特等人对"所指"的否认，后现代的思想家们意在指明我们关于世界的认识只是符号的堆积、权力的建构、能指的漂浮，是关于世界的表征（representation），是一种结构性的话语，而并非世界本身。① 无限制、无终点的解构催使当时的人们反思自身有关世界的认识不过是一种表征。因此，在我看来，后现代主义的靶向恰恰是主体性理论。而在尼采高呼"上帝已死"之后，宏大的"主体"神话已经破裂，取而代之的是有限的主体、具体的个体。那么为了避免个人主义，我们应当考虑是否能在个体间建立一种普遍性②。这亦是在马丁·路德之后，我们应当思索的问题。

　　黄：金老师将后现代主义总结为"话语建构主义"，这是十分新颖的观点。然而，在我看来，后现代关于话语的建构仍旧包含在对主体性的依赖之中。所以，主体性涵括人的理性及所有的建构努力。一则过去人们就将圣经视为上帝的话语，其中就蕴含着上帝的权力。神和话语是统一的。即是说，神与其话语（表征）不存在分裂的鸿沟。施莱尔马赫以来的解释学者质疑教会对圣经的官方诠释是否符合绝对真理，开启了现代和后现代的自由主义学术路径，但是，此类学者用以解构的依据仍然是人的主体性（包括理性、情感、经验、想象等）。二则若是将圣经视为关于上帝的话语，是教会对圣经的独断阐释，那么其中就包含着人的主体性所建构的权威，对此的解构就会导致相对主义与虚无主义。

　　金：何谓"主体性"是一个很复杂的问题，它与"个体性"概念有难以厘清的纠缠。但有一点很清楚，就是后现代主义企图通过话语批判返回人的生命存在本身，这在思想史上是对尼采的承续，因此，后现代主义隐含着对极端个人主义的推助。没有绝对的个体，所谓"个体"也必然内涵着社会性。或者套用齐马的"对话主体"概念，可以说，个体也是对话性

----

① 参阅金惠敏：《进入 21 世纪的后现代主义》，载《社会科学战线》，2023 年第 9 期。

② 参阅金惠敏：《重构文学和文化的普遍性》，载《理论月刊》，2023 年第 4 期。

个体。① 而后现代主义的问题是，在其揭穿、剥去话语和表征之外衣后，剩余的"主体"是什么？它没有解决这一问题，因而也难以划清与绝对个人主义的界限，也许它本身就是一种激进的个人主义，是现代性个体主义的一个翻版。

黄：这也正是我对后现代主义批判的意图所在。

三、黄保罗教授与在场师生对谈

最后，现场听众围绕此次讲座与黄保罗教授讨论交流。

听众一：老师好，我们在谈起现代性的起源时，可能会想到地理大发现，可能会想到工业革命，可能会想到启蒙运动或者资产阶级革命等；在谈起现代性的特征时，可能会想到理性，想到人的主体性；在谈起现代性的影响时，我们可能会想起第二次世界大战，会想到想要批判或者超越现代性的后现代性等。但是无论是从起源，还是特征，或是影响上，从宗教去探究现代性这一角度往往是被轻视了。那么，宗教因素在过去为什么会被轻视呢？

黄：好的。我想忽视了从宗教角度去探究现代性的问题不仅仅是在汉语语境里，在欧洲语境里也是如此。被忽视的主要原因是在现代性中包含着反抗传统的含义。自罗马帝国之后，基督教便成为欧洲传统社会的权威。因此，在反抗权威的口号下，基督教自然就成为解构的重要对象，而宗教因素也逐渐被搁置。

听众二：老师好，在斯特劳斯的著名文章《现代性的三次浪潮》中，他提到现代性的第一次浪潮是从马基雅维里开始的。马基雅维里和路德几乎是同时代的思想家，您是怎么看待马基雅维里所引起的现代性和马丁·路德所代表的现代性的呢？他们之间是否存在一定的关联？

黄：好的。马丁·路德与马基雅维里之间的相同点是他们二者都表现出对权威压制的强烈抗议。但是马基雅维里是从政治的角度讨论现代性，

---

① 参阅〔奥〕彼得·齐马：《主体理论：迈向对话的主体性》，陈振鹏译，载《差异》，第 12 辑，第 30－69 页。

他期待新君主能够带来希望。而路德则是从宗教的角度，提出人人皆祭祀，解放了个人的主体性。

听众三：老师好，我所理解的现代性是一个星丛概念，它充满了复杂矛盾。那么在这种众声喧哗的争执中，在当下我们所面临的种种社会矛盾里，我们是否能从路德的思想中寻求到解决方案？

黄：好的。路德作为一个宗教改革家，他是希望重新回归，重新塑造。因此在他的思想中有对奥古斯丁（St. Augustine，354—430）人性彻底败坏论的继承，对贝拉基（Pelagius，360—420）乐观主体性的批判。但路德也认为忽略人的价值、人性和能力的观点、做法是错误的，因为它们需要被尊重，只是面对绝对真理时是有限的，而在形而下领域里则可行出相对之善，这也是现代性的根本价值及其局限之所在，体现在路德与伊拉斯谟关于意志是否自由的争论之中。路德的论述对当下现实特别是理解人文主义的本质有很大的启发。除了理性、自由，路德对婚姻及家庭的观点，仍有深刻的现实意义。① 借鉴路德关于现代性的论述，我们可能会找到解决上述危机的参考方案。

讲座圆满结束，金惠敏教授针对此次讲座做了总结发言，并再次向黄保罗教授表示感谢。

①　详见黄保罗：《马丁·路德的婚姻观初探》，载《基督教思想评论》（总第22辑），北京：宗教文化出版社，2017年版，第179-196页。

编后记

　　本辑稿件很少自然来稿，基本上都是邀请来的，因而特别能够反映编者的学术关注或兴趣，但这关注或兴趣并不能证明眼前稿件之内容都不出编者的知识范围，可以轻车熟路，一目十行。非也，编者也是"专""门"家，也受专业藩篱之限制，不可能做到"知识渊博""无所不知"。因此，在通读本辑稿件的过程中，本人深切感受到在那些不熟悉的论题前面一定要谦卑下来，认真聆听作者们的讲授，要放下自我，移情文本他者。而这从另一方面说也是我们必须突破"阅读舒适区"，把阅读作为一种知识和思想的探险，作为一种重组自我、更新自我的事业。"文明互鉴"如今已成为全球化时代的全民共识，时人多看到其中的欢乐、喜庆，而少有人从中体会到一个文化主体自我更新甚至蝉蜕的艰难和困苦，因为"文明互鉴"就是要求我们从自己的"文化舒适区"中走出来，接触、深入和吸纳粗粝的异质或"非我族类"，非如此，则不能真正实现中华民族伟大复兴的远景和愿景。千里之行始于足下，作为学人，我们就是要从阅读那些困难的陌生的文本开始，从中汲取新的知识和思想，尤其是新的启迪，这也就是说，将社会价值的实现落实于个人知识和视野的更新。在宏大目标面前，佶屈聱牙亦可忍，我们要学会"痛并快乐着"！

　　当然这并不妨碍我们同时还要积极践行"温故而知新"以及"综合创新"的方法。在人文科学领域，这或许是比知识探险更经常的路径。本辑"齐马讲堂"为我们依次梳理和描画了阿多诺和布尔迪厄在文学社会学上的不同侧重和特色，比较文学的历史发展和学科性质，看似都属于一般性的知识介绍，然则它们提供了一个清晰的进一步探讨的起点，而没有这样的理，我们可能就不知道从何处入手。换言之，在齐马的知识介绍中也有新论题、新任务的提出和催逼，例如在阿多诺和布尔迪厄的对立中，我们应该如何美学地看待社会学，反过来，如何社会学地看待美学又如在跨学科已经被公认是比较文学最基本的研究方法和研究对象的情况下，其合理性是否值得继续推敲，再者，一国之内不同语言之间的文学比较可否归入"比较文学"，在这方面瑞士文学之同时存在法语和德语两系能否作为一个范例而推广之。这些问题都不是随随便便就可以回答好的。现在就"齐马讲堂"所展现的问题潜力而言，我们有无可能也将之读为"论文"呢？或许在人文科学领域，我们就不能在什么是知识与什么是创新之间出一条严格的界线。今天的学术体制青睐创新性论文，殊不知许多学术经典原初都是课堂讲义，其中既有"述"，也有"作"。孔夫子那个"述而不作"当时恐怕只是一种自谦的说法，未必全然可信。说康德只有综合而无创新，也同样当不得真。

金惠敏

2023 年 11 月 25 日于成都文星花园

著作权使用声明

　　本书已许可中国知网、维普期刊网以数字化方式复制、汇编、发行、信息网络传播全文。著作权使用费与审稿费相抵，所有署名作者向本书提交文章发表之行为视为同意上述声明。如有异议，请在投稿时说明，本书将按作者说明处理。